今日马克思主义研究丛书

《神圣家族》的
人学思想研究

陈雪雪————著

天津出版传媒集团

天津人民出版社

图书在版编目（CIP）数据

《神圣家族》的人学思想研究 / 陈雪雪著. -- 天津:
天津人民出版社, 2024.8
（今日马克思主义研究丛书）
ISBN 978-7-201-20227-3

Ⅰ. ①神… Ⅱ. ①陈… Ⅲ. ①《神圣家族》—马恩著
作研究 Ⅳ. ①A811.21

中国国家版本馆 CIP 数据核字(2024)第 050459 号

《神圣家族》的人学思想研究
《SHENSHENG JIAZU》DE RENXUE SIXIANG YANJIU

出　　版	天津人民出版社
出 版 人	刘锦泉
地　　址	天津市和平区西康路 35 号康岳大厦
邮政编码	300051
邮购电话	（022）23332469
电子信箱	reader@tjrmcbs.com
责任编辑	王佳欢
封面设计	明轩文化·李晶晶
印　　刷	天津新华印务有限公司
经　　销	新华书店
开　　本	710 毫米×1000 毫米　1/16
印　　张	18.25
插　　页	2
字　　数	230 千字
版次印次	2024 年 8 月第 1 版　2024 年 8 月第 1 次印刷
定　　价	88.00 元

目　录

引　言 ………………………………………………………………（1）

一、研究缘起 …………………………………………………（1）

二、研究现状 …………………………………………………（3）

三、研究的主要内容 ……………………………………（16）

四、研究方法 ………………………………………………（18）

第一章　马克思对青年黑格尔派人学观的批判 …………（19）

一、批判思辨性的"自我意识" …………………………（20）

二、批判神秘性的超验"实体" …………………………（47）

三、批判抽象性的"唯一者" ……………………………（61）

第二章　《神圣家族》中马克思恩格斯人学观的主体内容 …………（95）

一、人学的逻辑起点："现实的人"的初步生成和基本意蕴 ………（96）

二、人的地位观：人是社会历史的主体和创造者 ………（113）

三、人的利益观："思想一旦离开'利益'，就一定会使自己出丑" …（129）

四、人的异化观：人的异化问题的"现实纠葛" ………（146）

五、人的解放观 …………………………………………（164）

第三章 《神圣家族》中马克思恩格斯人学研究的方法论变革………（186）

  一、研究视野的变革:从"天国"降到"人间" …………………（187）

  二、运思逻辑的变革:从抽象思辨转入现实关切 …………（204）

  三、批判方法的变革:从理论解释转为现实改造 …………（224）

第四章 《神圣家族》的人学贡献和历史局限性 …………………（241）

  一、理论贡献:超越传统人学的致思取向 …………………（241）

  二、历史局限性:浮于"感性活动"的表层 …………………（262）

结语:行走在通往马克思主义的途中 …………………………（283）

参考文献 ………………………………………………………（285）

引　言

一、研究缘起

《神圣家族》蕴含着丰富的人学思想,闪耀着人学的智慧光芒。如果要对马克思主义人学进行全面系统的梳理和研究,就必然绕不过《神圣家族》这部经典文献。马克思主义的人学主张在《1844 年经济学哲学手稿》中已初露锋芒,在后来的《关于费尔巴哈的提纲》中则完成了人学在新实践观基础上的重大转折。从《1844 年经济学哲学手稿》到《关于费尔巴哈的提纲》的重大飞跃,使我们不能不重视《神圣家族》在马克思主义人学发展史上的意义,即《神圣家族》具体包含了马克思恩格斯怎样的人学内涵和人学观点,又是如何在马克思主义人学发展史上发挥着承上启下的重要作用的。

《神圣家族》是马克思恩格斯为批判青年黑格尔派思辨唯心主义及其抽象人学观而撰写的一部论战性著作。在批判神圣家族成员的过程中,马克思恩格斯人学观的抽象人本化色彩不断弱化,人学的唯物主义内涵不断强化,其人学观点不断合理化,马克思恩格斯的人学思想也渐趋成型、明朗。不过,《神圣家族》本身也存在着一些理论上的缺陷和不足,由于马克思恩格斯当时尚未正式开始对旧哲学理论的批判工作,尚未正式建构起科学的历史唯物主义理论体系,因此他们对旧唯物主义的清算不够彻底、对蒲鲁东和费尔巴哈的评价过高、对思辨唯心主义的批判不够系统化,等等。这也说明了马克思恩格斯在《神圣家族》时期的人学观点尚不够完善、严谨、科学,但是这并不影响《神圣家族》所具有的人学研究价值,也不影响我们对其中深刻思想的思考和探讨。可以看到,马克思恩格斯主要通过对青年黑格尔派的批判来展开其人学思想的陈述,他们对于唯心主义思辨人学的批判和剖析、对于历史唯物主义人学思想的重要阐发、对于"现实的人"的重要论述、对于人与社会历史的真正关系的解析、对于人的解放问题的重要探索,已经基本上展现出马克思主义人学思想的主体内容和基本构成。《神圣家族》是马克思恩格斯人学思想走向成熟的重要发展阶段,对于全面把握马克思恩格斯人学思想是不可或缺的。

以《神圣家族》为文本依据,对马克思恩格斯早期人学思想的探究,有利于深化对马克思主义人学观的研究。相比之下,学界对马克思恩格斯成熟时期人学思想的研究更为充实丰富。当然,近年来研究者们越加重视对马克思恩格斯早期人学思想的分析,尤其对马克思恩格斯的一系列早期著作进行文本式的、多维度的解读,以从中挖掘马克思恩格斯的丰富理论学说,探寻马克思恩格斯思想走向成熟之前的理论发展状态。《神圣家族》作为马克思恩格斯的早期重要著作之一,也受到了学界的广泛关注。学界集中探讨了其中蕴含的历史唯物主义思想、政治哲学思想、法哲学思想等,不过总体来看对其中的人学思想的整体性研究还相对欠缺。本书意在对马克思恩格斯在《神圣家族》中表达的人学观作一个全面的分析,以期进一步丰富对马克思恩格斯早期人学思想的研究,从而推进马克思主义人学的研究,更加立体地呈现马克思恩格斯人学思想的整体图景。

以《神圣家族》为文本依据,对马克思恩格斯早期人学思想的探究,有利于我们辨别各种错误思潮的迷惑表象,拆穿包裹着形形色色外衣的英雄史观或唯心史观的种种谬论,坚持以马克思主义为根本指导,树立正确的历史观和人学观。马克思主义的历史观和人学观,是中国共产党秉持"以人为本"、坚持"以人民为中心"、坚持人民立场的重要理论根据,并以此制定和实施了党的路线、方针和政策,"以人民为中心"的价值理念既贯穿于中国革命、建设和改革实践的全部过程,同样也是贯穿党的执政理念的一条价值主线,是中国共产党制定一切战略决策的价值遵循。加强对马克思恩格斯人学理论的回溯和研究,能够为"以人民为中心"提供更深层次的哲学解读和学理论证,提供更有深意的思想理论支撑。因此,当代中国必须正确认识和坚持马克思主义人学思想,坚持历史唯物主义,坚持科学社会主义,才能更好地坚持人民群众的主体地位,切实做到把维护和发展人民群众的利益作为党的一切工作的出发点和落脚点,坚定不移走以人为本的中国特色社会主义发展道路,以实现人民幸福、全体人民共同富裕为目标导向。就此而言,实现人的全面而自由发展在当代中国具有了最现实的可能性。

二、研究现状

(一)国外研究现状

国外学者关于《神圣家族》有一些研究成果,但从总体上来说还是非常少,在研究范围和研究深度、研究数量和研究质量方面都有欠缺,而关于《神圣家族》的人学研究更是如此。从已有国外学者的相关研究来看,国外学者对《神圣家族》的研究并不集中,他们主要是在对马克思思想尤其是马克思唯物史观思想的整体探讨中,才涉及对《神圣家族》的分析并作出相关的论述,包括《神圣家族》的理论地位和历史地位、《神圣家族》蕴含的唯物史观思想、《神圣家族》在马克思思想中的发展程度等。总的来说,国外学者关于

《神圣家族》的研究可以从以下三个层面来看：

一是从《神圣家族》在马克思恩格斯思想发展过程中的历史地位进行的评价。比如，英国著名学者戴维·麦克莱伦在《马克思思想导论》一书中对《神圣家族》作了一定评注，指出马克思对鲍威尔等人思辨唯心主义的揭露和批判，并认为《神圣家族》真正有意义的三个部分在于：马克思对鲍威尔对蒲鲁东的抨击的回答，对群众在历史中的作用讨论，以及对历史唯物主义的阐发，这是对《神圣家族》的合理评注。同时，戴维·麦克莱伦对《神圣家族》的总体评价却是："这部著作包含许多讽刺的并经常是夸张的争论，这些争论没有多大的意义。"①而且整本书对《神圣家族》的评述篇幅也极小，可见，在戴维·麦克莱伦眼中，《神圣家族》还称不上马克思的重要著作，也不是展现马克思思想的重要作品，它不过是马克思主义在发展过程中的一部不甚成熟的著作。

二是从马克思恩格斯同青年黑格尔派的关系角度，即马克思恩格斯思想成长角度进行的分析。比如，波兰学者兹维·罗森从青年黑格尔派与马克思早期思想的关系角度展开讨论，探讨了青年黑格尔派代表人物鲍威尔对马克思早期思想产生的影响。马克思的早期著作如博士论文就透露着明显的鲍威尔哲学的痕迹，表明此时马克思深受鲍威尔的影响，马克思早期在异化概念等问题上还有着鲍威尔的"特色"。最后论述了马克思与鲍威尔之间的思想论战，尤其是到了《神圣家族》时期，马克思的早期著作《神圣家族》集中批判了鲍威尔脱离现实的唯心主义观点，表明马克思此时脱离了鲍威尔的影响并"表达了他的辩证的历史观"，此时期，马克思对人的生存状况，对人的异化的考量，对资产阶级、无产阶级以及两大阶级间的冲突等现实问

---

① ［英］戴维·麦克莱伦：《马克思思想导论》，郑一明、陈喜贵译，中国人民大学出版社，2008年，第33页。

题的阐述,都远比鲍威尔等人要高明、深刻。因为鲍威尔等人只会抽象地谈论精神与群众、人类与个人、自我意识与物质的矛盾冲突;相反,马克思则是以资本主义社会为立足点,对其中的经济社会问题、私有财产制度及阶级的产生和发展问题都进行了历史的和社会学方面的阐释,并且以法国革命为例集中分析历史事件及其影响。马克思基于资本主义社会的现实状况和无产者劳动群众的实际生存现状,具体地"分析了无产阶级革命的条件……强调革命因素积累过程中的客观性,强调无产阶级处于困境时的实际的和理论上的自觉因素,并再一次阐述了曾受到鲍威尔嘲笑过的理论:不把整个社会从非人道的状况中解放出来,无产阶级就得不到自身解放"[1]。又如,日本学者广松涉指出了马克思在《神圣家族》中通过对鲍威尔派思想的深刻批判,从而提出了一系列新的思想和理论观点,即《神圣家族》作为《德法年鉴》刊登的《论犹太人问题》的继续,从正面对鲍威尔一派展开了批判,并通过批判而形成了诸多政治、社会思想及哲学思想。[2]

三是对马克思恩格斯在《神圣家族》中阐述的唯物史观理论本身进行的研究。比如,苏联学者巴加图里亚是从唯物史观的角度去把握《神圣家族》的内涵,尤其强调马克思恩格斯看到了物质生产本身,甚至是直接提出了"生产方式"这个概念。物质生产是社会历史发展的基础,这表明马克思恩格斯距离唯物史观的形成又迈进了一大步。又如,法国学者奥古斯特·科尔纽也是从历史唯物主义的角度探究,认为《神圣家族》体现了历史唯物主义的破茧而出。他在《马克思恩格斯传》中明确提出:"通过对'批判的批判'的观点的分析,进一步阐明了历史唯物主义的原理,而历史唯物主义对

---

①　[波]兹维·罗森:《布鲁诺·鲍威尔和卡尔·马克思》,王谨等译,中国人民大学出版社,1984年,第284页。

②　参见[日]广松涉:《唯物史观的原像》,邓习议译,南京大学出版社,2009年,第189页。

于领导无产阶级的阶级斗争来说是比辩证唯物主义更为必要的。"①由此可见,巴加图里亚和奥古斯特·科尔纽对《神圣家族》的评价与戴维·麦克莱伦形成鲜明的对照。

(二)国内研究现状

研究马克思恩格斯的人学思想必然不能绕开《神圣家族》,不能忽视《神圣家族》在马克思恩格斯人学思想发展中的历史地位。因此,国内学者极为重视对《神圣家族》的人学内涵进行发掘和深入阐释。袁贵仁在《马克思的人学思想》一书中,在阐述马克思人学思想的形成过程时,明确肯定了《神圣家族》的历史地位,并指出这一著作相较于《1844 年经济学哲学手稿》而言,更为可贵的是开始从生产关系的角度展开对"现实的人"的历史考察。② 韩庆祥在《马克思人学思想研究》一书中,同样高度肯定了《神圣家族》在马克思人学思想形成和发展中的"过渡意义"。马克思在《1844 年经济学哲学手稿》中提道:"人怎样使他的劳动外化、异化? 这种异化又怎么以人类发展的本质为根据?"马克思在《1844 年经济学哲学手稿》中虽然初步提出了解决这一问题的思路,而真正深入思考这一问题的解决方法,即深入现实社会历史发展的根源和在本质中寻找答案,正是《神圣家族》所要应对和解决的问题。同时,韩庆祥认为《神圣家族》的意义具体可以体现在五个方面:一是思维方式的转换,二是理论基础的转换,三是理论功能的转换,四是基本概念的转换,五是探讨人的方式的转换。③ 冯景源在《马克思异化理论研究》一书中,主要是从人的异化这一角度去说明人的现实性,社会历史的主体不是

---

① 〔法〕奥古斯特·科尔纽:《马克思恩格斯传》(第二卷),管士滨译,生活·读书·新知三联书店,1980 年,第 422 页。

② 参见袁贵仁:《马克思的人学思想》,北京师范大学出版社,1996 年。

③ 参见韩庆祥:《马克思人学思想研究》,河南人民出版社,1996 年。

"自我意识"或"实体",而是"现实的个体的人",那么"现实的人"作为社会历史发展的动力,则有力地证明了"自我意识"或精神创造历史的荒谬性。①可以看到,《神圣家族》时期反映出马克思恩格斯人学思想的变化和发展。马克思恩格斯把探究的重心更多地转移到人的社会生活条件上,更加侧重于从社会关系和社会生产的角度研究有关人的问题。这一时期,马克思恩格斯一方面清算自己以往在人学问题上的错误认识,另一方面更加重视从社会现实出发去探讨人,从而不断地构筑起自己的人学理论。

国内学者从多个角度展开了对《神圣家族》的文本研究,具体集中在唯物史观、群众史观、人学和《神圣家族》本身在马克思主义发展史上的地位等方面。《神圣家族》的理论基础是马克思恩格斯正在形成中的历史唯物主义,其中关于群众史观的精彩阐述是对唯物史观的理论精髓的典型体现。唯物史观、群众史观主要聚焦于社会生活和社会历史中的人及其实践活动,因而《神圣家族》蕴含着马克思恩格斯深刻的人学思想。正因《神圣家族》处在马克思恩格斯思想发展的转折期,故其在马克思主义思想发展史上的地位可见一斑。大体上,学界关于《神圣家族》的研究主要体现在如下四个方面:

1.《神圣家族》与唯物史观

任帅军在《直面现实生活:〈神圣家族〉对思辨唯心主义的批判》中指出,直面现实生活是《神圣家族》批判思辨唯心主义的理论创新点。费尔巴哈用"人和自然的关系"代替黑格尔的"实体和主体的关系",把马克思恩格斯从绝对的观念世界拉回到现实的生活世界,促使他们关注市民社会中底层群众普遍贫困的生活状态,并对作为宗教观的思辨唯心主义展开批判,确证了

---

① 参见冯景源:《马克思异化理论研究》,中国人民大学出版社,1987年。

现实生活在马克思恩格斯历史唯物主义形成过程中的理论地位。①

黄学胜在《〈神圣家族〉：马克思对"思辨唯心主义"的批判》中认为，《神圣家族》作为唯物史观诞生的奠基性文本，对于理解唯物史观意义重大，而这也是通过批判思辨唯心主义来完成的。思辨唯心主义特指以鲍威尔为代表的青年黑格尔派。马克思通过考察思辨唯心主义的性质与方法，揭露了思辨哲学的幻想，彻底认清了思辨唯心主义的本质，批判了鲍威尔等人的英雄史观，初步提出了自己的唯物史观思想，进而为无产阶级的革命事业，为实现"人类的普遍幸福和我们自身的完美"铲除了最"危险的敌人"。②

叶枝青在其《旧唯物主义视域中的人的存在与马克思的超越——解读〈神圣家族〉的哲学史论评》中提出，马克思在《神圣家族》中对唯物主义的发展史作了深刻而严谨地研讨，对在唯物主义的不同历史形态之下，人的存在及其现实意义进行了思索，即从旧唯物主义的机械存在和抽象的存在，到"新唯物主义"的人的历史的存在，这就暗示了马克思在历史观的核心问题上已经开始超越旧唯物主义，从而对马克思唯物史观的创立具有重要意义。③

吴卫东、刘潜在《思想的逻辑与历史观中的历史性：马克思〈神圣家族〉中新世界观的思想趋向》一文中，从两个角度进行说明：从新世界观形成趋向的角度，认为马克思以哲学上的唯物主义改造了黑格尔辩证法，第一次真正捍卫了唯物主义并最终超越了费尔巴哈；从历史观的角度来看，通过历史考察与现实研究，找到了物质生产方式这一重要基石，发现并接近生产关系

---

① 参见任帅军：《直面现实生活：〈神圣家族〉对思辨唯心主义的批判》，《南京航空航天大学学报（社会科学版）》，2020 年第 2 期。

② 黄学胜：《〈神圣家族〉：马克思对"思辨唯心主义"的批判》，《天府新论》，2010 年第 2 期。

③ 参见叶枝青：《旧唯物主义视域中的人的存在与马克思的超越——解读〈神圣家族〉的哲学史论评》，《现代哲学》，2008 年第 1 期。

理论这一唯物史观的核心所在,明确提出无产阶级的解放学说。①

赵民、刘建宁在《〈神圣家族〉:"实践的唯物主义"产生的理论基础之一》中谈道,马克思恩格斯在《神圣家族》中指出了无产阶级消灭私有制和在物质生产的背后人类创造历史的根本依据与理论底蕴,即"现实的人和现实的人类",达到了从能动的实践方面理解唯物主义的思想高度,划清了自己同唯心主义和旧唯物主义的界限,为确立科学的实践观作了充分的理论准备,为新世界观即"实践的唯物主义"的产生奠定了理论基础,甚至为马克思主义哲学的形成做出特殊的具有决定意义的贡献。②

刘秀萍在《马克思主义哲学在何种意义上是一种唯物主义——重新理解〈神圣家族〉对唯物主义史的梳理》中表示,马克思恩格斯在《神圣家族》中用了较大的篇幅来厘清唯物主义史,通过对英国唯物主义起源和发展的梳理、对法国唯物主义历史进程和现实境遇的探究、对鲍威尔关于法国唯物主义特别是斯宾诺莎主义的观念论解释的批判,建构起了与现实的人的思维和感觉联系在一起、以物质为出发点的"新唯物主义"。马克思主义的唯物主义是一种"与人道主义相吻合的""现实人道主义",是对唯心主义、观念论思维方式的超越,是对"漠视人"的"机械论"唯物主义的变革。③

杨耕在《重新审视唯物主义的历史形态和历史唯物主义的理论空间——重读〈神圣家族〉》中表示,在《神圣家族》中,马克思关于法国唯物主义两个派别、近代唯物主义发展史及唯物主义与"形而上学"关系的论述,促使人们重新审视唯物主义的历史形态、历史唯物主义的理论空间及马克思

① 参见吴卫东、刘潜:《思想的逻辑与历史观中的历史性:马克思〈神圣家族〉中新世界观的思想趋向》,《河南师范大学学报(哲学社会科学版)》,1997 年第 2 期。

② 参见赵民、刘建宁:《〈神圣家族〉:"实践的唯物主义"产生的理论基础之一》,《科学社会主义》,2015 年第 5 期。

③ 参见刘秀萍:《马克思主义哲学在何种意义上是一种唯物主义——重新理解〈神圣家族〉对唯物主义史的梳理》,《马克思主义与现实》,2017 年第 4 期。

主义哲学与"形而上学"的关系。历史唯物主义"是一种'真正批判的世界观',它所要解决的基本问题就是人与自然的关系和人与人的关系问题,由于历史唯物主义内含着'否定性的辩证法',所以它又是辩证唯物主义。法国唯物主义一开始就反对'形而上学',但又没有从根本上摧毁'形而上学'。真正终结'形而上学',并高扬人的主体性的是历史唯物主义"①。

2.《神圣家族》与群众史观

米正华在《人民群众才是历史的真正创造者——马克思、恩格斯〈神圣家族〉导读》中指出,马克思恩格斯在《神圣家族》中论证了人民群众在社会历史发展中的伟大作用,阐述了资本主义私有制必然走向瓦解的历史趋势,从而为全面系统地阐发历史唯物主义思想,创立马克思主义哲学作了思想和理论上的准备。②

郝贵生的《马克思恩格斯〈神圣家族〉中的群众史观》是从群众史观的角度切入,具体是从工人创造一切、历史活动是群众的事业、工人阶级自己解放自己并解放全人类三个方面加以叙述。这既有利于批判英雄史观的喧嚣,又有利于巩固和加强群众史观的理论要旨。③

黄学胜在《〈神圣家族〉:马克思对"思辨唯心主义"的批判》一文中指出,马克思揭露思辨唯心主义的幻想和本质,批判青年黑格尔派的英雄史观,提出自己的群众史观,为人的解放指引正确的航向。④

李文峰在《〈神圣家族〉的群众史观及其现实意义》中指出,马克思恩格斯在《神圣家族》中揭露了鲍威尔等人英雄史观的思想根源和认识论根源,

---

① 杨耕:《重新审视唯物主义的历史形态和历史唯物主义的理论空间——重读〈神圣家族〉》,《学术研究》,2001 年第 1 期。

② 参见米正华:《人民群众才是历史的真正创造者——马克思、恩格斯〈神圣家族〉导读》,《湖南农业大学学报(社会科学版)》,2018 年第 5 期。

③ 参见郝贵生:《马克思恩格斯〈神圣家族〉中的群众史观》,《中共天津市委党校学报》,2006 年第 3 期。

④ 参见黄学胜:《〈神圣家族〉:马克思对"思辨唯心主义"的批判》,《天府新论》,2010 年第 2 期。

阐发了唯物主义群众史观的一系列基本观点,科学地解决了群众在创造历史过程中的地位,以及群众创造历史的途径和动力等问题。群众史观确立了唯物史观的物质基础,为科学社会主义理论提供了坚实理论支撑,并具有重要现实意义。①

玉函川在《论〈神圣家族〉的群众史观及其当代启导》中指出,马克思恩格斯在《神圣家族》中首次集中性地论述群众史观,主要从人学视域探讨《神圣家族》群众史观的主要内容、方法论和当代价值。在内容上,《神圣家族》系统批判了鲍威尔等人的英雄史观和自我意识思想,从人民群众创造历史的内在动力、人民群众的历史地位和作用、人民群众创造历史的现实途径三个方面,阐明了人民群众是历史的创造者和推动者这一唯物史观原理;在方法论上,"现实的人"是《神圣家族》群众史观的出发点和立足点,以人与社会的辩证关系为群众史观的依据。《神圣家族》的群众史观在当今具有重要的理论意义和实践价值。②

张瑞则在《〈神圣家族〉中的解放思想及其现实意义》中强调,在《神圣家族》这部著作中,马克思恩格斯在解放理论上有了新的进展,解放的头脑即哲学世界观,表现为通过集中批判青年黑格尔派的思辨唯心主义哲学,使得唯物主义若干思想得到了呈现:解放的心脏即无产阶级,通过对无产阶级生活境况的分析得出了无产阶级能够解放自己的历史使命,同时在批判鲍威尔等人的英雄史观的基础上论证了解放是人民群众的历史活动这一重要结论,这对于我们进一步坚定党的群众路线,具有现实指导意义。③

---

① 参见李文峰:《〈神圣家族〉的群众史观及其现实意义》,《德州学院学报》,2011 年第 1 期。

② 参见玉函川:《论〈神圣家族〉的群众史观及其当代启导》,《经济与社会发展》,2015 年第 5 期。

③ 参见张瑞:《〈神圣家族〉中的解放思想及其现实意义》,《学术探索》,2017 年第 4 期。

3.《神圣家族》与人学

谭培文、谌尧在《马克思主义人学思想逻辑起点研究》中强调，马克思主义人学思想的逻辑起点既不是西方马克思主义和苏联戈尔巴乔夫所说的《1844 年经济学哲学手稿》，也不是《德意志意识形态》，而是长期被学术界忽视的《神圣家族》。《神圣家族》认为，马克思主义人学是关于现实的人及其历史发展的科学。以社会生活为前提的现实的人是马克思主义人学思想的逻辑起点，为理解以人为本与新时代以人民为中心的内涵提供了理论前提。①

蔡玉珍的《对〈神圣家族〉中的人本思维方法初探》认为，《神圣家族》包含的人本思维方法，正是马克思在青年黑格尔派思辨方法的批判和吸收思辨方法的有益成分中，并最终在超越费尔巴哈的人本唯物主义的基础上而不断育成的。人本思维方法的逻辑出发点是"现实的人"，立足点则是社会实践，初步体现了唯物论、辩证法和物质实践的原则的统一。②

寇东亮在《青年马克思人学思想变革的逻辑脉络——从〈黑格尔法哲学批判〉到〈神圣家族〉》中指出，马克思在《莱茵报》被查封后的近两年里，先后展开了对黑格尔法哲学、资产阶级政治革命、国民经济学-黑格尔思辨哲学、青年黑格尔派批判哲学等的批判，而这一批判进程凸显了青年马克思人学思想变革的逻辑脉络。关于黑格尔法哲学的批判凸显人的社会特质，关于资产阶级政治革命的批判凸显人的"公人-私人"二重化本质，关于国民经济学-黑格尔思辨哲学的批判凸显人的"对象化-主体"本质，关于青年黑格尔派批判哲学的批判凸显人的阶级属性和"群众"主体作用。③

---

① 参见谭培文、谌尧：《马克思主义人学思想逻辑起点研究》，《贵州师范大学学报（社会科学版）》，2020 年第 2 期。

② 参见蔡玉珍：《对〈神圣家族〉中的人本思维方法初探》，《湘潭师范学院学报（社会科学版）》，2006 年第 1 期。

③ 参见寇东亮：《青年马克思人学思想变革的逻辑脉络——从〈黑格尔法哲学批判〉到〈神圣家族〉》，《学习与实践》，2013 年第 7 期。

赵民、岳海云的《要有"使用实践力量的人"——〈神圣家族〉对马克思主义哲学史的特殊贡献》注重对"现实的人"的分析，认为这是马克思从实践的层面划清自己同唯心主义和旧唯物主义的有效界限，为马克思的新世界观和马克思主义的诞生奠定了坚实基础。①

江火焱在《马克思主义人学思想的探析——基于〈神圣家族〉的解读》中指出，马克思恩格斯在《神圣家族》这部著作中首次使用了"实践力量的人"的范畴，对于清算"抽象的人"的影响起到关键性的作用。人民群众是历史创造者的思想，人具有主体性及人的自由性问题都是马克思恩格斯阐述的重要内容，这对于深化马克思主义人学思想的认识、实现其当代价值的有效转换极为必要。②

李萍在《〈神圣家族〉蕴涵的人学思想及其当代价值》中指出，马克思恩格斯的《神圣家族》蕴含着人学思想，包括人是有着利益和需要、处于一定社会关系和阶级关系中并从事着创造历史活动的人等内容。虽然这些思想在当时并不成熟完善，但在马克思主义人学思想中起着承前启后的历史作用，并为今天如何正确看待人的利益和需要，如何促进人的个性发展，如何深刻理解中国共产党"以人为本"的执政理念等提供了理论指导。③

刘化军的《〈神圣家族〉中的科学社会主义思想》是从科学社会主义的角度展开研究，认为《神圣家族》中包含的唯物史观是奠定科学社会主义的理论基础。科学社会主义是一场真正的人的社会实践运动，是"世俗的"社会主义，是人民群众的社会主义。这同"批判的"幻想的社会主义有着本质上的界分，无产阶级才是能真正担负起消除异化、消灭私有制、解放自己并解

---

① 参见赵民、岳海云：《要有"使用实践力量的人"——〈神圣家族〉对马克思主义哲学史的特殊贡献》，《甘肃社会科学》，2010 年第 1 期。

② 参见江火焱：《马克思主义人学思想的探析——基于〈神圣家族〉的解读》，《广西科技师范学院学报》，2017 年第 6 期。

③ 参见李萍：《〈神圣家族〉蕴涵的人学思想及其当代价值》，《天中学刊》，2010 年第 4 期。

放全人类的历史使命的先进群体。①

4.《神圣家族》在马克思主义发展史中的地位

方敏的《〈神圣家族〉在马克思思想发展史上的地位——从马克思与费尔巴哈的关系来看》,着重探究马克思与费尔巴哈的思想关系——继承与超越的关系,这有利于理解马克思思想转变、正确评估《神圣家族》在马克思思想发展史中的地位。②

林琳在《〈神圣家族〉在马克思思想发展中的地位》一文中认为,马克思对近代形而上学的批判是其具有划时代意义的哲学革命,而《神圣家族》对于终结形而上学的作用必然在马克思思想发展过程中占有重要地位。③

汪涛、王权利在《关于马克思主义哲学形成标志问题研究——基于〈神圣家族〉的研读与探析》中指出,马克思恩格斯在《神圣家族》中提出了唯物史观的一系列重要的范畴与原理,同时他们又与之前深刻影响的旧学说进行了决裂。综观马克思主义哲学发展史,《神圣家族》绝不仅仅是一部过渡性的著作,而是与《关于费尔巴哈的提纲》和《德意志意识形态》共同成为马克思主义哲学尤其是唯物史观形成的标志性成果。当然,《神圣家族》存在一定的理论缺陷,但是不能以此来否定《神圣家族》在马克思主义哲学发展史中的地位。因此,《神圣家族》是马克思主义哲学形成的标志性成果之一。④

傅敏智、曾鸣在《马克思主义诞生的标志是〈神圣家族〉》中提出,马克思主义诞生的标志不是《德意志意识形态》,也不是《共产党宣言》,而应是《神

---

① 参见刘化军:《〈神圣家族〉中的科学社会主义思想》,《学术探索》,2013 年第 6 期。

② 参见方敏:《〈神圣家族〉在马克思思想发展史上的地位——从马克思与费尔巴哈的关系来看》,《渤海大学学报(哲学社会科学版)》,2013 年第 4 期。

③ 参见林琳:《〈神圣家族〉在马克思思想发展中的地位》,《世纪桥》,2010 年第 21 期。

④ 参见汪涛、王权利:《关于马克思主义哲学形成标志问题研究——基于〈神圣家族〉的研读与探析》,《西北大学学报(哲学社会科学版)》,2013 年第 1 期。

圣家族》。文章主要从社会历史背景、马克思的诸多思想闪光、恩格斯和列宁的高度评价以及对社会主义运动的推动作用四个方面予以论证,这也足以展现《神圣家族》对研究马克思主义所具有的理论价值。①

吴远在《走向唯物主义的重要一步——〈神圣家族〉读书札记》中肯定了《神圣家族》这部著作的重要性。他表示,唯物史观在马克思主义哲学中占有重要的地位,并且经历了一个酝酿、准备、形成与发展的过程。"如果说,马克思和恩格斯在1845—1846年合写的《德意志意识形态》这部科学巨著正式标志着马克思主义唯物史观的创立,那么,唯物史观中的许多思想萌芽,许多重要原理则在本书之前的诸如《黑格尔法哲学批判》《1844年经济学——哲学手稿》《神圣家族》等著作中已经有了零星的乃至相对完整、系统的论述。"②

聂锦芳在《一段思想因缘的解构——〈神圣家族〉的文本学解读》中讲道,《神圣家族》涉及并提出的一系列问题具有永恒的探究价值。诸如对"思辨结构的秘密"的揭示、异化问题的探究、唯物主义史的梳理和对社会主义(和共产主义)的论证等,都是马克思一生理论创作的主题。在以后的思想创造和发展过程中,马克思对这些问题具体内涵的理解和阐释可能有反思、变化甚至修正;但这些主题首次被提出或揭示出来,这就是《神圣家族》不朽的贡献,昭示了它所达到的思想史高度。③

在《神圣家族》中,马克思恩格斯的立场观点和方法达到了基本统一,即辩证法的合理内核与历史观的现实逻辑达成内在统一。学界关于《神圣家

---

① 参见傅敏智、曾鸣:《马克思主义诞生的标志是〈神圣家族〉》,《湖南师范大学社会科学学报》,1991年第4期。

② 吴远:《走向唯物主义的重要一步——〈神圣家族〉读书札记》,《南京理工大学学报(社会科学版)》,1995年第1期。

③ 参见聂锦芳:《一段思想因缘的解构——〈神圣家族〉的文本学解读》,《学术研究》,2007年第2期。

族》的研究涉及哲学、政治学、人学、法学、伦理学、美学等诸多领域。当然，学界在马克思主义视域下对于《神圣家族》的文本研究，更聚焦或更侧重于唯物史观这一方面，与此同时对文本中蕴含着的人学思想基本上也达成了共识。然而关于文本中的人学问题在实际上所做的学术研讨还略显不够系统和充分。我认为这是需要继续完善之处，也是我确立并展开相关研究的直接考虑。

三、研究的主要内容

就马克思主义人学的延展谱系来说，《神圣家族》是不可绕过的重要阶段。就《神圣家族》这一文本而言，人学论述的相对分散不妨碍其人学思想的系统性，人学陈述的不够成熟不妨碍其人学思想的科学性。一方面，《神圣家族》推进了历史唯物主义的深刻发展，处在新世界观生成的"前夜"，贯彻着马克思恩格斯对唯物史观的更深一步探讨；进而处于新人学观诞生的"前夜"，彰显着马克思恩格斯接近于形成科学的人学逻辑。另一方面，《神圣家族》也具有一定的不彻底性，主要在于受费尔巴哈哲学的陶染而带有明显的人本主义色彩。

《神圣家族》作为一部论战性著作，马克思恩格斯对于人学观点的铺陈展开，首先是从批判青年黑格尔派思辨人学开始的。马克思恩格斯着手批判青年黑格尔派的主要代表人物，批判鲍威尔等人的"自我意识"，打破"自我意识"宰制人的神话；批驳施特劳斯的超验"实体"，将对"实体"的批判与"人"的问题相勾连；批判施蒂纳的"唯一者"，拆穿"唯一者"架空人的思辨戏法。通过与"现实的影子所做的哲学斗争"，全面清算了同青年黑格尔派的关系，为新人学观的"出场"扫除了思想障碍。毋庸赘言，《神圣家族》几乎涵盖了马克思主义人学的主体内容。人学生长的出发点只能是"人"。因而作为人学的逻辑起点,"现实的人"在《神圣家族》中已初步生成且具备基本意蕴。在"现实的人"的逻辑基础上,马克思恩格斯明确了人是社会历史的主体和创造者的人的地位观,肯定了利益需要是人的活动的现实动因的利益观,驳斥了资本主义社会的异化带给人剥削压迫的异化观,强调了人的解放观即私有制和人的解放之间的必然性,最终从政治解放迈向人类解放。马克思恩格斯揭开了鲍威尔等人编织的精神意识的神秘面纱,确证了"现实的人"和"真正的世界",日益搭建起其人学体系的基本脉络。

具体来说,本书立足马克思恩格斯早期著作《神圣家族》,也即基于文本而展开对马克思恩格斯人学的进一步研究。全书的内容分为四章。第一章谈的是马克思恩格斯批判青年黑格尔派的思辨人学,具体从批判鲍威尔的"自我意识"、施特劳斯的超验实体和施蒂纳的"唯一者"三个方面进行论述。第二章是关于《神圣家族》中马克思恩格斯人学的主要内容,包括五个角度:人学的逻辑起点即"现实的人",人的地位观即人是社会历史的主体和创造者,人的利益观即利益需要是人的活动的现实动因,人的异化观即资本主义社会的异化给人带来的剥削压迫和摧残,人的解放观即私有制和人的解放、政治解放和人类解放的问题。第三章重点讲明《神圣家族》中马克思恩格斯人学研究的方法论变革,如研究视野的变革:从"神圣的天国"降到"在世的人间";批判方法的变革:从理论批判转入现实改造;运思逻辑的变革:从抽象思辨转入现实关切。第四章谈的是《神圣家族》的人学贡献与历史局限性。理论贡献在于超越传统人学的致思取向:初步实现人学根基的唯物主义转向,初步实现人学话语范式的生活化转向。历史局限性则在于浮于"感性活动"的表层以及具有显性的人本主义倾向。综上得出:此时的马克思,虽尚未成长为一个真正的马克思主义者,但已行进在通往马克思主义的途中。

四、研究方法

关于研究方法,主要是运用了文本研究法、比较分析法和系统研究法来呈现本书的思路及研究内容。

首先是文本研究法。对于马克思主义人学的研究,必须要真正领会马克思恩格斯本人的话语真谛,一个重要的前提就是回到经典文本中去,考察马克思恩格斯有关人学问题的经典论述,厘清其人学思想的形成和发展脉络,研究马克思恩格斯人学思想是如何发端及如何发展的。

其次是比较分析法。马克思恩格斯的人学思想是在与旧哲学和旧人学流派的交流、交锋过程中产生的,是在批判和分析黑格尔、青年黑格尔派等思想的基础上形成的,从比较研究的维度理解马克思恩格斯所实现的理论超越性,认识并把握马克思主义人学思想的本质特征与深刻内涵。

最后是系统研究法。《神圣家族》作为马克思恩格斯的早期重要著作之一,在唯物史观和人学观等问题上都提出了许多重要观点,它是研究马克思恩格斯人学理论无法绕过的阶段。然而从总体上看,《神圣家族》所体现出的马克思恩格斯人学思想还存在着比较分散、不够全面等问题,需要从整体上看待《神圣家族》的人学观及其在马克思恩格斯人学思想形成中的意义。因此,本书研究既要深入探讨马克思恩格斯人学思想的整体发展过程,又要有重点地分析《神圣家族》这部著作所蕴含的人学内容,还需充分结合学界已有的相关资料书籍和学术成果,以达到对马克思主义人学观的系统化理解。

第一章　马克思对青年黑格尔派人学观的批判

马克思恩格斯曾对青年黑格尔派作出过如下评价:青年黑格尔派的诸位哲学家们"没有一个想到要提出关于德国哲学和德国现实之间的联系问题,关于他们所作的批判和他们自身的物质环境之间的联系问题"①。他们热衷于纯粹的理论,栖息于远离现实的边缘;他们最擅长的是概念的游戏,一步步走向唯心主义的深渊;他们所能想到的仅是理论的演绎,所惧怕的则是现实变革;他们既奔走呼号所谓自由,又表现出"精神意识"的怯懦。青年黑格尔派哲学家们都竭尽全力进行各自的"思想创作",希望突破黑格尔哲学的"绝对观念论",实现超出黑格尔体系的愿望。于是,他们在黑格尔庞大的哲学体系中找寻自己满意的部分,并以此为逻辑生发点,展开自己的哲学叙述。比如,鲍威尔抓住"意识"概念,设计了思辨的"自我意识";施特劳斯抓住"实体"概念,继续演绎神秘的"超验实体";施蒂纳强调个人主义的"我",主张绝对化的"唯一者",把"抽象的人"发展至思辨哲学的顶端。然而就如恩格斯所说:"施特劳斯、鲍威尔、施蒂纳、费尔巴哈,就他们没有离开哲学这块土地来说,都是黑格尔哲学的分支。"②他们以为超越了黑格尔,其

---

① 《马克思恩格斯选集》(第一卷),人民出版社,2012年,第145~146页。
② 《马克思恩格斯选集》(第四卷),人民出版社,2012年,第247~248页。

实是在绝对主体化中越陷越深,以至于非但没有超出黑格尔,反而扭曲了黑格尔哲学的本来意义。

一、批判思辨性的"自我意识"

从最初的青年黑格尔派到与青年黑格尔派的决裂,马克思恩格斯与鲍威尔等人在人学观上的分歧不断浮现,直至激化。《神圣家族》开篇便指出:"在德国,对真正的人道主义说来,没有比唯灵论即思辨唯心主义更危险的敌人了。它用'自我意识'即'精神'代替现实的个体的人,并且同福音传播者一道教诲说:'精神创造众生,肉体则软弱无能。'"①马克思恩格斯何以作出此番论断? 其实,他们针对的是以鲍威尔为首的神圣家族成员,挞伐的是他们的思辨哲学言论——用"自我意识"创造人,用自我意识规制着人的一切。马克思恩格斯全面清算鲍威尔的"自我意识"哲学,剑指其"自我意识"是"人的唯一的存在方式"的谬言,揭露其"精神的人"的幻想,指出"这种超脱肉体的精神只是在自己的想像中才具有精神力量"②,"揭开了鲍威尔在意识形态方面的丑史"③。事实上,对"抽象的人"的批判,成为马克思恩格斯超越青年黑格尔派具有决定性意义的起点。

鲍威尔等人与黑格尔哲学的关系既不是断裂,也不是超越,实质上是一脉相承。鲍威尔以为走出了黑格尔哲学的殿堂,实际上"自我意识"哲学和黑格尔哲学并无两样。它们都认为"一切问题,要能够给以回答,就必须把它们从正常的人类理智的形式变为思辨理性的形式,并把现实的问题变为

---

①② 《马克思恩格斯全集》(第2卷),人民出版社,1957年,第7页。
③ [波]兹维·罗森:《布鲁诺·鲍威尔和卡尔·马克思》,王谨等译,中国人民大学出版社,1984年,第281页。

思辨的问题"①,因而都是在思辨哲学的范阈内生存。前者是依附于黑格尔哲学而维系着自身,完全照着黑格尔的思路和方法来为自己开路。鲍威尔所做的不过是把黑格尔哲学中与"实体"相互联系的"意识"拆分开,执一而言,顺着思辨哲学的脉络加以扩大。他们充分运用黑格尔哲学的思辨性,把思辨变成了诡辩的把戏,把"意识"延伸为"自我意识",把"自我意识"的抽象概念确定为真正的存在,而把真正的存在转变为虚无和抽象。鲍威尔等人在将"自我意识"主体化的过程当中,不仅将"自我意识"变成人的主体,而且变成对象世界的主体,自以为用"自我意识"摧毁了"绝对理念"。但是"自我意识"丝毫无损于"绝对理念"。马克思恩格斯又讽刺地讲道:"布鲁诺先生指望借助辛利克斯教授的'疲惫'使黑格尔哲学遭到毁灭,从而使自己摆脱这种哲学的束缚。"②鲍威尔认为在"第一次征讨"中就简单地推翻了黑格尔哲学,认为黑格尔哲学就此被消灭了。鲍威尔等人虽然试图跳出黑格尔哲学体系,并以猛烈的方式"冲击它的监狱的铁槛和围墙",仍然不能掩盖其作为黑格尔哲学思想方式的追随者和效仿者的事实;虽然鲍威尔等人表达出对黑格尔哲学的思维方式、概念范畴、哲学术语等的拒绝态度,但是却以别种形式再次使用了这一思维方式、概念范畴和哲学术语,比如"自我意识""绝对的批判""纯粹的无""精神""精神是真理性的东西"等,重复黑格尔的方式或利用黑格尔思想的部分内容来批判、超越黑格尔,所以说鲍威尔等人仍然还是作为黑格尔哲学的"俘虏"而存在的。

绝对批判陷入了思辨的循环之中。"批判在一个领域内达到了虚假的完善和纯洁,因而,当它没有在其他一切领域内表现出同样的'完善'和'纯洁'的时候,这就只是一种失策,'只'是'不彻底'。这'一个'批判的领域就

---

① 《马克思恩格斯全集》(第2卷),人民出版社,1957年,第115页。
② 马克思、恩格斯:《神圣家族,或对批判所做的批判》,人民出版社,1958年,第117页。

是神学领域。这个领域的纯洁的疆土起于布鲁诺·鲍威尔的'复类福音作者批判',迄于布鲁诺·鲍威尔的最后一个边境要塞——'基督教真相'。"①"批判"即是指,鲍威尔从对宗教神学的批判开始展开自己的思辨过程,因而脱离了斯宾诺莎的实体思想,企图摆脱实体观的捆缚,但是他又采取了黑格尔的唯心主义观点,从斯宾诺莎的实体转向了黑格尔的作为过程的实体、无限的自我意识即主体上来,从而消除了不加批判地在其他一切领域内假定存在实体的不彻底性,最终"批判"则"以思辨的黑格尔的形式恢复基督教的创世说",以黑格尔的作为过程的实体即无限的自我意识重新恢复了基督教神学的权威性。鲍威尔的思辨哲学从宗教批判开始,又以恢复宗教结束。在这里,鲍威尔不过是以黑格尔的作为过程的辩证的实体,代替斯宾诺莎的直观的未经过辩证过程的实体、代替宗教神学的绝对的"神圣精神",即是以一种绝对抽象的形式取代另一种绝对抽象的形式。因此,对宗教神学的批判也即是对人自身的批判完全是不彻底的。鲍威尔把"自我意识也是提升为自我意识的实体,或作为实体的自我意识;于是,自我意识就从人的属性变成了独立的主体"②。因为鲍威尔认为:"实体性关系的力量就在于它力图把我们导向概念、理念和自我意识。"所以"我们务须隐讳,对福音历史的正确理解也是有其哲学基础的,就是说,是以自我意识的哲学为根据的"。③ 由此鲍威尔对实体的理解,即迫使实体抛弃自己的逻辑单纯性并采取特定存在形式的做法,不过是用"黑格尔的魔术机来强迫'形而上学的范畴'(从现实中抽出的抽象概念)跳出使它们溶化于纯思想的'简单'因素中的逻辑框子,并采取自然存在或人类存在的'特定形式',也就是说,强迫它们体现出

---

① 马克思、恩格斯:《神圣家族,或对批判的批判所做的批判》,人民出版社,1958 年,第 173 ~ 174 页。

② 同上,第 175 ~ 176 页。

③ 转引自常宏:《马克思主义宗教观》,中国民主法制出版社,2015 年,第 59 页。

来"①。如果一定要说区别,那么即是以"无限的自我意识"的概念代替了"实体""绝对精神"等概念。

鲍威尔与黑格尔的另一个相似之处在于,皆是集外在的激进性和内在的保守性于一身。这种典型的矛盾是对德国小资产阶级的真实反映,"因为在德国任何变革都要涉及到废除专制主义和封建主义的问题"②。黑格尔的辩证法指向的是变革和不断发展。若是按照黑格尔的逻辑,凡是现实的都应当是合理的,凡是合理的都应当是现实的,凡是不合理的都应当是需要变革的。根据当时德国社会的现状,资产阶级的孱弱和封建政府的强大形成鲜明对比,资本主义发展的需求和专制主义的压迫的现实矛盾,资本主义的发展趋势和封建势力的极力阻挠形成强烈的对照,这些不合理的社会存在不仅是现实的,而且需要进行必要的变革,以建立一个新的合理的社会形态。但是德国当时的经济关系远未达到与成熟的资产阶级政治形式相适宜的阶段,加之封建势力的强大及其对资本主义的竭力压制,不论是黑格尔还是鲍威尔,都没有得到力量薄弱的资产阶级的呼应。他们都只是按照自己的意志来设计理想中的社会。于是,对现实问题的批判转到了对精神领域的批判,对社会矛盾的化解转到了理论上的自圆其说。他们相信,只要在理论上对不合理的社会制度和政治体制进行了批判,现实难题就能得到化解,整个社会就能朝向他们所预定的方向运转。此时,思辨哲学的合理性近乎丧失,后期甚至为普鲁士封建政府作辩护,阻碍社会的进步。

(一)打破"自我意识"宰治人的神话

神圣家族们用"自我意识"生成人,强调人的一切特性在于"无限的自我

---

① 《马克思恩格斯全集》(第2卷),人民出版社,1957年,第175页。

② [波]兹维·罗森:《布鲁诺·鲍威尔和卡尔·马克思》,王谨等译,中国人民大学出版社,1984年,第282页。

意识",描绘出一幅"精彩的"、讽刺人脱离现实的"形而上学的神学漫画"。"批判的批判"坚持"现实的人"是无限渺小的,这是对以往思辨人学的典型再现。正如黑格尔在《法哲学原理》中的论述:"观念的具体对象就是我们称之为人的那种东西,在这里,而且其实也只是在这里,就是在这个意义上来谈论人的。"思辨所谈论的人"指的都不是具体的东西,而是抽象的东西,即观念、精神等等"①。在黑格尔那里,绝对精神是唯一的存在和一切存在的前提,物质的、生活的、现实的个人不过是这种精神、观念的无意识或有意识的特定表现,是"自我意识"的"虚幻的人格化"。故而"绝对知识"的纯粹性代替了人的内涵丰富性,"绝对精神"的超验性代替了人的具体实在性,"绝对理念"的抽象维度置空了人的社会生活的现实性。从黑格尔发展到青年黑格尔派,德国哲学家们似乎没有试图为生活和历史提供任何世俗基础,德国古典哲学只是一仍其旧地秉承了这种"头足颠倒"的思辨人学惯例。

1. 自我意识抽离人的现实性

思辨的自我意识同现实的人根本对立。在青年黑格尔派看来,自我意识是"人的唯一存在方式",把现实的人替换为自我意识,即使是"最纷繁复杂的人的现实在这里只表现为自我意识的一种特定形式,只表现为自我意识的一种规定性"②。我们知道,自我意识不过是一种哲学范畴,是纯粹的思想规定,它产生于抽象的精神领域,活动于抽象的思想世界,哪怕是对自我意识的扬弃或克服也是在思想中完成的,这与现实的人和物质世界是截然不同的。然而感性的现实的人在自我意识这里都变成了思想的产物。变成了自我意识的某种规定性和表现形式,从而一切的人都消融于自我意识的"纯粹思维的以太"之中。在鲍威尔等人看来,自我意识是人的唯一存在方

---

① 《马克思恩格斯文集》(第一卷),人民出版社,2009 年,第 265 页。
② 同上,第 357 页。

式,规定着人的存在方式和本质,从而在现实生活中活动着的人则以自我意识为唯一存在依据。人的一切都无所不包地内在于自我意识之中,即"一切显示普遍自我意识的有限性的东西——人及人类世界的一切感性、现实性、个性"①在于自我意识。鲍威尔还给自我意识换上了一个别样的名称——"批判"或"观念",这两个词表达的是同一个意思,都是表示用自我意识的规定性和唯一性来解释一切存在,包括人的一切。由于自我意识的本质是观念,而且是人的观念,自我意识的本质并不是像鲍威尔认为的那样不在于人,也不能认为只要把"人的一切特性""秘密地"偷换为"无限的自我意识"的特性,就可以把自我意识和人分离,把自我意识从作为人的属性转变成为独立于人之外的实体。同样,黑格尔亦是变人为精神意识的人,"而不是把自我意识变成人的自我意识,变成现实的、因而是生活在现实的对象世界中并受这一世界制约的人的自我意识"②。黑格尔把精神的世界和现实的世界倒置了,把自我意识和现实的人本末倒置,用精神世界的界限围困人,用"普遍的自我意识"取消人的"一切感性、现实性、个性",自我意识变成了"唯一的、无所不包的实体"。

毫无疑问,神圣家族们所致力于的"神圣事业"也是如黑格尔那般,将人变成某种抽象的存在,把现实的人变成某种抽象的观点。自我意识被绝对化为唯一的、最高的存在,人成为自我意识的附属物,自我意识成了一种凌驾于人之上的绝对实体,自我意识是不属于人的自我意识,而人则是属于自我意识的抽象的人,自我意识同人被绝对地分割开来,严格地说是被根本对立了起来,二者之间的正确关系被完全错置。从自我意识与人和人的生活世界的这种关系来看,鲍威尔等人只是向我们"提供了一幅毫无内容的漫

---

① 《马克思恩格斯文集》(第一卷),人民出版社,2009 年,第 358 页。
② 同上,第 357 页。

画,这幅漫画只是满足于从某种精神产物中或从现实的关系和运动中撷取一种规定性,把这种规定性变为思想规定性,变为范畴,并用这个范畴充当产物、关系或运动的观点,以便能够以老成练达的姿态、扬扬得意的神气从抽象概念、普遍范畴、普遍自我意识的观点,傲然睥视这种规定性"①。这显然是自我意识惯用的思辨方式。事实上,自我意识用其神秘且思辨的逻辑来看待人和人的世界,将人和人的世界用这种思辨的手法幻化为它所特有的存在,比如"批判的批判的主要秘密之一,就是'观点'和用观点来评判观点。在它的眼中,每一个人跟每一种精神产品一样,都变成了观点"②,每一个生动现实的人在"批判"那里都变成了观点,即自我意识的产品,自我意识抽离了人的全部现实和全部现实的人。这种"批判的秘密"没有如鲍威尔等所表达的那样是多么神秘和难以莫测,这种"批判的秘密"不过是对黑格尔哲学的"老调重弹",并没有在哪一方面表现出对黑格尔哲学思想的任何超越,如果以黑格尔的自我意识思想来观照鲍威尔的自我意识理论,就可清楚地看到"批判的秘密"之所在,即可以清晰地看出"批判的秘密"并不是可以称之为秘密的秘密。所以马克思恩格斯强调:"如果你看清了批判的批判的总秘密就是重弹思辨的老调,那么要发现观点的秘密就是再容易不过的事了。"③

2. 自我意识对人的仇视和否定

首先,"非批评的人"是"批判"的自我意识的"敌人"。在鲍威尔那里,"批判""绝对的批判"或"批判的批判"是自我意识的代名词,他经常用"批判"来标榜自我意识,以突显自我意识的"绝妙之处"。自我意识是批判的,在自我意识之外的一切人和事物都是非批判性的存在,这样的非批判的人和事物都是自我意识的敌人。自我意识或"批判"所要找寻的是某种绝对批

---

① 《马克思恩格斯文集》(第一卷),人民出版社,2009年,第359页。
②③ 同上,第356页。

判的存在,由于人及其外部存在物都是非批判的,所以自我意识或"批判"想要研究和找寻的其实就是其自身。自我意识对各种各样的人和事物都进行过研究,且都是以批判的方式进行研究的,当然这种研究不是积极的、肯定的过程,而是以对人和事物的否定和贬低来推进的。"到目前为止,它(指自我意识——笔者注)一直靠批判地贬低、否定和改变某些群众的事物和任务来取得自己的相对荣誉。现在它却靠批判地贬低、否定和改变全体群众来取得自己的绝对荣誉。"①概言之,"批判"的自我意识始终是把"非批判"的人和事物视为对立面的敌人。

其次,"批判"是绝对的,是不言而喻的真理,而人是这一真理的追随者。"批判"或自我意识是绝对的和普遍的,而人又是站在"批判"的对立面,即"同绝对的批判对立的则是一个绝对的界限、群众的界限,即作为界限的群众"②。自我意识是"纯批判的",可以指向一切人和外部事物,是绝对性的存在,而人由于自身的局限性和非批判性,因而是相对的存在,作为同自我意识相对立的有限的个体而存在着。由于自我意识的绝对性,自我意识自认为是不言而喻的真理、真谛、趋向、真实意图、自由的正义事业,可以在其绝对的批判中化解一切人的"愚蠢的关系"。自我意识也将会在"它的天空运动的终点上"化为自身意义的现实性,能够在自身中论证其真理性。于是,现实生活中的人们成为谬误性的存在,更不占有真理,人们"以为自己占有许多不言而喻的真理","但是,人们只有尾随真理通过对其一系列的论证的时候,才会整个地占有真理"。③ 只有作为自我意识的追随者和附庸者,人们才有可能接触这些"不言而喻的真理"。

再次,"批判"是独立存在的,而人是"批判"的产物。鲍威尔认为,"批

①② 马克思、恩格斯:《神圣家族,或对批判的批判所做的批判》,人民出版社,1958 年,第 99 页。
③ 同上,第 100 页。

判"的自我意识是独立存在的,并且决定着一切,而人是自我意识的产物,是在自我意识之外的异化存在物,人的生命、意识等都是由自我意识所赋予的,从而始终为自我意识所规制、主宰。人却把自我意识视为敌人一般,即在人之外的敌人"是独立存在的、被赋予自己的生命的"自我意识。这里的自我意识可以等同于宗教神学中的"上帝",不仅独立存在,而且给予了人以生命,规定了人的一切状况,甚至决定人的命运。人们在认识自身和保存自身的过程中,不是从自身出发,而是以外在的方式观察和考虑自身,不是从生活其中的现实条件出发,而是从独立于人的绝对的自我意识出发,从而人不是现实性的存在,而是成为自我意识的幻象,失去了现实的生活根基,失去作为观念思想的所有者的主体地位。

最后,"批判"是进步的,而人的进步是"批判"的对立物。鲍威尔强调,自我意识是绝对的和进步的,同自我意识相反,人则是空洞的、空虚的和消极的,充满着"空话""自我欺骗"和"萎靡不振",没有追求进步的"奢望",永远保持着凝固不变的本质,时常陷入自我倒退的循环之中,始终与自我意识及其进步状态相对立。这就是自我意识"施以奸计的对头",也就是人作为自我意识的对头而存在。为了说明自我意识即"批判"的合理性和进步性,鲍威尔不惜强行解释人是倒退的和一成不变的,人的存在的意义不是别的,仅仅是为了证明自我意识,仅仅是作为进步的自我意识的对立物,仅仅是为了保证自我意识永远都有批判的对象,仅仅是"为了能够抬出进步的'个人的对头'即群众来说明退步而承认'进步'是绝对的"①。这也是鲍威尔一贯善用的办法。不过,"绝对的批判决没有想到'进步'这个范畴是没有任何内容的、抽象的",而其"关于群众的意义和存在,批判所能说的只不过是某种极不明确的、因而也是荒诞无稽的东西"。②

---

①② 马克思、恩格斯:《神圣家族,或对批判的批判所做的批判》,人民出版社,1958年,第106页。

3. 自我意识对人的历史的扭曲和颠倒

其一,在历史观的根本观点上,鲍威尔的思维方式是根本颠倒的,但在历史观的问题上又是与黑格尔保持一致的。比如,马克思恩格斯指出:"黑格尔历史观的前提是抽象的或绝对的精神,这种精神正在以下面这种方式发展着:人类仅仅是这种精神的有意识或无意识的承担者,即群众。因此,思辨的、奥秘的历史在经验的、明显的历史中的发生是黑格尔一手促成的。人类的历史变成了抽象的东西的历史,因而对现实的人说来,也就是变成了人类的彼岸精神的历史。"①由此可见,在黑格尔那里,绝对精神是历史的发源地,是历史的开创者,历史就是绝对精神发展到一定阶段而外化的结果,而在历史中活动着的人不过是绝对精神实现自我的一种工具,即扮演绝对精神进行外化、演绎的承担者。人的历史就变成了绝对精神的历史,变成了抽象而神秘的精神史,这样的历史同人没有多少关系,即成为超出人的世界的彼岸史。再来看鲍威尔关于历史的观点:"布鲁诺先生所发现的'精神'和'群众'的关系,事实上不过是黑格尔历史观的批判的、漫画式的完成,而黑格尔的历史观又不过是关于精神和物质、上帝和世界相对立的基督教德意志教条的思辨表现。在历史的范围内,在人类本身的范围内,这种对立表现为:代表积极精神的少数杰出人物与代表精神空虚的群众、代表物质的人类其余部分相对立。"②鲍威尔的历史观明显是黑格尔历史观的翻版和再次演绎。

其二,鲍威尔认为,历史是由"批判"的自我意识,准确地说是由鲍威尔本人创造的。"早在黑格尔那里,历史的绝对精神就在群众中拥有它所需要的材料,并且首先在哲学中得到它相应的表现。但是,哲学家只不过是创造历史的绝对精神在运动完成之后用来回顾既往以求意识到自身的一种工

①② 《马克思恩格斯全集》(第 2 卷),人民出版社,1957 年,第 108 页。

具。哲学家参与历史只限于他这种回顾既往的意识,因为真正的运动已被绝对精神无意地完成了。所以哲学家是 post festum〔事后〕才上场的。"①鲍威尔继承了黑格尔的哲学基本立场,同黑格尔的历史观基本一脉相承。同时鲍威尔继续发挥其主观唯心主义的历史观,将唯我论施展至极致。比如他批判黑格尔哲学具有不彻底性,一是认为哲学是绝对精神的定在,但没有宣布哲学家就是绝对精神,二是仅仅在表面上把作为绝对精神的绝对精神变为历史的创造者。绝对精神是在事后通过哲学家意识到自身的世界精神,因而它创造历史的行动只是发生在哲学家的意识和观念中,是思辨的想象的结果。鲍威尔认定这是不彻底的,他明确批判绝对精神,而他自己就是批判,这样一来,历史就是由鲍威尔等人创造的并通过他们体现出来。鲍威尔还把自身改造为有自觉意识地扮演世界精神的角色,从而能够在深思熟虑后"发明历史和实现历史",不再像黑格尔所说的那样绝对精神只是事后在幻想中创造和实现历史。

其三,"世俗的历史"与"自我意识的精神的历史"形成鲜明对比。自我意识排空了历史的全部现实内容和形式,历史的无穷无尽的内容都被抽象的自我意识所覆盖。比如自我意识用"绝对批判""精神""体系的秘密"等词句代替历史的丰富多样的内容,并制造出了自我意识的概念史和精神史。全部人类的现实活动及其创造的现实历史,却被鲍威尔等人简单地归结为自我意识的"创造性产物"。事实上,自我意识不是历史的出发点,当然也不会是历史的归宿和目的地,历史的真实性更不是由自我意识赋予的,而是源自现实的人的现实的活动。历史不是由"绝对的批判"即自我意识创造的,创造一切历史内容的正是人,即现实的人。历史是人的实践活动在时空中的缓缓展开,如果抛开作为主体的人,历史则什么都不是,无所作为,也不拥

---

① 《马克思恩格斯全集》(第 2 卷),人民出版社,1957 年,第 108 页。

有"任何无穷无尽的丰富性",更遑论自我意识!在历史问题上,自我意识的"神秘体系"只要直面人和人的活动,其"思辨体系的奥秘"便会一览无余。

马克思在《神圣家族》中从唯物主义人学的立场出发,揭开了"自我意识"人学的神秘面纱,探寻抽象人学论的根本缺陷。马克思着力强调人是生活在现实社会中的"现实的人",人们遭遇的雇佣劳动剥削和私有制宰治是极其现实的社会问题。精神意识并不能等同于人本身,精神领域的观念批判也不具有任何现实性,必须要用实际的、具体的方式来解决现实问题和大行其道的抽象观念论,使人成为"真正的人"。

(二)拆穿"批判哲学"虚假的批判性

1."自我意识"批判着一切,演绎着一切,制定着一切

神圣家族们更是把作为"批判哲学的""自我意识的""批判"功能作为解决社会难题的根本手段。鲍威尔等人认为"自我意识"创造一切,"批判"则能化解一切矛盾,因而他们就有充足的理由无视人,无视人的实践活动,无视人的"赤贫现象",而对"社会主义、法国革命和英国工业"采取了抹杀的态度。马克思在《神圣家族》中犀利地指出:"批判所做的,仅仅是'用现存事物的范畴来制定公式',也就是用现存的黑格尔哲学和现存的社会意向来制定公式。"然而"公式除了公式便什么也没有。而且尽管批判在竭力抨击教条主义,但是它还是宣告自己是教条主义,而且是妇女的教条主义。它是一个老太婆,而且将来仍然是一个老太婆;它是年老色衰、孀居无靠的黑格尔哲学。这个哲学搽胭抹粉,把她那干瘪得令人厌恶的抽象的身体打扮起来,在德国的各个角落如饥似渴地物色求婚者"[1]。于是,批判者们卸下了黑格尔客观唯心主义的大旗,转向了主观唯心主义,并为主观唯心主义摇旗

---

[1]　《马克思恩格斯全集》(第2卷),人民出版社,1957年,第22页。

呐喊。

鲍威尔把原本属于人的"自我意识"进行了形而上学的改装,"自我意识"摇身一变,一跃成为绝对的"独立的主体",进而主宰着人本身,主宰着一切客观存在。马克思一语道出其本质:"批判的批判"在和"斯宾诺莎主义断绝以后又采取了黑格尔唯心主义的观点;它从'实体'转向了另一个形而上学的怪物,即'主体'、'作为过程的主体'、'无限的自我意识'"①。按照他们的思路,"自我意识"以外不存在任何其他的事物,它是"世界、天空和大地的创造者",一切事物都是由"自我意识"制造出来的,都是"自我意识"的"以太头脑的幻影和它的臆想的结果";一切事物都是起源于"自我意识",都能在"自我意识"中找到"合理的解释",都能够找到事物本身"存在的根据"。这样来看,鲍威尔眼中的一切存在,无非就是"概念"或"纯粹的自我意识"的外化。鲍威尔"自我意识"哲学的"至高无上的、无拘无束的"唯心主义倾向表露无遗。

2. 自我意识是"批判"的,而"批判"的"动力"源于"空虚",来自它的对头

鲍威尔等人将"批判"或"绝对的批判"确定为自我意识的同义词,认为其以自我意识为基础的理论活动是推动世界历史发展进程的唯一的积极因素。他们认为这种理论活动是"批判的批判",是"批判地"创造和发展历史的动力。因此,他们把改造社会的事业归结为批判的批判的大脑活动,敌视人民群众及其历史活动,把人民群众视作自我意识即"精神的敌人"等,这里也显示了鲍威尔等人虚假的、空洞的批判活动。也就是说,鲍威尔用一系列思辨活动的环节来表达自我意识的"批判"功能,从而展示其主观唯心主义哲学的"强大作用"。

---

① 《马克思恩格斯全集》(第2卷),人民出版社,1957年,第174页。

自我意识又是如何维系其批判的功能或如何进行批判的活动的呢？自我意识通过给自己主观设定一个对立面，以维持自身的批判对象和进行批判的长久动力，并保持其批判活动不间断地持续下去。在鲍威尔那里，自我意识是不证自明的绝对真理，除自身以外，其他一切的存在都需要接受其批判，即自我意识是在其自身之外寻找并确定自己的对头，而其唯一的对头、真正的敌人正是群众。原因在于，自我意识是绝对的、无限的，人民群众是相对的、有限的，自我意识是先进的、文明的，人民群众是落后的、粗鄙的，自我意识是充分的、合理的，人民群众是空洞的、不明确的。人民群众是自我意识即"绝对的批判"的敌人，二者之间的对立关系给自我意识注入了源源不断地"批判动力"，为自我意识表现自身无限的批判功能提供了条件。比如，自我意识的批判过程是这样的："绝对批判的出发点是'精神'的绝对权限的信条。其次，它的出发点是精神存在于世界以外即精神存在于群众以外的信条，最后，它同时把'精神'、'进步'这个方面和'群众'这个方面变成凝固不动的本质，即变成概念，然后又把双方当做一种永久不变的极端相互对立起来。绝对的批判并不想去研究'精神'本身，并不想去研究精神自己的唯灵论的本性和它的轻率的奢望是否就是'空话'、'自我欺骗'、'萎靡不振'的根源。相反地，精神是绝对的，然而不幸的是，它同时不断地变为精神的空虚，因为它总是失算。所以，它必需有一个对它施以奸计的对头。这个对头就是群众。"①自我意识将批判的矛头直指人民群众，责备人民群众的物质性、现实性和非批判性，玷污了自身纯洁的、"以太般"的形象，萎靡不振的和消极堕落的人民群众与绝对真理般的自我意识格格不入，于是自我意识将人民群众定义为自身的"真正的敌人"。

由于自我意识并不打算研究自身，拒绝直面自身的"唯灵论的本性"，虽

---

① 《马克思恩格斯全集》(第2卷)，人民出版社，1957年，第105～106页。

然自我意识是绝对的,但它也同时不断沦为精神的空虚,所以它就需要一个固定的与之相矛盾的对头,因此人民群众被当作其批判的靶子,并且是永久不变的批判对象,在自身同群众之间划下了无法跨越的鸿沟,这种根本性的对立是"批判"自己宣布确立的,并且也给了"批判"以极大的优越感和极高的地位。这样一来,群众就变成了不同于实际的群众即概念中的群众,变成了为"绝对的批判"即自我意识而存在的存在物,自我意识从这样的群众身上找到了自己存在的重要依据。马克思恩格斯无不讽刺地说:"'绝对的批判'能够在精神生活和实践生活的这些事实面前看出事情的一个方面即精神的不断破灭,同时为了这点还沮丧地寻找一个'精神'的对头(它在'群众'中找到了这个对头)……绝对的批判具有多么非凡的聪明呵!所有这些伟大的批判的发现到底还是同义反复。"①本来,像空虚、自满、怠惰等是自我意识的特质,但是这些特质被转移到了群众的身上,人民群众被迫成为这些特质的代名词和虚幻的人格化身,无端承受来自自我意识的猛烈批判。然而自我意识是抽象的、无实际内容的,自我意识所捏造同人民群众的对立是荒诞的,从而它对人民群众发出的批判也只能是抽象的和荒诞至极的。

3. 自我意识是"批判"的,而批判却是绝对精神,鲍威尔自己就是批判

鲍威尔把自我意识宣告为批判,把批判宣告为绝对精神,最后把自己宣告为批判,将"神圣的、绝对的批判"据为所有,并以"批判"为武器进行所谓彻底的理论活动或理论战斗,虽然这种理论活动不过是一种彻头彻尾的思辨唯心主义说教。如此,批判被确定为只属于鲍威尔及其伙伴的专门活动,只有他们才有资格拥有"批判"并进行神圣的、批判的活动,与此相对,"批判的因素被排斥于群众之外,同样,群众的因素也被排斥于批判之外。所以批判认为自己并不是通过群众体现出来,而仅仅是通过一小撮杰出人物即鲍

---

① 《马克思恩格斯全集》(第2卷),人民出版社,1957年,第107页。

威尔先生及其门徒体现出来的"①。因为自我意识即批判是积极的、进步的存在,而人民群众是消极的、非批判的存在,因而唯有"批判"可以开展这种改造世界、改造社会的伟大历史活动。又因鲍威尔等人就是批判本身,所以改造世界、改造社会的活动进而变成了鲍威尔等人的活动,并且是头脑中的活动。就如马克思恩格斯所说的:"一方面是群众,他们是消极的、精神空虚的、非历史的、物质的历史因素;另一方面是精神、批判、布鲁诺先生及其伙伴,他们是积极的因素,一切历史行动都是由这种因素产生的。改造社会的事业被归结为批判的批判的大脑活动。不仅如此! 批判、已经体现出来的批判即布鲁诺先生及其伙伴对待群众的态度,实际上就是现代的唯一的历史态度。现代的全部历史都归结为这两个方面在相互关系上的运动。所有的对立面都消溶在这一批判的对立面中了。"②

　　鲍威尔等人代表了自我意识即批判的态度,尤其是对人民群众的态度,制造出了同人民群众的矛盾和对立,将一切现实的社会矛盾都概括为是"批判"与群众的矛盾,一切现实的社会矛盾都由批判来化解,从而鲍威尔也是把自身设定为解决一切矛盾的"万能的批判"。"批判"存在的合理性来自同群众的对立,"批判"的高深莫测的思辨手段就是在其制造的自身同群众的关系中充分地展露出来,"批判的批判只有在同群众,即同愚蠢的对立中才能具体地存在,所以它就不得不经常为自己制造这种对立面……也就是在它对人和物进行群众的愚化方面所特有的高深造诣"③。在对"批判的批判"进行批判的过程中,始终"认为自己是绝对的主体。绝对的主体需要崇拜,而真正的崇拜则需要第三者,即信仰绝对主体的个人。因此,沙洛顿堡的神圣家族从它的记者们那里受到它所应受的崇拜。记者们告诉它,它是什么,

①②　《马克思恩格斯全集》(第2卷),人民出版社,1957年,第109页。
③　同上,第109~110页。

它的敌人即群众不是什么"①。"批判"自立为绝对的主体,需要受到崇拜和赞美,这种崇拜和赞美本应来自除自身以外的所有人,但是"批判"的崇拜者也仅仅限于"它的记者们",它的敌人即群众则不在此列,群众只是作为"批判"的对立面并用来证明"批判"而存在的。可见,"批判"以及"批判"的意见、"批判"的一切活动都是发生在神圣家族及其门徒的范围之内。

马克思恩格斯揭示了"批判"的逻辑矛盾所在,此即"批判用这种方法把自己对自己的意见当做世人的意见,把自己的概念变成现实,这样它就无疑地会陷入自相矛盾的境地。在它自己内部形成一种群众,即批判的群众,他们的单调的使命就是充当批判的名言的永不休止的回音。为了自圆其说,这种自相矛盾是情有可原的。不以罪恶世界为自己的家的批判的批判,必将在自己家里建立起罪恶世界"②。按照鲍威尔等人的意思,"批判的批判"是绝对的主体,其所进行的批判是一种"纯粹的活动",具有纯粹自发性,不会忍受外在的干涉,不承认现实生活中的人民群众,同时又在不断地外化、对象化和人格化,形成"世人的意见""批判的群众",即使超出了现实的意见和现实的群众,"批判"还是不能完全超出来自自身的对象化的困扰,还不能成为它所自称的那种绝对的主体,相反成为"似是而非的主体",表现出一种"似是而非的主体性"。概言之,"他不过是它自己的创作物,不过是它本身的暂时对象化了的和独立化了的知觉而已"③。

4. 自我意识的"批判"没有揭示人的任何现实内容和现实本质,而是抽象地理解人和人的现实存在

自我意识把人概括为简单的概念、哲学的术语等,甚至这些概念、术语等都遭到了"批判"的嫌弃,尽管这已经不是什么秘密,但是自我意识仍然将其视为某种秘密。不过,一旦"批判"的"体系的秘密"被揭穿出来,"马上代

---

①②③ 《马克思恩格斯全集》(第 2 卷),人民出版社,1957 年,第 184 页。

之而起的是'人类关系的真正丰富性'、'历史的无穷尽的内容'、'人的意义'等等"①。鲍威尔一贯沿用黑格尔哲学的思辨体系,用所谓的新的形式来演绎思辨体系的"陈腐内容",在对人的理解上同黑格尔如出一辙,并且他还自诩"克服"了黑格尔思想的"不彻底性",自诩对人的问题的洞察达到了全面彻底的程度。

　　然而在《神圣家族》一书中,马克思恩格斯却对费尔巴哈表示了高度的赞许,即不是鲍威尔而是费尔巴哈揭露了"思辨体系的秘密",费尔巴哈"摧毁了概念的辩证法即仅仅为哲学家们所熟悉的诸神的战争","不是用'人的意义'(好像人除了是人之外还有什么其他的意义似的!)而是用'人'本身来代替包括'无限的自我意识'在内的破烂货","早已摧毁了现今正被'批判'乱用的那些范畴:'人类关系的真正丰富性、历史的无穷尽的内容、历史的斗争、群众和精神的斗争'等等"②。鲍威尔等人用自我意识来定义和规范"人",用"人"的概念来代替人本身,创造了诸多抽象的原则来代替人的一系列现实内涵,用"批判"来摧毁原本属于人的一切现实存在。相较于鲍威尔等人关于人的观点,费尔巴哈则是试图跳出自我意识的范畴,不是把人看作绝对精神或自我意识的产物,而是试图把人从神秘思辨的精神世界中推出来,赋予人以感性的特质,认为人是一种感性的存在物,有着自身的自然属性和作为人的类意识,看到了人的本质是人自身这一层面,这些都是人所独有的,而绝对精神或自我意识只会造成人的抽象存在。对此,鲍威尔进一步提出了"人的本质是一般本质和某种圣物"、人是"绝对的东西"等看法,这里人的抽象性再次得到了提升,变成了"某种圣物"和"绝对的东西"。不论是作为"人"的概念范畴还是作为"某种圣物",现实的、生动的人都不免沦为"批判的批判"的附属物。

---

①②　《马克思恩格斯全集》(第2卷),人民出版社,1957年,第118页。

其实,鲍威尔等人对人的现实生活及人的现实内容不是完全无所察知,实际上他们也是有一定的了解和认知,换句话说,只有在有了一定了解的基础上才能更巧妙地编织有关人的一整套的谎言和谬论,从而把人变成概念或范畴般的抽象物。鲍威尔等人便是如此做的!"在认识到人是全部人类活动和全部人类关系的本质、基础之后,唯有'批判'才能够发明出新的范畴来,并像它正在做的那样,重新把人本身变成某种范畴,变成一系列范畴的原则。当然,这样'批判'就走上了唯一的生路"①,并沿着这条主观唯心主义的哲学道路越走越远。于是,"批判的批判"掌握了支配人和历史的大权,从其自身之中即从"批判"中吸收力量来规制人,人则是靠着批判的行为而被创造出来,如此鲍威尔等人也是通过"批判"而"自然地"来到这个世间的;"批判的批判"随意贬低和架空现实的人,公然"宣称'群众'是'卑贱'的'纯粹的无',直截了当地把群众称为'物质',并把'精神'当做真理性的东西和'物质'对立起来"。② 这样来看,"绝对的批判"经过了批判的整个过程以后,重新返回到宗教神学的范围,成为"真正基督教德意志的批判",进而推动"基督教德意志的精神"取得胜利。整体上看,鲍威尔等人就是借助自我意识这个哲学范畴,运用"神圣的批判"的方法,解释人的丰富的关系、人的现实的本质和内涵,生动现实的人随即被等同为抽象空洞的概念。

5. 人和一切事物都是自我意识的批判的对象,而"批判"就是消除人和一切事物的"肉体"

毫无疑问,这种"批判"本身就是虚假的,加上"批判"并没有真正认识人和事物,"批判"过程和结果必然也是虚假的。鲍威尔等人表示,批判是一切事物的起源,批判所面对的对象则是一切事物,批判的意图是认识一切事

---

① 《马克思恩格斯全集》(第2卷),人民出版社,1957年,第118页。
② 同上,第119~120页。

物,即"批判除了认识事物之外,别无他图"①。同时,鲍威尔还强调批判的对象是群众,这里即是通过把一切事物进一步转换为批判的事物、转换为群众,如此又得出了"群众"这一更明确的批判对象,从而批判的对象与专门作为批判的对象的问题被鲍威尔区分开来。这样一来,"一切事物都该是批判的对象了,而某种特殊的专供批判的对象的问题也就没有意义了。如果注意到一切事物都'化为'批判的事物,而批判的事物又'化为'群众,即绝对批判的'对象',那末这个矛盾就会迎刃而解"②。在批评同批判的对象的对立关系中,鲍威尔是以自己独断专有的方式来认识、研究和解决这一矛盾问题,他的解决方式是这样的:"布鲁诺先生首先叙述了他对'群众'的无限同情。他把'他和人群之间的鸿沟'作为'不断研究'的对象。他很想'认识这个鸿沟对未来的意义'(这一点也就是前面提到的认识'一切'事物),也很想'消除它'。可见,实际上他已经了解了这个鸿沟的意义。鸿沟的意义就在于被他消除。"③鲍威尔一方面自己规定了批判和批判的对象的对立状态,即批判和群众以及一切事物之间的"鸿沟";另一方面又自己确定了消解这一对立状态的方法,即鲍威尔本人便可以消除批判和群众以及一切事物之间的"鸿沟"。

在"批判的批判"看来,它是绝对的、纯洁的和神圣的,那么为了保持其自身的这种"绝对性""纯洁性"和"神圣性",就需要排除"批判"本身具有的"群众性"即现实性,清除一切人和事物的"群众性"即现实性,去除一切人和事物身上带有的同批判相对的非批判性。就如"对任何一个人来说,最近的存在物就是他自己,所以'批判'首先就得消除它本身的群众性,正像基督教禁欲者在开始精神对肉体的征讨之前首先要抑制自己的肉欲一样"④。"批判"不仅除去了自身的"肉体",成为唯灵般的神秘存在,而且除去了群众的

———————

①②③④　《马克思恩格斯全集》(第 2 卷),人民出版社,1957 年,第 127 页。

"肉体",群众化为"批判的群众",除去了一切事物的物质形式,一切事物化为"批判的产物"。鲍威尔等人来自群众却不是群众的自己人,"批判"由鲍威尔等人掌控也不属于群众。马克思恩格斯讲道:"绝对批判的'肉体'是它的真正群众的……著作生涯的过去。因此,鲍威尔先生必须使'批判'的著作生涯的历史(这和鲍威尔本身的著作生涯的历史一模一样)摆脱其群众的外观,然后再把这种历史加以润色和解释并通过这种辩护的评注来'巩固批判以前的著作'。"①鲍威尔使"批判"褪去"群众的外观"并对"批判"作以解释和辩护,消除群众的"群众外观",从而更好地巩固其自我意识的哲学体系和"批判"的思辨秘密。

针对批判者们大加高扬的"批判",马克思指出,他们用"批判"这个工具而"把在无限的自我意识之外还维持着有限的物质存在的一切,都归入单纯的假象和纯粹的思想"②。在他们看来,只要是存在的,都可以用"自我意识"去加以说明;只要是不合理的,都可以用"批判"予以改造。"批判"具有强大的力量,至少能够解决他们自身的困惑、满足他们自说自话的意愿。其实,"批判"的现实性已经被抽离剥开,变成了概念性的"批判";"批判"的力量变成了毫无意义的抽象,变成某种超验的存在物。不能用幻想代替科学,而应用科学代替幻想。"批判"并不是青年黑格尔派口中的"一切事物的起源","批判"本身只具有理论上的功能,一旦面对复杂的现实问题,"批判"的力量便会瞬间消失殆尽。

(三)揭露虚化社会主义的唯心做法

在《神圣家族》一书中,马克思恩格斯对社会主义这一问题给予了一定

① 《马克思恩格斯全集》(第 2 卷),人民出版社,1957 年,第 127～128 页。
② 《马克思恩格斯文集》(第一卷),人民出版社,2009 年,第 345 页。

的说明,他们主张的社会主义与鲍威尔等人主张的唯灵论的社会主义是截然相对的。他们在批判、纠正鲍威尔等人错误观点的同时,对社会主义的相关问题作了相应的铺垫和展开。

马克思恩格斯在《神圣家族》中主要是以论战的方式对社会主义的问题作了部分论述,即在对鲍威尔等人主观唯心主义的批判中进行的阐发。比如,马克思恩格斯借助犹太人问题,批判了鲍威尔等人关于社会主义的错误论点,以及将社会主义绝对化、精神化的做法。马克思恩格斯指出:"有人在向群众的、物质的犹太人宣扬基督教关于精神自由、理论自由和这样一种唯灵论自由的教义,——这种自由认为自己即使在束缚中也是自由的,这种自由觉得自己很幸福,即使这种幸福仅仅存在于'观念中',而且这种自由只会受到一切群众存在的排挤。"①这里的"有人"指的正是鲍威尔等人,他们在犹太人问题上极致地发挥其主观唯心主义的哲学思想,认为向犹太人宣扬主观唯心主义的"神圣准则",告诫这些"物质的犹太人"只要达到了精神上的解放和自由即可解决其面临的诸多现实问题。于是神圣家族们高调地宣示:"犹太人现在在理论领域内有什么程度的进展,他们就真正获得什么程度的解放;他们有什么程度的自由愿望,他们就获得什么程度的自由。"②犹太人的解放进展、解放程度,以及对自由解放的意愿都是发生在理论领域,发生在精神世界,发生在自我意识的范围之内。以鲍威尔等人对现实的犹太人问题的抽象解读为参照,一切现实的人的现实问题,尤其是人们对自由和解放问题的期待与诉求,在鲍威尔那里都变成了纯粹抽象的理论问题。犹太人问题是一个名副其实的现实问题和实践问题,应当以犹太人问题为镜来反观当时市民社会,即资本主义社会中的人的实际状况和生存处境,分析资本主义社会出现的丑恶现象与现实矛盾,进而提出改变现存社会的目

①②　《马克思恩格斯全集》(第2卷),人民出版社,1957年,第120页。

标并在此基础上科学探讨未来真正合理的社会形式。正是鲍威尔等人的"论点使我们有可能立即去测量那条把群众的世俗的共产主义和社会主义同绝对的社会主义分隔开来的批判的深渊"①。

这里"世俗的社会主义"同"绝对的社会主义"是两种完全不同的社会主义主张,即一个是现实的社会主义,一个是抽象的社会主义;一个是有实质内容的社会主义,一个是空洞虚无的社会主义;一个是唯物主义性质的社会主义,一个是唯灵论性质的社会主义。"绝对的社会主义"充斥着"批判"、精神、抽象的符号和公式等,充斥着"神圣的批判"的无穷无尽的内容和财富,面对人们最为关切的生存问题和物质利益问题等则选择避而不谈,至多只会大谈特谈社会主义的空洞口号及歪曲论点。与"绝对的社会主义"不同的是,"世俗社会主义的第一个原理就否认纯理论领域内的解放,认为这是幻想,为了真正的自由它除了要求唯心的'意志'外,还要求完全能感触得到的物质的条件。'群众'认为,甚至为了争得一些只是用来从事'理论'研究的时间和经费,也必须进行物质的、实际的变革"②。"世俗的社会主义"反对所谓追求人的纯粹理论上的解放的论调,强调人应当为挣脱束缚、摆脱压迫而从事变革社会的活动,主动去改变现实社会中的人自身的现实状况,并且这样一种变革也是在社会物质条件的基础上进行的,因为没有哪一种社会变革是浮于空中楼阁的精神批判活动,都是立足社会现实之上、在现实社会中展开、改变人的悲惨生活和不幸命运的伟大现实运动。"世俗的社会主义"也不像"绝对的社会主义"那般,仅仅关注文字上的"社会主义",或是仅仅实现文字上的"社会主义",比如教育人们关注精神意志、从事"理论活动"、争取精神上的解脱等,直接否定了实际变革中的真正主体即人民群众,把人们

---

① 《马克思恩格斯全集》(第 2 卷),人民出版社,1957 年,第 120～121 页。

② 同上,第 121 页。

改变社会的变革变为自我意识的一种"批判"活动,变为鲍威尔等人的大脑中的神秘思辨活动,即不再作为改变现存旧世界的革命性活动,人民群众在自我意识面前,在"批判的批判"面前,在神圣家族们面前,都显得一文不值!正像马克思恩格斯讽刺地说道:"这样的'群众'在神圣的批判面前显得多么低下呵!"①

在社会主义的相关问题上,包括群众与社会秩序等方面的问题,马克思恩格斯更倾向于肯定英法哲学的见解,并指出:"法国人和英国人证明了,并且是极其详尽地证明了,现代社会秩序正在组织'真正的群众',因而它是群众的组织。"②这里表明,英法哲学、英法两国的群众运动都实际地证明了群众及群众组织的现实性与重要性,看到了社会秩序的主体即是人民大众,市民社会是一个组织形式,是由群众构成并推动运行的组织,因而也是组织群众运动的基础。

但是"批判"却非如此。"批判"从来都不重视群众,不关注市民社会的现实情况,不去考虑群众与现存社会的关系,在社会问题上总是选择用唯心的精神、意识的方式去应对,即以神圣的自我意识、以纯理论的说教来清除市民社会存在的矛盾冲突,将自己制定的"绝对的社会主义"推上精神意识世界的宝座,从而藐视现实的社会主义、一概否定实践的社会主义。"批判仿效'总汇报'的手法,想用'幻想'这个非同小可的字眼来铲除所有的社会主义和共产主义的体系。批判就这样打死了外国的社会主义和共产主义。"③"批判"耽于幻想和抽闲,醉心于神秘的思辨,热衷大脑的"创造性"思维活动,擅长进行精神的提升和改造,对社会现状、对人民群众及群众运动等则不屑一顾,甚至认为社会状况的改变、人们生存状况的改善只是精神领域的

---

① 《马克思恩格斯全集》(第 2 卷),人民出版社,1957 年,第 121 页。
②③ 同上,第 170 页。

事情,只要人们精神境界进阶到更高层次,那么一切改变就能顺利完成。马克思恩格斯对此则表示:"如果批判比较熟悉下层人民阶级的运动,它就会知道,下层阶级从实际生活中所受到的最坚决的抵抗使它们每天都有所改变。……即使没有批判的批判的神圣精神的直接庇佑,下层人民阶级也能把自己提高到精神发展的更高水平。"①下层人民挣扎于残酷艰辛的生存窘况,遭受资产阶级的剥削,寻求改善自身不幸的要求被无情拒斥,这些都倒逼着人们奋起反抗,人们首先更在乎的是生活条件的实质改变,这些都是"批判的批判""神圣的精神"无法做到的。至于精神方面的提升和发展,人们完全不需要"批判的批判"就可以实现。关于"组织劳动"的问题已经谈得很多了,虽然这个"口号"并不是社会主义者自己提出的,而是力图调和政治和社会主义的法国政治激进派提出的。社会主义的落地实践离不开人民群众。社会主义相比于资本主义是更合理的社会形态,过去封建社会的解体靠的是人民群众,现在资本主义社会的解体也需要靠人民群众,未来社会主义新社会的实现更要靠人民群众,因而重视群众力量、组织群众运动是解决社会矛盾、推动社会向前发展的关键。这些重大问题"批判的批判"没有谈到过,在"批判的批判"之前也没有一个人谈到过。"批判"也会组织群众,不过只是在"批判"的领域内组织群众,目的是为自身设定对立面和批判的敌人,这样才能在化解这种敌对关系中凸显自己的绝妙作用。于是,"批判"是社会的主宰者,组织社会工作,组织群众,群众是其主宰的对象,社会、历史是其制造的产物,都从属于"批判",即"批判把群众重新组织起来,把它设计成精神的绝对的敌人。精神和群众的对立也就是批判的'社会组织',在这个社会里,精神,或批判,是组织工作,群众是原料,而历史则是产品"②。

---

① 《马克思恩格斯全集》(第2卷),人民出版社,1957年,第171页。
② 同上,第172页。

上述可知,"批判"眼中的人、社会、历史都是虚假的,其关于社会主义的认识更是极其错误的。真正的批判"并不是什么在人类之外的、抽象的、彼岸的人格,它是那些作为社会积极成员的个人所进行的真正的人类活动,这些个人也是人,同样有痛苦,有感情,有思想,有行动",真正的批判是实践的,是对市民社会的矛盾的清醒认知,是对现存社会的现实的有力的批判,蕴含着改变现存社会的实践思维和实际措施。这样的社会主义才是真正的社会主义、现实的社会主义,这样一种社会主义本身就是一种实践,彰显着人们变革旧世界的意愿和实践运动。

鲍威尔依靠"自我意识"和"批判"来解释市民社会和活动于市民社会的人,当然其目的并不是要摧毁现存社会,也无意要改变人民群众的生活现状,而是通过没有实际意义的口头批判、理论说教来宣泄人们对市民社会的不满和愤慨,从而缓和日益激化的阶级关系和社会矛盾,本质上是对资本主义社会行批判之名以达到维护之实。鲍威尔认为,"批判"是一种高尚的思想活动,但又不得不触及人民群众,不得不触及现实问题和社会矛盾,这种触及本身却是对"批判"的无限亵渎和玷污。即使鲍威尔等人从事着自我意识的批判的事业,对"批判"的对象即群众进行尖锐的批判,但是对市民社会的真实情况不去过问,对市民社会的诸多问题并不追究,就是通过一系列思辨的精神环节和诡辩戏法,把一切物质条件、现实难题都抽象化、虚无化,用思辨的戏法掩盖种种现实矛盾,以头脑中的精神代替现实生活中的人,意图让人们在思想上顺服地承受其不幸的生活和遭遇,平抑人们对现存社会的反抗意识,压制人们反对现存的不合理的社会的斗争运动,以维持市民社会的现存秩序与自身阶级的利益。由此推及鲍威尔等人对社会主义的真实态度是绝对否定的,对人们改变资本主义社会的革命运动是全然抗拒的。因此,他们错误解读社会主义,极尽歪曲社会主义,甚至将社会主义引向了极端的恐怖主义,他们还自以为在理论上消灭了革命运动和社会主义,就等于在实际上彻底消除这些顾虑和忧患,避免"批判"作为绝对真理的神圣地位,以及对社会主义的歪曲解释被群众及其革命所推翻。

然而正如马克思恩格斯在《神圣家族》中所描述的那样:"批判甚至在鲍威尔先生自己过去的著作中就发现了群众对批判的多方面的亵渎。然而,在这里代替批判的是辩护;批判不是抛弃过去,而是使过去'巩固起来';它不是把肉体对精神的亵渎也看成精神的死亡,相反地,是把肉体的精神化甚至也看成鲍威尔的肉体的生命。然而,只要未完成的、还被群众所亵渎的批判不再是鲍威尔先生的创造物……只要未完成的批判不再叫做'犹太人问题'、'自由的正义事业'、'国家、宗教和政党',而叫做革命、唯物主义、社会主义和共产主义,它就会变得愈来愈无情,而且会愈来愈坚决地倾向于恐怖主义。这样,批判就用怜惜自己的肉体而把别人的肉体送上十字架的办法,消灭了物质对精神的亵渎和群众对批判的亵渎。"①鲍威尔清除了精神和批判身上的群众性与物质性的"基因",剔去了革命及社会主义的科学性与合理性的含义,将自身以及批判的活动同其他一切人以及人们的实际变革对立了起来,人民群众及其变革活动也不过是"批判的批判"为推进批判事业而进行批判时所使用的某种工具罢了。马克思恩格斯继续说道:"不管是用这种手段还是用那种手段,'被肉体所亵渎的精神'和'被群众所亵渎的批判'无论如何总算从绝对批判的道路上清除掉了。精神和肉体、批判和群众的绝对批判的分离和纯粹的对立,代替了这种非批判的混合。这种对立在它形成当代的真正的历史利益的世界历史形式下,是鲍威尔先生及其伙伴,或精神,与作为物质的所有其余人类的对立。"②如此,即便是革命运动或社会主义,都是"自我意识"在完成自己的"批判使命"过程中所经过的一些环节,在

① 《马克思恩格斯全集》(第2卷),人民出版社,1957年,第172～173页。
② 同上,第173页。

"批判"回到终点即回到"批判"自身之时,这些作为语词概念意义上的群众、革命、社会主义等都将失去存在的必要性。唯物主义的或实践的社会主义才是真正的社会主义,其使命是实现人民群众的解放和自由,这种社会主义的实现即意味着人的解放和自由的实现,但是在"批判"这里,社会主义与唯物主义、人民群众及其革命实践相互割裂,"革命、唯物主义和共产主义就这样完成了自己的历史使命。它们以本身的灭亡为批判的主开辟了道路"①。

二、批判神秘性的超验"实体"

在德国,"对宗教的批判是其他一切批判的前提"②。德国的特殊性生成了一道社会奇观:德意志人在思想上、在哲学上经历着"未来历史","是本世纪的哲学同时代人,而不是本世纪的历史同时代人",且"德国的哲学是德国历史在观念上的继续"。③ 而这种"时代上的错误"决定了德国哲学先天带有抽象的印记。面对资本主义和封建专制相冲突的现实,德国哲学家首先进行的是理论批判、纯粹意识的批判,用预先的"真正的现实性"去裁剪"现实的现实性",在幻想的现实中寻找解决问题的"良策"。正是"由于德国在经济、社会和政治方面都处于落后状态,对资产阶级社会问题的讨论就差不多是沿着一条纯粹意识形态的路线进行的。在德国,不是像在法国那样把资产阶级社会问题当作一个政治问题来讨论的,也不是像在英国那样把它从它的经济规律上来进行科学分析的"④。

当时的德国,由于普鲁士政府把宗教作为统治人们的精神工具,故德国

① 《马克思恩格斯全集》(第2卷),人民出版社,1957年,第173页。
② 《马克思恩格斯全集》(第1卷),人民出版社,1956年,第452页。
③ 同上,第458页。
④ [匈]卢卡奇:《青年黑格尔》,王玖兴译,商务印书馆,1963年,第84页。

哲学对社会问题的探讨不是首先诉诸现实批判,而是诉诸宗教批判。诉诸宗教神学的批判也间接是对政治的批判,是参与政治斗争的间接体现。这是因为,"政治在当时是一个荆棘丛生的领域,所以主要的斗争就转为反宗教的斗争;这一斗争,特别是从1840年起,间接地也是政治斗争。1835年出版的施特劳斯的《耶稣传》成了第一个推动力"①。所以说"从施特劳斯到施蒂纳的整个德国哲学批判都局限于对宗教观念的批判"②。德国古典哲学总是以对宗教的批判来婉转地表达对社会现实的不满,然而其出发点却也是"现实的宗教""真正的神学"。故而,对于社会现实的批判一步也没有离开抽象的领域、理论的范围,总是扭曲思想与现实的关系,并且"以纯思想批判代替反对现存制度的实际斗争"③。德国哲学最终朝着思辨唯心主义的方向发展了。当黑格尔用"理性"去置换宗教的神性根基时,用绝对的"实体"代替神圣的"上帝"时,他看似批判了宗教神学,实则延续着神学的一贯逻辑——实体等同于上帝。于是,黑格尔哲学与宗教的实质便不得不是相同的。统领一切的"上帝"则变成了"实体","上帝"的万能则变成了"实体"的万能。

(一)实体观与宗教批判的关系

谈"实体"必定绕不过黑格尔。黑格尔完善的实体哲学观犹如矗立在后来哲学家面前的伟岸殿堂,绝对精神的发展过程经历了实体阶段和自我意识阶段等,实体阶段没有自我意识,但"实体即主体",实体能够产生和发展自己,创造自己的对象并扬弃对象回到自身,实现实体的完整的和独立的发展环节。实体同时又是主体,这是对黑格尔绝对精神或绝对理念的先验逻

---

① 《马克思恩格斯选集》(第四卷),人民出版社,2012年,第227页。
② 《马克思恩格斯选集》(第一卷),人民出版社,2012年,第144页。
③ 《马克思恩格斯文集》(第一卷),人民出版社,2009年,第512页。

辑的体现。对于黑格尔理性哲学,不论是批判,还是超越,都显得异常艰难。亦如青年黑格尔派的施特劳斯,他认为对黑格尔实体哲学作出了极大的超越,实际上并没有离开黑格尔的实体范畴,即使就内容而言,只有那主体性因素勉强算作一个亮点。因为在黑格尔那里,为了摆脱宗教的神性规定,恢复理性的至上地位,宗教被规定为绝对精神的一个发展环节,宗教被还原为超验实体的理性自身,上帝被还原为理性的实体自身,上帝不过是理性实体的化身,而且是理性实体的最高的发展阶段、最后的表达形式,宗教的本质于是被还原为理性的本质。在此,黑格尔用理性的宗教代替了神学的宗教,用抽象的实体主宰着人和人的历史。黑格尔的"实体"是一种精神力量,是在纯粹思想中运演的、作为"精神的精神""思想、概念的东西",它既设定思想自身,又产生外部世界,现实世界及其中的人变成绝对精神的产物,这也就取消了人的存在的现实性,结局是人走出了宗教神学的牢笼却又进到了精神实体的牢笼。

同样,施特劳斯亦是试图从宗教入手,用其"实体哲学"去批判宗教。其实,青年黑格尔派是从批判宗教开始兴起的,不论是鲍威尔的自我意识哲学,还是费尔巴哈用人的"类"思想去抨击宗教,他们都是有意识地把对宗教问题的剖析与"尘世"的人进行关联。在宗教批判的背后,关涉的是现实社会的人的问题。故施特劳斯并不完全是就宗教而论宗教,他试图在对宗教的批判中揭示宗教的本质,努力还原宗教属人的特性和意义。施特劳斯奠基于黑格尔哲学的基地,紧扣黑格尔的"实体"理论,对其"实体"思想进行改造,赋予"实体"以主体化、人格化的意蕴,努力开辟一条不同于黑格尔的实体之路。施特劳斯将主体性糅入"实体",以"人化说"去对抗黑格尔不关乎人只关乎理性的"实体说",把宗教的神话归为人的思维的自然产物,把上帝去"神化"、去"超自然化",并进行"人化"。他坚持上帝不过是一个普通的、满怀博爱之心的凡人,是一种传说、一个故事,因而只是一个表象和回忆的对象;基督教《圣经》中记述的一个个神迹、奇迹,也不过是非真实的、无意识的和毫无逻辑可言的神学幻想。

施特劳斯将基督教神学作为其批判的对象,对基督教的信仰和基督教的"神"即耶稣、上帝进行了激进的批判,从而在很大程度上动摇了基督教的统治地位和信仰基础。根据施特劳斯的观点,如果上帝创造了世界万物和人类众生,那就说明上帝不可能是一个纯粹的、超验的、超理性的存在,否则便不能同现实世界、同人类发生任何关系;在《圣经》记载中,上帝是通过化身为耶稣来彰显其圣灵和救赎的神圣作用,说明上帝需要借助中间环节来实现自身,并且耶稣其实也是人类的化身,因而上帝同样是人类的化身;上帝不过就是人类本身,在上帝身上体现的基本素质其实是人类具有的共同的天赋和特性。"如果上帝不是一个超自然的实体,那么世界的创造就不再和上帝的可能发生但并非一定发生的独断行为有关。应该把创造世界看成是绝对精神发展的一个必然阶段。"①施特劳斯实际上是借用了黑格尔哲学的辩证法和实体观来阐述其关于宗教批判的论点。在这里,他是把宗教神学的上帝理解为实体性的存在,整个世界则是绝对精神为了达到自我实现的一个外在环节。施特劳斯还表示,其宗教批判的目的在于"协助人类精神从教条的压迫奴役下进行自我解放"②,促使人们从基督教的教条式信条下解放出来,使人们的精神世界从宗教思想的禁锢中解脱出来。

施特劳斯的著作《耶稣传》在宗教理论批判上的地位是不可撼动的。我们来看恩格斯对施特劳斯的几处评论:"《耶稣传》的发行量已经超过了亨斯滕贝格和托路克全部著作的总和,这本书已经成为把每一个非施特劳斯主

---

① 转引自胡建:《启蒙的价值目标与人类解放》,学林出版社,2000 年,第 121 页。
② [德]大卫·弗里德里希·施特劳斯:《耶稣传》(第一卷),吴永泉译,商务印书馆,2018 年,第 8 页。

义者逐出文坛的行为准则。"①"施特劳斯绝对没有出丑,因为,如果说几年前他还认为他的《耶稣传》丝毫无损于教会学说,那么,他当然可以不失尊严地阅读'正统神学体系',如同一些正统主义者可以阅读'黑格尔哲学体系'一样;但是,如果他,正像《耶稣传》所表明的那样,确实认为他的观点丝毫无损于教义学,那么任何人都可以预料到,一旦他认真地研究教义学,他很快就会与这种思想分道扬镳。他在他的《教义学》中就已经直言不讳地说出了他对教会学说的看法。此外,他定居柏林是件好事,他在那里是得其所哉,他在那里可以通过言论和写作比在斯图加特影响更大。"②当时的法国资本主义发展程度远高于德国,法国社会的启蒙运动、思想解放进程远深于德国,法国社会的革命运动和政治解放远先于德国。在德国社会,施特劳斯的宗教批判理论势必遭到更大的阻力和压力,所以他前往柏林反而更有利于其推进批判基督教的工作并且产生更为深远的影响。在实际过程中,施特劳斯对基督教的批判的确招致了诸多贬低和攻击的意见。恩格斯对此则指出:"这里有一本施特劳斯的《耶稣传》,一部无可辩驳的著作;为什么不写篇有说服力的文章来反驳呢? 为什么要诋毁这个真正可敬的人呢? 有多少人像奈安德那样,本人并非正统派,却用基督教的口吻来反对施特劳斯?"③反对者绞尽脑汁竭力从施特劳斯的字里行间寻找一些错误结论,在无切实成效时又对施特劳斯本人的品格进行攻讦,从而吸引更多的人加入否定施特劳斯观点的队伍中来,这恰恰证明了反对者们无法驳倒施特劳斯的事实。

　　施特劳斯关于宗教的批判对马克思恩格斯有着重要影响,比如它推动了恩格斯展开对宗教的反思与批判。正是施特劳斯"把乱七八糟的东西暴露在光天化日之下——永别了,宗教信仰! ——它原来就像海绵一样漏洞

---

① 《马克思恩格斯全集》(第47卷),人民出版社,2004年,第276页。
② 同上,第277页。
③ 同上,第186页。

百出"①。施特劳斯既不是像黑格尔那样把宗教和哲学等同为一、宗教本身是对哲学内容的揭示,也不是像传统神学那样无限夸大宗教信仰的神圣和万能,而是努力追溯了基督教的福音书的历史性,即福音书的记载是否是关于耶稣生平的历史性报道。施特劳斯认为,基督教的福音故事即关于耶稣故事包括家谱、生育、洗礼、耶稣的神迹等其实主要来源于神话传说,是由神话传说的故事所构成的。施特劳斯还谈到了福音书的作者问题,即福音书的作者或福音故事的目击者、见证者,"由于知觉作用的不正确或其写作目的的非历史性,也可能写出不正确的报道来"②,也将会影响福音书的历史性和真实性。这进一步说明,在施特劳斯那里,如果可以确定福音书的作者或见证者,那也将成为一种证据,以此证明福音书故事的来历及其原始资料的可信性。如果是在福音书故事以及福音书的作者等问题无法得到证实的情况下,关于福音书里记叙的神话内容只能是来源于神话传说,掺杂其中的则是传奇的和非历史的东西,即一种虚构的混合物。施特劳斯的这一系列论断则对基督教的核心教义,如信仰上帝、上帝救赎、耶稣基督等,对基督教在人的精神世界的统治力都造成了严重冲击,把基督教神学从宗教统治的绝对地位上拉了下来。

恩格斯曾在1839年4月致弗里德里希·格雷培的书信中表示:"我目前正忙于研究哲学和批判的神学。一个人如果满了18岁并且知道施特劳斯、理性主义者以及《教会报》,那就会要么不假思索地什么都读,要么开始对自己的伍珀河谷时期的信仰产生怀疑。"③在福音书、《圣经》中可以发现诸多明显的矛盾,但是正统派的基督教教士不会作任何反思,仍然是教条地遵从

---

① 《马克思恩格斯全集》(第47卷),人民出版社,2004年,第205页。

② [德]大卫·弗里德里希·施特劳斯:《耶稣传》(第一卷),吴永泉译,商务印书馆,2018年,第65页。

③ 《马克思恩格斯全集》(第47卷),人民出版社,2004年,第142页。

《圣经》里的词句和内容,要人们接受福音书的故事和圣灵的启示。恩格斯强调其以前虽然受到基督教的一定影响,曾是"超自然主义者",但他已经和正统派的宗教思想决裂,用理性去思考宗教,而不是要理性听从宗教。恩格斯随后又在1839年6月致弗里德里希·格雷培的信中写道:"现在我已得出这样的结论:只有能够经受理性检验的学说,才可以算做神的学说。是谁赋予我们盲目地信仰圣经的权利呢? 不过是在我们以前就这样做的那些人的威望而已。"①恩格斯所讲的"经受住理性检验的学说才算是神的学说",实际上同黑格尔的宗教哲学和理性哲学的逻辑是基本一致的,因为这时的恩格斯还是黑格尔哲学的信仰者。恩格斯在1839年10月致威廉·格雷培的信中继续说道:"我目前是一个热心的施特劳斯派了。你们只管来吧,现在我有了武器,有了盾牌和盔甲,现在我有把握了;你们只管来吧,别看你们有神学,我会把你们打得不知该往哪儿逃。真的,威廉,大局已定,我是施特劳斯派,我是个可怜的诗人,在天才的大卫·弗里德里希·施特劳斯的羽翼下藏身。"②恩格斯用"施特劳斯派"来形容自己,用在施特劳斯的"羽翼下藏身"来描述自己的状态,足以表明施特劳斯在德国宗教批判中所释放的能量,以及施特劳斯对推动其思想转变的重要作用。因此,恩格斯对施特劳斯有着极高的评价:

> 我正处于要成为黑格尔主义者的时刻。我能否成为黑格尔主义者,当然还不知道,但施特劳斯帮助我了解了黑格尔的思想,因而这对我来说是完全可信的。何况他的(黑格尔的)历史哲学本来就写出了我的心里话。请务必搞到施特劳斯的《评述和批判》,他的有关施莱尔马

---

① 《马克思恩格斯全集》(第47卷),人民出版社,2004年,第184~185页。
② 同上,第205页。

赫和道布的文章真是妙不可言。文章写得如此透彻、鲜明和风趣,除施特劳斯外,别无他人。顺便说一句,他并不是毫无差错的;即使他的整本《耶稣传》被证实是一堆不折不扣的诡辩,那也无关紧要,因为这部著作之所以十分重要首先就在于作品的基础是关于基督教的神话起源的观念;即使发现上述错误,也丝毫无损于这个观念,因为它永远可以重新用来解释圣经史。①

恩格斯还强调他是通过施特劳斯才走上了通往黑格尔主义的大道,当然,这里的意思是指积极吸取黑格尔博大精深的哲学体系的合理内容,而不是成为顽固的或诡辩的黑格尔主义者。

但是施特劳斯的宗教批判具有不彻底性,他是运用思想的因素去解释宗教的起源、揭示宗教的秘密,这样的批判在根本上是唯心主义的,因而并不是对宗教神学的科学揭露。比如,施特劳斯把基督教的源头、福音故事的历史归为"无意识的叙事传说",以及由此创造的基督教观念和教义信条。基督教是无意识的实体的演化结果,是绝对精神在实体阶段所结成的外化形态。基督教神学在施特劳斯那里作为不具有自我意识的纯粹实体的某种因素,这种实体本身就具有神秘主义的特性,而作为这种实体的产物的宗教则带有更加神秘的神秘主义特质。此外,施特劳斯"通过把实体和上帝'人化'的手法,将历史归结为人类创造的自然过程,从而使历史从上帝的世袭领地回归到人手中,走出了历史'人化'的关键一步。但施特劳斯无法解释:纯粹受实体摆布的抽象的人类无意识怎么能认识历史(绝对精神发展史)的必然性? 又如何能现实地创造历史?"②这些问题在施特劳斯的理论逻辑里

① 《马克思恩格斯全集》(第47卷),人民出版社,2004年,第224页。
② 胡建:《从施特劳斯到青年马克思》,《理论学习月刊》,1989年第6、7合期。

是难以回答的,最终还是只能转向黑格尔的绝对精神来寻求答案,而施特劳斯实际上也是这么做的。既然施特劳斯依循的是黑格尔实体观,即依循黑格尔的思辨哲学逻辑,如此,绝对精神不仅决定了基督教的产生和发展即决定了基督教的历史,而且支配着人类历史,人必然只能服从绝对精神的过程和规律,而没有属于自己的历史和生活世界。

于是,青年黑格尔派的另一位代表人物鲍威尔以"抽象的、个别的自我意识"为突破口,发起了对宗教神学的另一轮冲击。施特劳斯是把"在抽象的普遍性的形式下表现自身的自我意识"即"实体"上升为绝对原理,而鲍威尔则抓住了"无限的自我意识"对宗教的起源、本质等展开批判。所以梅林分析道:"施特劳斯的批判虽然大大取消了很多福音故事的历史真实性,但它还是神学的东西,因为归根到底还是同一个问题,即福音书是圣灵口授的,还是基督教团体无意识地创造的。鲍威尔在'实体本身的发展驱使我们去的地方'寻求施特劳斯的'神秘'见解的解答。'而这种发展则导向理念的普遍性和规定性及理念的现实存在,导向无限的自我意识'。把黑格尔的话译成德语就是:他指出,福音书是抱着一定的目的从事创作的作家的文学作品。鲍威尔的这种见解使他失去对福音书作者的一切尊敬,他对神学进行了殊死斗争。"①鲍威尔在宗教批判方面显然要比施特劳斯更进一步,他直接"把'无限的自我意识'作为自己的一切论断的基础,甚至把这一原则看成福音的创造原则"②,用"无限的自我意识"取代了万能的上帝,取消了宗教神学的创始说、救赎说、神圣信仰、福音神迹等核心内容。鲍威尔和施特劳斯分别从自我意识和实体出发,形成了不同的哲学观点,在宗教批判上也有了明显的区分,不过他们都旨在实现对宗教神学的批判和解构,都形成了相应的

---

① ［德］弗·梅林:《德国社会民主党史》(第 1 卷),青载繁译,生活·读书·新知三联书店,1963 年,第 125～126 页。

② 《马克思恩格斯全集》(第 2 卷),人民出版社,1957 年,第 48 页。

关于基督教批判的分析理论。

（二）宗教批判与"人"直接相勾连

青年黑格尔派的宗教批判与人学问题是紧密关联的。由于当时的德国是欧洲大陆上资本主义发展起步晚、水平低的国家,其本身的历史发展进程相对于英、法等国是明显落后的,但是德国的思想发展没有落后于世界历史的前进步伐,同19世纪的哲学处于同一时代。德国的哲学和思想既映射了德国的社会现实,又反映着欧洲资本主义的整体状况。关于资本主义问题的讨论在德国首先是发生在思想领域,即社会现实问题首先被看作思想的问题来理解。卢卡奇就指出:"由于德国在经济、社会和政治方面都处于落后状况,对资产阶级社会问题的讨论就差不多是沿着一条纯粹意识形态的路线进行的。在德国,不是像在法国那样把资产阶级社会问题当作一个政治问题来讨论的,也不是像在英国那样把它从它的经济规律上来进行科学分析的,在德国,乃是根据人道主义的观点,研究了资产阶级社会里的人、人格和人格发展的情况。"①当时的普鲁士政府在政治上实行的是专制统治制度,而基督教又是普鲁士政府统治人民精神的工具,因而反专制的任务首先变成了反宗教的任务,即反对宗教对人们的精神压迫,将人们从长期被圈禁其中的精神牢笼里解救出来。于是,青年黑格尔派被推到了反对正统基督教派和封建反动派的前沿,运用哲学的武器进行斗争,哲学武器被最先应用于消灭传统的宗教。这是因为"政治在当时是一个荆棘丛生的领域,所以主要的斗争就转为反宗教的斗争;这一斗争,特别是从1840年起,间接地也是政治斗争。1835年出版的施特劳斯的《耶稣传》成了第一个推动力。后来,布鲁诺·鲍威尔反对该书中所阐述的福音神话发生说,证明许多福音故事

① ［匈］卢卡奇:《青年黑格尔》,王玖兴译,商务印书馆,1963年,第84页。

都是作者自己虚构的。两人之间的争论是在'自我意识'对'实体'的斗争这一哲学幌子下进行的"①。政治斗争以理论斗争表现了出来,理论斗争又以宗教批判表现了出来。反宗教斗争即消除宗教历史的合法性、合理性,消解福音故事的真实性、可信性,以达到人的精神领域从福音神话中的解放。

　　青年黑格尔派正是以理论斗争的形式参与到实际斗争中的。施特劳斯和鲍威尔以不同概念为主题,在面对反宗教的任务上付出了共同的努力。青年黑格尔派在理论思路上与黑格尔同行,即沿着黑格尔哲学的思想逻辑开展宗教批判和哲学批判,从"绝对精神"的总体范畴中抽离出"实体""自我意识"等概念,并进一步演化出了"类""唯一者"等概念,以此来取代了宗教神学里的"上帝",试图结束基督教神学观念统治人的精神的历史。宗教批判在德国是一个政治问题、社会问题,宗教批判也深切关涉人的问题,在某种意义上表示一种人学问题。青年黑格尔派将其核心概念运用到对"人"的研究上,把人和人的一切问题都通过这些抽象概念,以及由这些概念所构造的抽象哲学来作以解释,比如人是客体,是作为主体的"实体""自我意识"或"唯一者"的外化产物,人在现存国家和现实社会中的生存体验、生活经历及其面对的现实问题,都是一种观念性的存在,都是由这些抽象的概念所规定的,因而都可以在头脑中得到理解。可见,在反宗教斗争上,青年黑格尔派充分发挥了主体性的哲学理路,将主体性贯注到宗教批判、哲学研究和人学探讨上来,以这种主体性的思维来解构宗教神学的神秘性、绝对性和封闭性。正如侯才所概括的:"青年黑格尔派哲学对主体性问题研究的理论贡献体现在下述三个相互关联的方面:1. 通过把上帝还原为人或属人的东西,恢复了人的主体地位;2. 对主体的蕴意进行了探讨;3. 研究了主体自身的内在矛盾及其发展。其中,对主体的蕴意的规定构成了问题的核心,它是青年黑

① 《马克思恩格斯选集》(第四卷),人民出版社,2012 年,第 227 页。

格尔派哲学发展的内在逻辑。可以说,整个青年黑格尔派哲学的演变都是围绕这一线索展开的。与此相联系,牵涉到主体与'实体'、精神与自然、人与社会、个体与类、存在与本质、自由与必然、个别与一般、感性与理性等诸种关系的解决。"①

我们再来看施特劳斯的宗教批判观点。施特劳斯否定宗教神学的"超人性"、超自然性和绝对性,把宗教的缘起归属于"实体",认为基督教的发端有其历史根据;他把"上帝"还原为人——认为上帝是一个真实的人物,还原为一个犹太法学教师。概言之,"基督的品质、作用"不是归属于"单个个体,即一个神人,而必须归属于人的'类',只有人类才是两种性质的统一"。② 这意味着施特劳斯开始关注到了人的"类"概念。然而他也仅仅触及这一有关人的问题的肤浅层面,没有意识到人的"类"问题的现实性,更没有将人的"类"范畴深入下去。之后的费尔巴哈则接续了这一概念,并塑成其著名的人本主义哲学。

就施特劳斯来说,其宗教批判是围绕"实体"这个概念进行的,即基于黑格尔哲学作出的阐发。施特劳斯虽欲以自在的实体对抗黑格尔神秘的实体,并尝试通过宗教批判去说明人的问题,但理论的不彻底注定其不可能完成这一批判,也注定其所谓的"自在的实体"并不"自在"或"普遍化",而始终带有超验性的特质。他的实体哲学可谓是一种"宗教奇迹剧式的实体",是"虚构的实体",更是为"迷信的和不自由的神秘主义大开方便之门"。③既然施特劳斯没有跳出神学的相对领域,也就不可能过渡到对"人"的实质性探讨。

---

① 侯才:《青年黑格尔派与马克思早期思想的发展》,中国社会科学出版社,1994 年,第 13 ~ 14 页。

② 同上,第 15 页。

③ 《马克思恩格斯全集》(第 40 卷),人民出版社,1982 年,第 242 页。

总体上,在反宗教方面,青年黑格尔派的主要人物包括施特劳斯、鲍威尔、费尔巴哈、施蒂纳等都取得了重要的历史功绩,同时他们在客观上推动了将宗教问题复归为现实问题、将基督教的上帝归附于人本身的研究转向,为后来哲学回归现实世界并聚焦现实的人及现实问题开创了研究路径。当然,在宗教批判上,青年黑格尔派的施特劳斯、鲍威尔可以说是起到了先锋作用,他们用各自的理论主张为撼动基督教在德国精神领域的绝对统治做出了重要贡献。不可否认的是,施特劳斯与鲍威尔都是匍匐于黑格尔体系之内的,都是以黑格尔哲学为思想源泉,都极为彻底地"把黑格尔的体系应用于神学"。两者的不同点在于:施特劳斯是"以斯宾诺莎主义为出发点",鲍威尔是"以费希特主义为出发点"。马克思指出,他们"都就上述两个因素之中的每一个因素在黑格尔那里由于另一个因素的渗入而被歪曲这一点批判了黑格尔"[1],即使他们想象自己克服了黑格尔哲学,即使他们自诩是"真正克服哲学的人",但是他们还是在"黑格尔思辨的范围内"继续逗留。

具体而言,鲍威尔在反宗教的斗争中,他是"将福音书中的历史,就是说将《圣经》基督教,或者说得更准确一些,将《圣经》神学作为其批判的对象"[2]。鲍威尔是如何对《圣经》神学进行批判的呢? 问题就在"自我意识"。鲍威尔坚持把绝对的、无限的"自我意识"作为批判基督教神学的理论武器。自我意识决定一切,宗教自然也是由自我意识决定的,宗教神学的产生可以从自我意识哲学中找到答案。以自我意识的历史对抗福音书的历史,以自我意识的主体性对抗基督教的神圣性,以自我意识说明基督教的来历及本源,试图解开人们对基督教神学的盲目迷信。自我意识哲学既是鲍威尔在青年黑格尔派中立足的基础,又是鲍威尔展开一切理论批判包括进行宗教

---

① 《马克思恩格斯全集》(第 2 卷),人民出版社,1957 年,第 177 页。
② 《费尔巴哈哲学著作选集》(上卷),荣震华、李金山等译,商务印书馆,1984 年,第 21 页。

批判的基础。鲍威尔的自我意识哲学正是源自从黑格尔哲学的概念和逻辑体系。施特劳斯的宗教批判理论是基于实体观而引申出来的,而这里的实体观本身是黑格尔体系的一个方面、一种因素,施特劳斯至多只是对黑格尔体系的片面的发展,甚至说是对黑格尔哲学的倒退。因为施特劳斯其实就是借用了黑格尔的超验"实体"而形成的所谓主体化的"实体"。具体而言,施特劳斯在反宗教的斗争过程中,批判了基督教的神圣信仰和耶稣的生平及神迹故事,有力地打击了基督教的神学信仰在整个社会中的牢固地位。施特劳斯是用一种客体的理性即缺少自我意识的"实体"来揭示基督教的问题,即是以"宗教奇迹剧式的实体性"来揭开福音书里所述的神话故事、神迹现象等背后的秘密。施特劳斯坚持"以'实体'为根据,把福音书的起源归之于原始宗教团体无意识的创作,从而把作为神学教条的基督传说变成了可以深入自由地批判和讨论的对象,把原始基督教的神话由超自然的产物变成了人(团体)的思维的自然产物,但施特劳斯宗教批判的最高成就体现在他对上帝'人化说'……的批判"①。施特劳斯使上帝发生了人化,竭力去除包裹在上帝身上的神秘色彩,但是他对超自然的实体的过于偏向,又使其实体论本身带有了某种难以磨灭的神秘色彩。可以看出,施特劳斯的实体哲学就是对黑格尔实体观的局部变形,即是对黑格尔"实体即主体"思路的有限发挥。

施特劳斯在宗教批判中成型的"实体说",及其想超出而又不可能超出黑格尔哲学的理论命运,更加凸显出超越黑格尔、建立新哲学、批判并改造旧世界的必要性。马克思承担起这一历史重任。从早期的宗教批判到后来的政治批判,从政治批判再到社会现实的批判,马克思意识到,仅凭单纯的宗教批判不可能达到对政治问题的直接抨击。他在政治批判的过程中又遇

---

① 侯才:《青年黑格尔派与马克思早期思想的发展》,中国社会科学出版社,1994年,第15页。

到了物质利益的"难事",于是开始转向社会生活本身,转向对人本身的关注,直面现实生活的矛盾。在对黑格尔哲学的批判中,在与青年黑格尔派的较量中,在对现实问题的深察中,马克思针对其中涉及的理论和现实难题,一一作出分析,一一进行批判,从而摘下旧哲学的"光环",打开通往自己新世界观、新理论的大门。

三、批判抽象性的"唯一者"

施蒂纳的"唯一者"是在批判费尔巴哈人本主义的过程中提出的。他认为费尔巴哈并没有完成对形而上学的批判任务。费尔巴哈看似抓住了现实性,以感性直观对抗理性抽象,以对象性对抗虚幻性,以自然人对抗概念的人,但实则什么都没有抓住,所抓住的只是无限的虚无,没有脱离思辨哲学的"神圣领地",也没有褪去自身理论的抽象性质。施蒂纳认为,费尔巴哈对"人"的概念进行发挥之后,"人"的问题变得更加糟糕,"人"的抽象性不仅没有得到缓解,反而不断加重。尽管费尔巴哈批判宗教,把宗教的本质归为人的本质,但他对"人"的理解实际是对"基督教宗教的最后的变形"。正如恩格斯所说,施蒂纳屏弃了"费尔巴哈的'人',屏弃起码是《基督教的本质》里的'人',是正确的。费尔巴哈的'人'是从上帝引申出来的,费尔巴哈是从上帝进到'人'的,这样,他的'人'无疑还戴着抽象概念的神学光环"[1]。然而这并不能就此反推施蒂纳的人学观是正确的,更不能忽视施蒂纳人学的根本缺陷。他的理论根据是德国唯心主义、思辨形而上学,因"从唯心主义的抽象概念跌到了唯物主义的抽象概念"[2]而一无所获。施蒂纳的人学观,

---

① 《马克思恩格斯全集》(第47卷),人民出版社,2004年,第331页。
② 同上,第331页。

尤其是关于"唯一者"的思想,不过是站在了"形而上学的基地上并从而赋有形而上学的全部本质"①,所使用的仍然是头脚倒置的思辨手法。施蒂纳用抽象的思想统治现实世界,认为现实世界的一切都是出自"唯一者"之手,并且自称为"'利己者和唯一者'……所有这些都是'非人的东西'靠自己的力量完成的……于是,现在它骑着自己的驴子笑逐颜开地洋洋得意地走进了唯一者的王国"②。

(一)"唯一者"的思辨演绎过程

施蒂纳思想的核心概念是"唯一者","唯一者"也是其著作《唯一者及其所有物》中的论述主题。"唯一者"这个概念体现了施蒂纳主观唯心主义和唯我论的立场。他曾借用儿童、青年与成人这三大人生阶段来表达"唯一者"的发展过程,从而论述人生、世界和历史的发展过程。具体来说,施蒂纳是"借助于儿童、青年和成人所谓现实主义、理想主义和利己主义的三阶段式的发展,以及按这一模式用于论述人类的历史……说明唯一者如何把世界据为己有,把世界变成他的所有物;说明利己主义和利己主义者的结合是个人与社会发展的必然结果。诸如儿童与事物打交道,未能摆脱事物,他们的思想只是针对一种事物所产生的思想——与某个事物相联系的思想。青年与纯粹思想(不与任何事物相联系的思想称之为纯粹思想或纯思想)打交道,但未能摆脱思想。成人随心所欲地处理事物和思想,并将他的个人利益置于一切之上"③。这样一种推演呈现了施蒂纳思辨唯心主义的演绎逻辑。儿童、青年与成人三大阶段是对"唯一者"这一抽象范畴的整体展开,马克思恩格斯对于施蒂纳"唯一者"思辨神话的批评也是从这里开始的。

---

① 吴晓明:《形而上学的没落》,人民出版社,2006年,第500页。
② 《马克思恩格斯全集》(第3卷),人民出版社,1960年,第266页。
③ [德]麦克斯·施蒂纳:《唯一者及其所有物》,金海民译,商务印书馆,1989年,第Ⅷ页。

1.儿童时期

施蒂纳指出,最初,儿童从诞生时起就与周遭事物、外部世界处于对立状态,就需要从混乱的事物世界中寻回自身,确立自己的存在,即"一个人自呱呱坠地那一刻起,就力图从所有其他一切事物混杂在一起的世界混乱中找出自己、获得自己"①。由于儿童和外部世界是相互敌视、相互对立的关系,因而在获得自身和保存自身的过程中,儿童需要防御外部事物,以免经受外部世界的影响和侵扰,即"婴儿又防御着一切与他接触的事物以保卫自己,抵抗它们的干扰,坚决保持他自己的存在。因为每一事物都只顾自己,而同时又与其他事物经常处于冲突之中,故而自我保持的斗争是不可避免的"②。在儿童与外部世界的斗争中必然会有胜出或者落败的结果,即儿童或者胜利或者失败,"获胜者成为主人,失败者成为臣民:那一个威风凛凛地行驶'君主权利',这一个却诚惶诚恐地尽'臣民义务'"③。随后,儿童从与世界的敌对阶段进入追求解放自身的阶段,因为一开始双方是互相戒备、互探彼此的弱点,儿童如果不能制服外部事物的"棍棒",就不能摆脱对外部事物的"棍棒"的恐惧和担忧,从而只能被外部事物的"棍棒"所制服。所以他们开始探索事物的过程和底细,寻找事物的弱点和根底,进而克服外部世界的干扰,不再受制于事物世界,即"在童年,解放的过程就是我们力图洞察事物的底细或深究'事物背后'是什么:因此我们窥探所有事物的弱点……儿童们对此具有一种可靠的本能……一旦我们知悉事物背后是什么,我们就心安理得"④。此外,在儿童时期,人们对于精神虽然开始有所触及,但主要还是玩乐嬉戏,尚未展开同理性的斗争,还不懂得理性、精神和理想,很少去进行冥思苦想,也不会用精神去看待世界,最多只是对世界作一种呆望,即儿童的思想还不是抽象的、绝对的和纯粹的。比如儿童还摆脱不了外部事

①②③④　[德]麦克斯·施蒂纳:《唯一者及其所有物》,金海民译,商务印书馆,1989年,第8页。

物及其联系的束缚，还需要敬重作为自然力量的双亲，而这对于"有理性的人，即'精神的人'来说，根本不存在作为自然力量的家庭：与双亲和兄弟姊妹等断绝关系的情况发生了"①。如果儿童具备了这种精神或理性的力量，那么就可以超出外部力量包括自然力量的规约和牵制，当然这时的儿童也就不再是原先意义的儿童了。可见，此时的儿童虽与事物世界相敌对、相斗争，但是并未在这种反抗和斗争中征服事物世界，仍然要服从于外部事物及其一切联系。马克思恩格斯则指出："'我们'在儿童时期，'企图洞察事物的底蕴或看看事物后面是什么；因此〈这就是说，现在已经不是出于敌意了〉我们窥探所有这些事物的弱点'……这样一来，儿童立即变成力求洞察'事物底蕴'的形而上学者了。"②

由于施蒂纳始终强调"这个好思辨的儿童心爱'事物的本性'更甚于他的玩具"③，主观上赋予了婴儿期的小孩以爱好思辨的能力和热爱"事物本性"的特质，将儿童打造成了试图洞察事物本质的形而上学者，全然不考虑儿童所处的懵懂无知的实际状况；认为儿童生来就与外部世界互相敌对，必须同外部世界斗争、必须征服外部世界才能保持自身的存在，任意地把儿童与外部世界割裂开来，不懂得儿童与外部世界的现实联系，不懂得儿童的生存、成长和发展都不可能离开现实的世界而抽象地实现；主张儿童的解放就是战胜外部世界，把儿童的解放理解为是反抗外部世界的结果，而实现解放是通过窥得外部世界底细的方式获得的，这里既没有理解客观事物和客观世界，也不理解"解放"的含义，不可能找到争取解放的正确途径和方法；将"事物背后是什么"的问题解释为事物的底细和弱点，儿童所要做的是深究事物的底细和弱点，进而努力将其克服，这是施蒂纳无端加诸在儿童时期的

---

① ［德］麦克斯·施蒂纳：《唯一者及其所有物》，金海民译，商务印书馆，1989 年，第 10 页。
②③ 《马克思恩格斯全集》（第 3 卷），人民出版社，1960 年，第 120 页。

人身上的重任,至于事物的底细和弱点是什么,施蒂纳自己也不知道,最后仍是笼统地将一切事物都消融于精神观念,用精神观念来阐释人、外部事物和现实世界。

2. 青年时期

由于儿童"'随着时间的推移'终究会克服'事物世界',战胜这个世界,随即进入新的阶段,即进入青年时期"①。不同于儿童,青年是克服了外部事物,战胜了所有的人,不再被它们所束缚,此时人们不再同事物世界打交道,而是热衷于同纯粹思想发生联系,当然尚不能超出纯粹思想,也即是人们"服从神更甚于服从人"②。施蒂纳继续表示,"青年采取一种精神的立场","揭示纯粹思想或追随这种思想,这是青年的爱好。思想世界的一切光辉形象,诸如真理、自由、人道、人等等照耀着和鼓舞着青年的心灵"③。如果说儿童是活动于事物世界,并且不得不与事物世界的一切发生联系,受困于事物世界的力量,那么青年则超越了儿童的这一状态,对世俗事物没有任何留恋,活跃于思想世界,因为精神是本质的东西,是"事物背后的底蕴",故而青年追逐纯粹思想的步伐不会停下,思想世界的光芒不断启发青年的头脑、照亮青年的内心。同时,在青年阶段,人们追随思想、精神,不断与思想世界打交道,力图实现精神的丰富和完善,而精神作为高于人之上的本质存在,也在不断地扩展并完善自身,力图成为更完善的精神、形成一个更完善的精神王国。如此,相对于精神,人总是不完善的,既要追赶精神但又难以跟上精神的脚步,难以企及完善的精神和精神世界。当人们意识到这个问题后,不得不服从完善的精神,继而从刚刚由精神中获得自我再次沦为失去自我的状态,这就是:"人就力求精神丰富:精神想要扩充自己,建立自己的王国,建

---

① 《马克思恩格斯全集》(第 3 卷),人民出版社,1960 年,第 120 页。
② [德]麦克斯·施蒂纳:《唯一者及其所有物》,金海民译,商务印书馆,1989 年,第 10 页。
③ 同上,第 10、11 页。

立一个不是这个世界——刚被克服的世界——的王国。精神就是如此力求成为一切中的一切,这就是说,虽然我是精神,但我总还不是完善的精神,并且还必须寻找完善的精神。这样,刚才还是作为精神而发现了自己的我,一旦我向作为并非是我自己的而是彼岸的完善的精神屈膝,并感到自己的空虚,就立即又丧失了我。"①这是青年时期的人们无法避免的状况。

对于施蒂纳所描述的"沉浸于思想并力求掌握思想的青年",马克思恩格斯说道:"这个青年于是又把'对象''搁在一旁',完全'陶醉于''自己的思想';'他把所有非精神的东西轻蔑地称为外部事物,如果说他毕竟还迷恋于这些外部事物中的某些东西,例如德国大学生的逍遥生活等等,这只是当他在其中发现精神的时候才会这样,只是因为他在其中发现精神才会这样,也就是说,只有当这些东西在他看来是符号的时候才会这样'。"②这样的"好青年"可以抛却外部对象和现实事物,甚至摧毁一切外在的自然力量和社会关系,他所关注并沉迷的只有精神性的东西,一切非精神的东西都不在其视野之内,即便是他所依存的物质条件,以及产生精神和思想的现实基础都被视为无意义的存在。施蒂纳强调青年在力求精神丰富,而"精神又想建立自己的王国",从而精神与青年分割开来,不是青年把握精神,而是精神掌握青年;不是青年作为精神的主体,而是精神作为青年的主体,绝对化的精神支配着青年。马克思恩格斯深刻指出:"'精神'迄今为止还什么也没有想过,'精神'还没有人格化,迄今为止谈的还只是'青年'的精神,而不是单纯的'精神',不是作为主体的精神。但我们这位神圣的作家现在需要另一种和青年的精神完全不同的精神,把它当作一种异己的、归根结底是神圣的精神来跟青年的精神对立。"③这是施蒂纳的思辨花招之一。施蒂纳还讲到"精神

---

① [德]麦克斯·施蒂纳:《唯一者及其所有物》,金海民译,商务印书馆,1989 年,第 12 页。
② 《马克思恩格斯全集》(第 3 卷),人民出版社,1960 年,第 120～121 页。
③ 同上,第 122 页。

力求成为一切中的一切"，"精神还不是完善的精神必须寻找完善的精神"，作为本质的精神有丰富与贫乏之别，有完善与不完善之分，这表明施蒂纳对于纯粹精神的解读也是模糊不清的。施蒂纳为了到达精神的彼岸，规定了从不完善的精神发展到完善的精神即真正的精神这一过程，真正的精神意味着神圣的精神即"神的精神"，而青年面对彼岸的神圣精神只能服从尊崇，感到自己内心的空虚和狭隘。然而"神的精神"实际上是不存在的，所以人们也无法达到所谓神圣的、彼岸的理想精神世界，这些仅仅是施蒂纳"思维的绝技"的抽象展开而已。

3. 成人时期

施蒂纳认为，人们在经过儿童和青年阶段后，进入了成人阶段。成人与青年有着显著的不同，成年人超出青年的地方在于不会被精神和思想所困扰，不必屈从于精神和思想，不必苦苦追寻绝对的"神圣精神"，也无须力求把握精神并使精神丰富起来，而是按照自己的利益、自己的理想来看待世界并把握世界，即"按照世界的本来面目把握世界，而不是处处对之胡思乱想并改善它，就是说要想按照他的理想塑造世界，在成人心目中牢固树立了这样的看法：人们必须按照它们的利益，而不是按照他们的理想来对待世界"①。换句话说，不像青年人那样沉醉于思想的事或精神的事，成年人并不致力于寻求普遍的、完善的精神，不会在意所谓的人或人类（因为他人与自己无关），也不会在所谓完善精神的理想中感到心虚、无措而丧失自己，而是把自己看作"有形体的精神"即精神背后的精神，把自己视为一切的中心，只关心自己及同自己相关的事，有着自己的、有形体的和利己主义的兴趣与追求。所以什么样的人才是成人？或者衡量一个人作为成人的标准是什么？施蒂纳给出了他的答案："只有当一个人爱上有形体的自身，如同有血有肉

---

① ［德］麦克斯·施蒂纳：《唯一者及其所有物》，金海民译，商务印书馆，1989 年，第 12 页。

的人那样,在自身有了一种乐趣——这样他在成熟的年龄、在成人时——只有在这以后才找到了自身的或利己主义的兴趣,亦即并非只如我们精神的兴趣,而是完全的满足,完整的汉子的满足,一种自私的兴趣。"①成人就是如此,他发现自己不是思想的附庸,相反作为思想的创造者与支配者,打破了青年时期思想或精神作为人的主体对人造成的严重干扰,将这一思想置于"我"的控制之下,思想便从彼岸的理想变为"我"的所属物,从前人们孜孜以求的思想世界变成了"我"的世界,思想世界被成人战胜并收归己有,只有作为成人的"我"才是唯一有形体的存在,这样人们就不再受任何事物世界的自然力量或思想世界的抽象力量所掣肘,而是根据自己的意志、利益和需求来活动。即如施蒂纳所说的,成年人"在思想背后发现自己作为思想的创造者和所有者。在精神时期,思想虽然是我的头脑的产物,但思想的发展超越了我的头脑;思想,一种可怕的力量,如同热病时的梦幻缠绕着我和震撼着我。思想对自身来说变成了有形体的东西……如若我摧毁了思想的形体性,那么我就将思想收回到我自身中来并宣称:只有我是有形体的。于是我将世界作为我认为的那种东西、作为我的世界、我的所有物:我将一切归之于我自己……再也没有支配我们的力量了,就像任何'尘世的力量'不再能支配精神一样"②。

施蒂纳对成年时期的人们的特点进行了论述,而且是在同青年时期的人们的对比中展开的。但是施蒂纳没有向我们讲述"我们的神圣的辩证论者是如何实现从青年到成人的过渡的,我们只听说'这'必须去完成这一劳役并使青年'有别'于成人"③,青年向成人的神奇转变是在他的头脑中完成的;我们也不清楚成人是如何能够按照世界的本来面目来把握这个世界的,

① [德]麦克斯·施蒂纳:《唯一者及其所有物》,金海民译,商务印书馆,1989年,第13页。
② 同上,第13~14页。
③ 《马克思恩格斯全集》(第3卷),人民出版社,1960年,第124页。

仅仅是青年不能把握而成人便能够把握,因为成人超出了思想世界和事物世界的支配,能够依循自己的需要把握世界,成人的这种能力也是施蒂纳所赋予的,具体来说是来自他的"唯一者"。施蒂纳把"主要的兴趣放在'完整的主体的满足'上。……我们这位神圣的辩证论者如此地兴奋,以致得意忘形,突然不谈成人,而谈自身了,这就泄露了自己的秘密:他自身,他这个唯一者,就是'成人',而'成人'就 ='唯一者'"①。成人达到了施蒂纳思想中的"唯一者"的高度,成人即"唯一者","唯一者"即成人。他构造了有形体的思想即思想的形体性,然后将这种形体性推倒摧毁,再"把思想收回到自己的形体中来,从而把自己的形体变为怪影的形体。他仅仅是通过对怪影的否定才得到他自己的形体性的,这一点表明成人的这种虚构的形体性是如何构成的……他把这样一个情况——即除他的'唯一的'形体之外,在他的头脑中没有各种各样独立的形体、精虫——变为'神话':只有我一个人有形体"②。既然其他的一切的人和事物都变成"神话",只有作为"唯一者"的"我"一个人有形体,这里的"我"则变成了又一个"神话",并且是"神话中的神话"。

马克思恩格斯批判道:"这个成人,在圣麦克斯看来,只要他把有关这些力量的错误想法从头脑中挤出去,就可以把这些力量真正摧毁。事情恰恰相反:只要他不再用他的幻想的眼镜观察世界,他就得考虑这一世界的实际的相互关系,研究和顺应这些关系。只要他摧毁了他所赋予世界的幻想的形体性,他就会在自己的幻想之外发现世界的真实的形体性。"③施蒂纳运用思辨的戏法将世界化为他自己心中的世界,从而将整个世界放入自己的口袋里,这种获取的方式在任何一个经济学家那里都找不到,但是在施蒂纳这

---

① 《马克思恩格斯全集》(第 3 卷),人民出版社,1960 年,第 125 页。
② 同上,第 125~126 页。
③ 同上,第 126 页。

里却轻松地完成了。他所说的世界其实就是一种观念的世界或世界的观念,是施蒂纳头脑中的幻想物,是他的"唯一者"神话的组成元素,"唯一者"成为世间万物包括人和世界的根源,这完全是对客观世界和现实的人的误解。正确的思维方式是:应当正确看待处于现实关系和现实生活中的人,正确看待人与外部世界的相互关系,正确看待客观世界的本来面貌及其规律,把世界作为不以人的主观意志为转移,作为客观的事物世界、作为非我的所有物来理解。如果施蒂纳不再用幻想的观念和抽象的思辨逻辑去认识外部世界、人的生活,以及现实生活中的人,一切现实生活都将真实地呈现在他的面前,所谓的"唯一者"或"我"的思辨神话则不复存在。因此,马克思恩格斯指出,施蒂纳"不是'把握世界',而只是把他关于世界的'热病时的胡想'当作自己的东西来把握并占为己有。他把世界当作自己关于世界的观念来把握,而作为他的观念的世界,是他的想像的所有物、他的观念的所有物、他的作为所有物的观念、他的作为观念的所有物、他自身所有的观念或他的关于所有物的观念"①。

　　总体来讲,在施蒂纳那里,"儿童是现实主义的,拘泥于这一世界的事物,以后儿童才渐渐地洞悉事物背后的情况;青年是理想主义的,为思想所鼓舞,以后他在工作中才成长为成人、利己主义的人,而后他随心所欲地处理事物和思想并将他的个人利益置于一切之上"②。因为施蒂纳坚信:"他在由儿童转变为青年的过程中真正克服了事物世界,而在由青年转变为成人的过程中,也真正克服了精神世界;现在他作为成人已经把全部世界装在自己的口袋里,再也没有什么不放心的了。"③施蒂纳给个人设置了三个发展阶段,从儿童开始到青年,再由青年成长为成人,成人即表示到达了"唯一者"

---

① 《马克思恩格斯全集》(第3卷),人民出版社,1960年,第127页。
② [德]麦克斯·施蒂纳:《唯一者及其所有物》,金海民译,商务印书馆,1989年,第14页。
③ 《马克思格斯全集》(第3卷),人民出版社,1960年,第128页。

的高度,超脱一切事物和精神的羁绊,"唯一者"也随之完成了思辨的过程。我们可以看到,个人在这三个阶段中没有获得任何现实的内容,人生的三阶段都是在思辨的范畴中完成的,不论儿童、青年抑或成人都只是抽象观念的显现。施蒂纳所接触的或玩弄的不过是主观的幻想、思想的"幻影",他连思想本身都没有真正触及,因为他根本没有认识到思想本身所表达的现实关系。所以当个人步入成人阶段,便达到施蒂纳"关于人生阶段的虚构导向他所希望的预定的目的了。他把自己得到的结果叙述在一个命题中,这个命题是怪影般的影子"①,即"唯一者"。

(二)"唯一者"架空"人"的思辨戏法

1. "唯一者"的前提是抽象的观念、语词及其独立化

作为青年黑格尔派思辨哲学的杰出代表,施蒂纳同样志在将存在与意识、主体与客体的关系加以歪曲,用独立化的观念、词句甚至是"臆想"来作为前提,叙说关于人的一切社会问题。由于脱离现实的社会关系,无法撼动现实的社会存在,施蒂纳唯一能做的就是摒弃现实,超脱社会,背离历史,把一切都归入"某种黑格尔的逻辑范畴",认为"普遍的观念"统治着现存世界;主张"我"是独一无二的存在,是一切的创造者,把客体视作"唯一者"的"我"的意志的产物;用意志观念代替一切,把它看作人的前提条件,在头脑中任意勾画着人学的形而上学图景。

人与人之间的现实差别被观念意识所取代。意识的差别在这里就成了个人生活的内容,那么在人身上所发生的物质的和社会的变化,以及在人身上发生的意识变化的客观条件的变化,施蒂纳则是完全不管不顾了。他还坚信:"只要以前的利己主义者改变自己的意识,就能成为非通常理解的利

_____

① 《马克思恩格斯全集》(第3卷),人民出版社,1960年,第128页。

己主义者,因此,自我一致的利己主义者和以前的利己主义者的差别只在于意识,也就是说,只在于他是具有知识的人,是哲学家。"①于是,"意识"成了人与人的本质区分,只要在观念上作了改变,横亘在人们之间的差别和鸿沟便能得到弥合。他把社会关系变成了观念,把人变为神圣观念下的人,把有利己追求的人变成违背这一观念的"罪人",把人遇到的矛盾冲突变成观念的矛盾和冲突,且这里的观念独立于人之外并使人服膺其"神圣的"统治。施蒂纳是既要保持伟大的、"必要的而且是不能剥夺的"私有财产,又要把私有财产的事实、人的现实分化观念化,并把这种观念神圣化。他看似是论述"世俗关系""现实世界",其实是撇开生活、阶级和历史时代的现实,单向重复一些无谓的"干瘪的逻辑"。

施蒂纳在《唯一者及其所有物》中明确提出"思想先行""思想是作为个人的行动者""思维自身必须被当作前提""从一种思想、一种固定观念、一个前提出发"等说法,结果观念不仅被前提化了,而且被独立化、空洞化了,唯独剩下一个空泛的思维着的外壳。至少说明,施蒂纳是利用所谓的独立观念去宰治世界、规范世界、制定人的存在。观念是借助何种工具实现在世界中的统治?施蒂纳给出的回复是"通过语言或词句的新形式"。他又表示,"思维只不过是所有者",独立的思维是不存在的,因为"'我'、即施蒂纳,是'唯一者'",是一切存在的尺度,是创造者。"唯一者"又是什么?"'唯一者'就是词句","是词句的所有者","词句的内容"即是"'唯一者'的内容"。②既然"唯一者"的前提是作为独立力量的观念思想,那么作为"唯一者"的施蒂纳则变成了"观念的观念""前提的前提""形而上学的形而上学"。

马克思曾表示,施蒂纳的"全部活动只限于就他从哲学传统中承袭下来

---

① 《马克思恩格斯全集》(第3卷),人民出版社,1960年,第282页。
② 同上,第302页。

的思想世界玩弄一些陈旧不堪的诡辩的把戏"①,他对现实关系"知道得最少"。施蒂纳还切断了与"现实世界联系的最后一点残余",现实世界在他那里失去了"最后一点意义",现实世界在他看来是根本不存在的,现实的人在他看来也是根本不存在的,而且也是不会继续存在的。在精神之维、在观念王国,如果说黑格尔还坚持着"绝对理性"的信念,以合乎理性的方式规范世界、规范着人,那么施蒂纳则完全斩断了"理性"的最后一丝"理性",以高于"神圣观念"的"唯一者"自居,把一切都归于"我"且当作"自己的东西来把握并占为己有"。施蒂纳还表示,在他有力量去反对这个世界时,他就会毫不犹豫地、毫不尊敬地去对待这个世界,只为达到作为"唯一者"的个人主义的内心的自我满足。

2."唯一者"是人的一切,人的一切都归于"唯一者"

施蒂纳在对宗教的批判中,否定了神的至高无上,否定了神的存在,肯定人的地位,认为即使存在宗教的神和神的事业,也不能比肩人的事业或超出人的地位,因为宗教的神关注的只是其所谓神圣的事业,人不在神的视野中,人的一切也不在神的事业范围内,所以人无须再将神圣的宗教作为自己的最高事业来效劳,而应关注人自身,把自己作为自己的最高事业,作为超越宗教事业的更高事业。他在批判宗教思想的过程中阐发了关于人的问题的观点,然而这种对于人的问题的看法又充满了德国小资产阶级的幻想。比如,施蒂纳讲道:"神只关心自己的事业,只为自己操劳,只为自己考虑,眼里只有自己;诅咒一切使神不得安宁的东西吧。神并不为更高者效劳,只是使自己满足。"②所以施蒂纳讽刺地说,还有什么不是人自己的事,"还有什么不是我的事! 首先是善事,而后是神的事,人类、真理、自由的事,人道和正

---

① 《马克思恩格斯全集》(第3卷),人民出版社,1960年,第341页。

② [德]麦克斯·施蒂纳:《唯一者及其所有物》,金海民译,商务印书馆,1989年,第4页。

义的事；以至于我的人民、我的君主和我的祖国的事；最后，则还有精神的事和成千上万其他的事。唯有我的事从来就不该是我的事"①，"既然神和人类不外乎只将它们的事业置于自己的基础上；那么，我也就同样将我的事业置于我的基础上。同神一样，一切其他事物对我皆无，我的一切就是我，我就是唯一者"②。可以看到，施蒂纳一方面将宗教的神请下了神坛，努力使人摆脱宗教的阴影和束缚；反对把神看作一切中的一切，主张"我"是唯一者，是一切中的一切；反对把宗教的神的事业视为神圣的至高无上的事业，强调人的事业不应当只是渺小的或遭到藐视的；人应该为自己的事业效劳，这种为了自己的事业才是最有意义的，凡是不属于"我"的事业都不应当在考虑范围之内，因为"我自己就是我的事业"，"我的事业不是神的事，不是人的事，也不是真、善、正义和自由等等，而仅仅是我自己的事，我的事业并非是普通的，而是唯一的，就如同我是唯一的那样。对我来说，我是高于一切的"③。在这里，施蒂纳指出了他的核心概念"唯一者"。即使是人或人类，也不足以和"唯一者"或"我"相等同，不足以表达"唯一者"或"我"的意志和观念，人或人类的事业也不能等同于"我"的事业、"唯一者"的事业。

施蒂纳批判宗教的神，取消了神的至高无上的地位，但是他同样也拒斥人和人类的现实概念，认为只有"唯一者""我"才是现实的，只有"唯一者"或"我"的事业才是最有意义的，其他的无论善或恶的事都与其无关，无论人民或政府、国家的事都与其无关，这样又走入了主观唯心主义的极端思维，再现了思辨唯心主义的手法。施蒂纳只关心自己的福利、自己的事业，只为自己服务，而不关注同样作为人的他人的福利和事业；他沉迷于同宗教的神、同现世的人相对立，不承认自身以外的一切他者，包括神和人类自身。

---

① ［德］麦克斯·施蒂纳：《唯一者及其所有物》，金海民译，商务印书馆，1989 年，第 3 页。
②③ 同上，第 5 页。

这样来看,施蒂纳批判宗教的目的不是为人正名,不是为了恢复人的现实性,而是为了确立"唯一者""我"的地位,为了维护作为"唯一者"的"我"的利益和要求;促使其批判宗教的起因显然"不是现世的财物,不是会被虫子咬坏和锈坏的财宝,不是他的唯一者同道们的资产,而是天上的宝物、神的资产、真理、自由、人类等等,使他坐卧不安。如果不要求他为这许多善事服务,他就永远不会发现他也有自己'本身的'事,因而他的事也就不会以'无'(即'圣书')'当作'基础"①。他以"唯一者"为基础,并将"唯一者"或"我"推到了最高的位置,用"唯一者"取代了神,原先神作为一切中的一切,现在"唯一者"成为一切中的一切。施蒂纳看似是在批判宗教、试图消灭宗教,实际上却是创造新的宗教,不过是以"唯一者"的神话代替宗教神的神话。他只承认"唯一者"或"我"的利益和事业,除此之外的他人对"我"或"唯一者"而言都是空洞虚无的,但是施蒂纳却喊出"唯一者"或"我"高于一切,凌驾于精神、神和人类之上,凌驾于世界之上,这里的"唯一者"或"我"也是空洞虚无的、没有实际意义的。"唯一者"体现了施蒂纳典型的德国小资产阶级思维方式,他借用"唯一者"或"我"来表达仅仅设想本阶级利益的狭隘观念,他只在思想上去批判宗教、去批判那些使德国小资产阶级身处恶劣境况的国家、阶级及其经济基础,因而这种思想在实际上必然是收效甚微的。

　　3."唯一者"是绝对抽象的人,是"非人"或"旧人",抽离了一切现实社会关系,用"人"的抽象概念去解释人

　　受到作为前提的"观念"的统摄,施蒂纳看到的"人"不外是一个幽灵、一个思想、一个概念。比如"现实的人只是非人",人是概念,"'人'的概念 ='人'","'人' =非现实的人","现实的人 =不是人, =非人"。② 即是说,现

———————————

　　① 《马克思恩格斯全集》(第3卷),人民出版社,1960年,第118页。

　　② 同上,第504页。

实的人是不存在的,因为现实的人处于对现实的人来说是存在的外部世界的现实关系之外,此即现实的人并不现实,只是某种抽象,甚至"单独的个人不是人"①,是"非人"。他又是如何看待彰显人的现实性的社会关系？施蒂纳首先将人们之间的关系变为在抽象范围内的最普遍的、最广泛化的"抽象命题",并努力将这种荒谬的"抽象命题"契合于、服务于"资产阶级社会的关系"。当面对人处于资本主义社会的"不顺利的环境"和所遭遇的不幸处境,施蒂纳"告诫"人们这些都不是现实的,只是一种观念,只要把这些观念"从头脑中挤出去"即可,并且还"可以把产生这些观念的那些关系在世界上消灭掉"②。施蒂纳是不想让"人"存在的,他所想的只有抽象的"唯一者"。因此,他认为只要把"'人'这个观念从头脑中挤出去,就可以把现在已被认为非人的那些现实关系消灭掉"③,就可以把"现实的人"给消灭掉,从而只保留"唯一者"这个"作为词句而告终的逻辑"。

若要达成作为人的"个人",达到作为人的"我",必须要摆脱一切束缚,包括摆脱形而上学的束缚,摆脱宗教神学的束缚,摆脱一切可能对人产生束缚的事物。这样一来,"我"就可以不用"拿人的尺度来衡量自己,而且也不容许别人这样来衡量我了"④,人们也不必"再拿某种不以个人为转移的(用作比较的根据即标准)来衡量自己"⑤。此时已经没有什么东西能在"我"之上了,现在的"我是唯一的东西",即使是个人之间的联系也呈现为"观念""思想""圣物"。当施蒂纳"从头脑中抛开了观念"时,"个人"已成为"唯一者"、"无与伦比"的"唯一者"、唯一性的"唯一者"。确实,施蒂纳想用挣脱一切的方式寻求所谓的人本身和人的解放,可他选择的却是一条最不现实

---

① 《马克思恩格斯全集》(第3卷),人民出版社,1960年,第257页。
②③ 同上,第506页。
④ 同上,第509页。
⑤ 同上,第518页。

的道路,即遵循"思想"的脉络,进行"内心的自相斗争",在思想观念中摆脱人的现实束缚,追求一个永远都不存在的"绝对的人""无前提的我"。也就是当"人"摆脱了不是"人"的一切东西,剩下来的"仅仅是我",也只能是"我"。马克思则指出,人们摆脱束缚、解放自身可不是靠简单的"思想"就能解决的,人的社会联系可不是凭"思想"的随意涂抹便会消失不见的。人不是在概念中制定的"概念的人",我们必须要基于客观物质基础,基于现有生产力的发展程度,在"现有的生产力所决定和所容许的范围之内"①谈论"人"的问题才有意义。

"人"是"非人的东西",而非"人"是"人的东西"。施蒂纳不知道"非人的东西"和"人的东西"其实都是社会关系的产物,且"非人的东西"绝不是一种概念游戏。应作如下解读:它是现代社会关系的否定方面,是"没有任何新的革命的生产力作为基础的反抗,是对建立在现有生产力基础上的统治关系以及跟这种关系相适应的满足需要的方式的反抗","是同那些想在现存生产方式内部把这种统治关系以及在这种关系中占统治地位的满足需要的方式加以否定的意图相适应的",②这种意图同时随着生产发展的阶段而不断地更新。可见,不论是对"人"的"正面说法",还是对"人"的"反面说法",都应当从社会现实出发去认知,从生产力发展的具体阶段去把握,否则观念世界的"人"注定只能是想象、是幻想,只剩下令人眼花缭乱的概念或绝对化的"唯一者",而得不出有关"人"问题的任何正确结论。

4."唯一者"将客观世界和社会历史完全虚无化

在施蒂纳那里,"唯一者"是一切中的一切,凌驾于现实世界之上,不受任何精神的或物质的条件所约束,其他外在事物对于"唯一者"或"我"来说

---

① 《马克思恩格斯全集》(第 3 卷),人民出版社,1960 年,第 507 页。

② 同上,第 507～508 页。

都是无。人在经历了基督教的历史后进入"我"的历史即"唯一者"的历史。"唯一者"不仅是自己的创造者,而且是自己的历史的创造者,换言之,历史是由"唯一者"创造的,是"唯一者"的创造物和所属物,是"唯一者"对自身的实现,因而不是属人的历史,不是现实的人的历史,更不是人类的历史。因此,施蒂纳表示:"人是基督教的结局和成果,而作为自我的人是新的历史的开端和利用材料。新的历史是在牺牲的历史之后的享受的历史;它并非是人的或人类的历史,而是我的历史。"①进一步来说,不仅历史是"唯一者"的产物,而且世界历史也是"唯一者"的产物。"唯一者"开创的历史和世界历史超越了基督教的历史,同时"唯一者"开创历史和世界历史,不是为了实现人类的观念或促进人类的发展进步,也不承担自身以外的任何使命或事业,而是仅仅考虑"我"自己,只为实现"我"个人的价值,安享自己的人生,这样的历史才是真实的。"个人就其自身而言是世界历史,并在其他的世界历史中拥有他的财产,这一切是超越基督教事物之上的。对于基督教徒来说,世界历史是比他更高的事物,因为它是基督或'人'的历史。对于利己主义者来说,只有他的历史才有价值,因为他只欲图发展自己,而不是发展人类观念、神的计划、天意、自由等等。他不把自己看作是观念的工具或神的容器,他不承认任何使命。他并不幻想自己是人类进步的当事人并必须为此竭尽绵薄之力,而是安享人生且不管其间人类的发展是好是坏。"②

施蒂纳把宗教世界的历史同"唯一者"或"我"的历史区别开来,并且将"唯一者"或"我"同人和人类区别开来,认为对于"唯一者"或"我"来说,宗教的神、人、人类都是虚幻的怪影,都是虚假的存在,从而把社会历史和世界历史都一并归结为"唯一者"或"我"的直接产物。

---

① ［德］麦克斯·施蒂纳:《唯一者及其所有物》,金海民译,商务印书馆,1989 年,第 198 页。
② 同上,第 414 页。

然而"唯一者"或"我"本质上是纯粹抽象的概念,由此创造的历史必然是抽象的观念史。首先,单个人无法脱离人的社会群体和现实生活过程,单个人的精神也完全取决于他的现实关系,单个人也不是彼此孤立存在的,而是在生产实践中相互关联、相互作用,并形成全面的社会关系,"这里很明显,尽管人们在肉体上和精神上互相创造着,但是他们并不像圣布鲁诺胡说的那样,或者像'唯一者''被创造的'人那样创造自己"①。

其次,历史是由现实的人通过实践活动形成的,而不是抽象的"唯一者"或"我"的精神创造物。社会历史来源于人的现实生活过程,而不是来源于"唯一者"或"我"的精神臆想,应当"从直接生活的物质生产出发来考察现实的生产过程,并把与该生产方式相联系的、它所产生的交往形式,即各个不同阶段上的市民社会,理解为整个历史的基础。"②

最后,历史的形成不是随意的或无条件的,不是"唯一者"或"我"任意设想后就随即产生的。历史是一个现实的过程,历史的发展历程和每一环节都贯穿着现实的因素。"历史的每一阶段都遇到有一定的物质结果、一定数量的生产力总和,人和自然以及人与人之间历史上形成的关系,都遇到有前一代留给后一代的大量生产力、资金和环境,尽管一方面这些生产力、资金和环境为新的一代所改变,但另一方面,它们也预先规定新的一代的生活条件,使它得到一定的发展和具有特殊的性质。"③如此看来,施蒂纳以"唯一者"或"我"的历史来对抗和否定基督教的神圣史,不过是以一种新的幻想对抗另一种幻想,而这显然又是不彻底的,甚至是无效的。施蒂纳在社会历史问题上贯彻彻底的思辨唯心主义,"他对现实的历史一窍不通,他认为历史过程只不过是'骑士'、盗贼和怪影的历史,他当然只有借助于'不信神'才能

---

① ② 《马克思恩格斯全集》(第3卷),人民出版社,1960年,第42页。
③　同上,第43页。

摆脱这种历史的幻觉而得救。这种观点实际上是宗教的观点：它预先把宗教的人当作是全部历史起点的原人，它在自己的想象中用宗教的幻想生产来代替生活资料和生活本身的现实生产"①。施蒂纳试图以人的王国代替神的王国，以人的历史代替神的历史，不过由于他是从观念出发而不是从现存的实际关系出发，诉诸理论的演绎而不是现实的社会实践活动，不是去改变产生宗教历史的现实条件，对于人民大众，"即无产阶级来说，这些理论观念是不存在的，因而也就用不着去消灭它们"②。

（三）"唯一者"的利己性及其对共产主义的污蔑

"唯一者"是利己性的。在施蒂纳那里，"唯一者"是真实存在的个人，利己主义是"唯一者"的天性和本能，所有的个人都是利己主义者，都是围绕自己的个人利益而活动，认为个人利益与普遍利益是根本矛盾的，个人理应为自己的特殊的个人利益生活，认为共产主义的集体主义特征和财富归社会所有等原则严重损害了每个人的个人利益，同个人的利己主义本质是完全相悖的，因而在对"唯一者"、对利己主义问题的论述中大加指责、污蔑共产主义。马克思恩格斯则对其利己主义的错误观念进行了详细分析和严厉批判。在《唯一者及其所有物》一书中，施蒂纳关于利己主义者的观点主要体现在三种形式上，即"普通意义上的利己主义者""自我牺牲的利己主义者"和"自我一致的利己主义者"。

1. "普通意义上的利己主义者"

这种类型的利己主义者只注重世俗的、平庸的利益，不会为超出自己利益范围内的任何东西去付出或牺牲，一般只在自身范围进行考虑和活动，不

---

① 《马克思恩格斯全集》（第 3 卷），人民出版社，1960 年，第 45 页。

② 同上，第 45 ~ 46 页。

会为了某个观念而奋斗努力，最多就是利用某种观念来为自己谋取利益，将这种观念转化为物质和实实在在的金钱。"这类人故而就不是有自我牺牲精神的，不是有激情的和有理想的，不是做事彻底的，不是狂热者；他们是普通意义上的利己主义者、自私自利者、精于考虑自己利益的、冷静的、擅长计算的。"①可见，"普通意义上的利己主义者"代表的是个人利益，这种个人利益则是与共同利益相对立，因为"共同利益在现存的生产方式和交往方式的范围内以普遍利益的形式获得独立存在，从而在人们的观念中获得了理想利益的形式和意义"②。共同利益无论是在表现形式上，还是在实际内容上都与个人利益区别开来，"普通意义上的利己主义者"仅仅在意保护自己的个人利益，不会为了一个更高的普遍利益而决计放弃自己的其他利益和需求，但是要学会自我舍弃，比如要舍弃善良的感情、羞耻心和畏怯，舍弃良心的劝告、荣誉感和同情心，只听从驱使着他追求利益的欲望。施蒂纳"把'贪得者'算在'通常理解的利己主义者'，'不纯结、凡俗的人'里面"③。表面上，"贪得者"是一种"不纯结的、凡俗的利己主义者"，是"普通意义上的利己主义者"，还不如自私自利的资产者代表，毕竟资产者不用舍弃"良心的劝告"或"荣誉感"，也无须局限于某一特定的贪婪的欲望，决不会牺牲自身对一系列欲望的诉求及满足。实际上，舍弃了"羞耻""畏怯""荣誉感"等特性的"通常理解的利己主义者"，不得不说是为了个人利益这一欲望而牺牲其他欲望的做法，也是对其自我利益和自我价值的某种实现。

2."自我牺牲的利己主义者"

对于什么样的人才是具有自我牺牲精神的人这个问题，施蒂纳讲道："在完全意义上当然是这样的人：他把其他的一切都付诸一个事物、一个目

---

① ［德］麦克斯·施蒂纳：《唯一者及其所有物》，金海民译，商务印书馆，1989 年，第 81 页。

② 《马克思恩格斯全集》（第 3 卷），人民出版社，1960 年，第 276 页。

③ 同上，第 271 页。

标、一个意志、一种欲望等。……一种欲望支配了他，为此他牺牲了其他一切。"①"自我牺牲的利己主义者"为了达到某种目的、实现某种欲望，极富"大无畏的牺牲精神"，可以牺牲除自己之外的一切人和关系，可以放弃一切无关唯一欲望或唯一目的的行为活动，可以抛开一切无关唯一欲望或唯一目的的其他的事物和愿望。比如，陷入感情的恋爱者为达到相爱的目的，可以毫不犹豫地离弃双亲，愿意经历一切危险、考验和困苦，这是为相爱这一欲望而牺牲了其他一切的表现；野心家和财迷为了获得财富和权势，可以牺牲一切的贪欲、愿望与满足，将自身的一切其他的欲望都付诸到这唯一的欲望上来，自愿为聚集财富、增加权势牺牲自己的一切。这种利己主义者具有一定的"纯粹性"，即"纯粹地"只想为一种目的、一种愿望而努力，为了一个对自己来说是更高的欲望，甚至牺牲自己的其他利益也在所不惜。在施蒂纳看来，这些牺牲者就是自私自利的，就是一种利己主义者，"由于他们只拥有一种占支配地位的欲望，他们也只为一种满足而操心，然而他们对于这一满足更为起劲的是：他们沉浸在这种欲望之中。他们整个所作所为是利己主义的，而且是片面的、不开放的、狭隘的利己主义"②。"自我牺牲的利己主义者"可以说是非常"纯粹的"，但这种"纯粹性"又是一种片面性、狭隘性，因为他们为了一种更高的欲望而抛掉所有其他的欲望和目的，为了某一方面更神圣的需要而弃绝自身更多更丰富的需要，从而被唯一欲望、神圣需要等这类的更高本质所支配、奴役。为一个伟大的目的、观念或事业作出牺牲的人，摒除了世俗生活的欲望、兴趣和享受，完全就是一种僧侣主义者。显然，施蒂纳对"自我牺牲的利己主义者"并不是持充分认可的态度，"自我牺牲的利己主义者"无疑是"自我牺牲者"，当然在一定程度上也是利己主义者，不过还不能是真正的利己主义者，但是"圣麦克斯想把'真正的利己主义

①② ［德］麦克斯·施蒂纳：《唯一者及其所有物》，金海民译，商务印书馆，1989 年，第 82 页。

者'说成是某种全新的东西,说成是过去全部历史的目的,因而他不得不一方面证明自我牺牲者……〔自我牺牲的〕说教者是被迫的利己主义者;而证明通常理解的利己主义者是自我牺牲的,证明他们不是真正的、神圣的利己主义者"①。施蒂纳眼中的"自我牺牲的利己主义者"只有一个统率的、利己的欲望,所以是片面的、不开展的、局限的利己主义,马克思恩格斯反问道:"难道他们也应当为不是他们的而是别人的欲望操心,以便上升到全面的、开展的、非局限的利己主义,来适应'神圣的'利己主义这个外来的尺度呢?"②如果他们为别人的欲望考虑而不是为自己的欲望操心,那就不是利己主义者了,更不是施蒂纳口中的"自我牺牲的利己主义者"(虽然他们只是片面的利己主义者),又如何能上升为"神圣的利己主义者"即真正的利己主义者。施蒂纳的利己主义思想存在明显的逻辑问题。

3. "自我一致的利己主义者"

"自我一致的利己主义者"是施蒂纳眼中真正的利己主义者,不像前两种利己主义者那样为了某种特定利益、某一欲望而放弃其他一切的利益和欲望,超出了特定事物、特定利益、特定目的的局限,不再为任何无关自身的外物和关系而束缚自己,不再为某一方面的诉求而割舍自身其他方面的需要,也不会将社会共同利益置于考虑范围之中。这种类型的利己主义者在施蒂纳看来才是"唯一者"的真正化身。对于"自我一致的利己主义者"而言,不存在高于"我"自己的利益的普遍利益,任何事业都是为了更好地服务和满足"我"自己,"我"作为真正的利己主义者从事任何事业并不会受外在事业所困扰,而是把这些事业作为完成"我"的目的和欲求的手段,所谓事业的价值就是为了凸显并实现"我"自身的价值。也就是施蒂纳所描述的:"利

---

① 《马克思恩格斯全集》(第3卷),人民出版社,1960年,第269~270页。
② 同上,第270页。

己主义者从不是为事业而事业,而是为了自己方才为事业而奋斗:事业必须为他服务。利己主义就在于:不认为事业有其固有的或'绝对的'价值,而是在我之中寻找事业的价值。"①"我"就是我自己,只有"我"能支配我自己,只有"我"自己是崇高的,不必为任何崇高的东西牺牲自己,"只要有什么东西是有利于我、有利于我自己或有利于从属自我者"②,那么我就要追求我的个人私利,达到我的崇高的利己目的。施蒂纳认为,利己主义是人的本能,人的本性就是利己主义的,所以人在本来意义上就是利己主义者,具有天然的利己主义意识,无须为成为利己主义者而努力。也就是说,个人如果是不自觉的利己主义者,所拥有的主观意识不自觉地默认自己是利己主义者,那么则是真正的利己主义者。反之,个人倘若自觉地去考虑自己是利己主义者的问题,那么这样的意识则不是一个本身就为利己主义者该有的意识,表明这样的个人就是非利己主义者,本身还不属于利己主义者的范畴。马克思恩格斯讽刺道:"意识同构成意识的基础的个人及其现实关系的完全割裂,现代资本主义社会的利己主义者似乎没有与他的利己主义相符合的意识的这种幻想,——这些只不过是旧哲学的诡谲"③,是施蒂纳思辨哲学的旧花招。在现代资本主义社会,市民阶级即资产者阶级,他们本身就是利己主义者,天然地具有利己主义的意识,所进行的事业都是为了达到自己的私利,即获取丰厚财富利润的目的,国家、社会、他人都不能阻挡其追逐有利于自身的一切东西。"我"是高于一切的,国家、社会、他人都是"我"的敌人,都是不利于"我"保持"自我一致"的障碍,等等。这是典型的"唯我论"或"唯意志论"思想。施蒂纳一方面强调"自我一致的利己主义者"即"唯一者"不受外物限制,超出一切存在之上,为自己效劳,另一方面又强调"唯一者"追求

---

① [德]麦克斯·施蒂纳:《唯一者及其所有物》,金海民译,商务印书馆,1989 年,第 185 页。

② 同上,第 186 页。

③ 《马克思恩格斯全集》(第 3 卷),人民出版社,1960 年,第 280 页。

一切有利于从属自我的东西,为自己的个人欲望服务,跟随自己的兴趣、利益,如此"唯一者"又不能超越一切而随心所欲,无法抽离自身的其他特性,仍然要为自己的贪欲和现实利益效劳,这是"唯一者"无法摆脱的困境。

(四)马克思驳斥施蒂纳对共产主义的曲解

以"唯一者"为内核的施蒂纳人学,其性质是利己的、私有的和反动的,即违背人的发展、对共产主义的污蔑和对私有财产及私有制的维护。不同于资本主义剥削人的极端不合理性,共产主义才是人类社会发展的归属,符合人的发展的价值取向,是未来社会的合理形态。施蒂纳也大谈特谈共产主义,而且是虚假的共产主义。马克思驳斥施蒂纳对共产主义的曲解,在批判中对共产主义的科学原理作了深刻表达。

1. 共产主义社会的人被歪曲为"游民"

施蒂纳对共产主义的歪曲和诋毁是显而易见的,他强调"我"为自由而生,为自己而活,理应为了自己而成为利己主义者,而不是进入共产主义当"游民"。因为在他看来,共产主义取消了个人的财产,个人便不能成为财产的所有者,而财产归全体社会所有就意味着每个个人都不拥有,从而个人也就不能作为利己主义者存在,每个人被迫变成了"游民",而且是一无所有的"游民"。于是,他对共产主义极尽嘲讽地说道:"我们看到自己已成为利己主义者的仆人! 我们由此就应当使自己也成为利己主义者吗? 绝不,我们宁愿使利己主义者成为不可能! 我们愿使他们大家都成为'游民',让大家什么也不占有,因而'大家'都占有"①,"消灭'个人的财产'。任何人不拥有任何东西,每个人都应是一个"游民"。财产应当是非个人的,它属于社会"②。

———————————

① 　[德]麦克斯·施蒂纳:《唯一者及其所有物》,金海民译,商务印书馆,1989 年,第 126 页。
② 　同上,第 128 页。

他还表示,正是由于财产归社会集体所有,每个人摇身一变成为无所占有的"游民",在这个意义上也算实现了"社会平等",即实现了每个人的社会地位的"平等"以及对财产的"平等占有",这样社会贫富分化的问题也得到了解决,虽然这一社会难题的解决是靠个人沦落为"游民"来达成的,但这是共产主义者的一贯做法,是共产主义社会实行集体原则的结果。"我们所有人都是平等的游民……作为共产主义社会的集体我们能够把自己称为'浪荡游民'","如果无产者真正建立了他所希望的消灭了贫富差距的'社会',那么他就成了'游民'"。① 共产主义者反对"个人财产"对人的压迫,但是却用空洞的集体占有代替个人占有,用集体压迫代替个人压迫,而且违背了人的利己主义本性,因而共产主义社会也并没有带来根本的变化。

对此,马克思讽刺道:"在'施蒂纳'把财产转归'社会'之后,这一社会的全体成员在他看来立刻都变为乞丐和游民,虽然按照他所设想的共产主义秩序,他们'具有''最高所有者'。他向共产主义者好心好意地建议:使'游民'这个词变成光荣的称呼,就像革命使'市民'这个词变成光荣的称呼一样。这个建议是说明他如何把共产主义和一件早就过去的事情混为一谈的一个突出的例子。"②对于资产阶级来说,但凡"个人"的东西,共产主义无疑会加以"掠夺",认为当社会取代个人上升为"最高所有者"时,将是"为了人类利益而对个人进行的第二次掠夺",主要是"剥夺"他们所拥有的私有财产。他们知道,共产主义所做的不过是对他们"个人掠夺到的东西"的彻底"掠夺",进行的是"剥夺剥夺者"的正义的事业,必然会遭到这些有产者们的反对和曲解。施蒂纳明显是把有产者的阶级需要和利益私有化原则强加给共产主义者和共产主义社会,用资产阶级的眼光和原则去评判共产主义、歪

---

① [德]麦克斯·施蒂纳:《唯一者及其所有物》,金海民译,商务印书馆,1989 年,第 128 页。
② 《马克思恩格斯全集》(第 3 卷),人民出版社,1960 年,第 225～226 页。

曲共产主义,以此表达自己对共产主义的"伟大洞见"和"高明看法"。在共产主义社会,人们摆脱了资本主义私有制的压迫,摆脱了私有制经济关系和生产资料私人占有者的控制,将资产阶级压榨而来的财产收归社会所有,按照公有制形式使全体社会成员共同占有,共同占有生产资料和社会财富,共同享有社会资源和发展条件,摆脱了一切形式的剥削和压迫,社会生产关系和生产过程置于人们的共同控制之下,这样的个人又岂会是施蒂纳口中的"游民"? 施蒂纳还提出"能占有多少,就得有多少(如果这不是通常资产阶级的说法,即每一个人应按其能力来占有,应有自由获利的权利),他以为在他这样的要求中共产主义已经实现,并使他有可能自由地发挥和施展自己的'能力'。但是,这和他的'能力'本身一样,决不只是取决于桑乔,也取决于他生活于其中的生产的和交往的关系"①。共产主义不是想象中的共产主义,也不是在想象中实现的共产主义,它与资产阶级的原则和要求是不相容的,用资产阶级的原则和要求实现社会主义完全就是一种幻想。这里呈现的是施蒂纳式的幻想,"这种共产主义完全是施蒂纳式的共产主义"②。

2. 共产主义社会的自由活动被杜撰出不自由的一面

在施蒂纳的理解中,自由是人的真理,自由意味着个人脱离了个人以外的他人的支配或约束,脱离了外在的人和物的控制或统治,脱离了任何高居于自身之上、抑制自身的他人,使每个人都是自由的,并且对于他人而言都是自由的。利己主义是人的本性,为了实现利己,也必须要保证人的自由的实现,只有不受到外在条件和他人的干扰,个人才能有充分的自由去做利己的事情,自由是成为利己主义者的必要条件。在这种情况下,能决定或影响人的只有律法。比如他表示:"在政治自由主义那里人的自由是摆脱个人,

① 《马克思恩格斯全集》(第 3 卷),人民出版社,1960 年,第 228 页。
② 同上,第 230 页。

摆脱个人统治,摆脱主子的自由;保障每一个人对其他人而言的自由。没有人可以下什么命令,只有法律下命令。"①施蒂纳对自由的看法主要还是基于作为利己主义者的个人来说的,这里的个人首先就是一种抽象的、理论的设想人物,本身不具有现实性,更不是现实存在着的个人;其次这里所说的人的自由既是一种抽象的自由,也是对自由的误解,自由是一个现实问题、一个实践问题,人的自由不是靠逻辑的推演或观念的设想就能够随意实现的;再次,即使是利己主义者,也不可能脱离客观的、现实的社会关系和生产关系而孤立存在,更无从谈及拥有自由或实现自由,如果每个人都是利己的,那么人与人之间则互为敌人、互相争夺,每个人无时无刻不被外部的争夺和他人影响,自由则是不可能的,一个人对其他人而言的自由是无从谈及的。对于共产主义社会的自由,施蒂纳是这么讲的:"由于共产主义者最先宣布自由活动是人的本质,所以他们就像日常劳动者的想法那样需要一个星期日;就像一切物质努力那样,在他们无精神的'劳动'之外,他们需要一个神,一种振奋和启发。"②

在共产主义社会,自由活动是人的本质的体现,因为此时劳动不再被资产阶级所操控,不再是一种人的异化活动,不再是支配人的强制性活动,不再是奴役人的剥削性活动,而是人的活动的对象化,是人的本质的外化和呈现,促进人的解放和自由个性的实现。然而按照施蒂纳所讲,共产主义还需要"无精神的劳动",需要一个"神"来振奋和激励人们,这是对共产主义社会的污蔑。他表示,共产主义具有不自由的一面,虽然它为人们创造了物质财富和精神财富,却是强制人们去接受,而不是把选择和接受的权利交给个人,这不是自由的态度,也不是自由的表现,在这个问题上共产主义社会不

---

① ［德］麦克斯·施蒂纳:《唯一者及其所有物》,金海民译,商务印书馆,1989 年,第 127 页。
② 同上,第 133 页。

如资本主义社会做的彻底。"共产主义者在你那里看到了人,看到了兄弟,这只是共产主义的星期日方面。就工作日方面而论,他绝不会把你当作单纯的人,而是当作劳动者或劳动着的人。自由主义的原则存在于第一个观点中;而在第二个观点里则隐藏着不自由性。……因此,它显示了双重的面貌:以一种面貌出现,它重视精神的人的满足;以另一种面貌出现,它就专注于为物质的或肉体的人服务的财产。……市民社会将精神和物质财富自由地放在那里,谁要求什么就给予每个人什么。共产主义则真正为每个人创造这两者,迫使每个人接受它们强制每个人去获取两者。共产主义要我们没有任何异议地去获取精神和物质财富以便成为人,因为只有这两者才使我们成为人……市民制度对这种获取则采取听任自由的态度,而共产主义则强制去进行这种获取。"①

事实上,在市民社会即资本主义社会,物质财富和精神财富仅仅是为资产阶级自由地获取,满足的是资产阶级的意志和需求,财富的自由、选择的自由仅限于该社会的资产阶级,广大劳动人民、无产阶级则没有享有社会财富的权利和自由。共产主义是对资本主义的根本超越,同时创造了充裕丰富的物质财富和精神财富,并归属于社会全体成员,人们可以共同享有社会财富,在物质条件高度发达的基础上实现自由发展,这里的自由才是全面的、实质的自由。共产主义是人的自由全面发展的阶段,而资本主义才是不自由的、片面异化的阶段,施蒂纳有意颠倒了这两大社会阶段的特征和状况。

3. 共产主义被歪曲为不为人的发展创造条件

施蒂纳在《唯一者及其所有物》中指出:"由于劳动的原则,无疑,幸运或竞争的原则就要被禁止。然而与此同时,劳动者在意识到在他那里本质的

---

① [德]麦克斯·施蒂纳:《唯一者及其所有物》,金海民译,商务印书馆,1989 年,第 133 页。

东西就是'劳动者'时,他就远远离开了利己主义并使自己屈从于一个劳动者社会的至高权威之下……人们再次认为,社会给予了我们所需要的一切,因此我们对它负有义务,一切均是有负于它的。人们停留在:必须要为所有财物的'最高的授予者'效劳。然而,社会并非是能够给予、授予或允诺的自我,而是一种工具或手段,从中我们能够得到益处;我们没有社会义务,只有利益,为了追求这些利益我们必须为社会效劳;我们对社会没有作出牺牲的义务,如果说我们牺牲了什么,那是我们为自己所牺牲:对这一切社会主义者都不予考虑,因为他们……束缚于宗教的原则,并如同国家迄今为止所做的那样,起劲地追求一个神圣的社会。我们能从中拥有一切的社会,是一个新主子,一个新的幽灵,一个新的'最高本质',它把我们置于'效劳与义务之中'。"①换句话说,施蒂纳认为,共产主义给每个人"以能够为自己劳动的手段",即允许劳动的存在,而取消了竞争,从而取消了每个人为自己工作的权利,取消了每个人为自己争取一切的努力;只有市民社会即资本主义社会才是真正自由的,能够为人提供发展的条件和争取发展的选择,共产主义给予人的不过是口头上和字面上的自由,实则是高度的不自由;共产主义使个人不得不放弃利己主义的原则,放弃利己主义者的身份,承担社会强加给个人的义务和责任,从而每个人应当为社会效劳而不是为个人效劳;个人为社会做出了贡献、付出了牺牲,牺牲了自我的利益和自由本性,牺牲了利己主义的个人幸福,共产主义没有考虑个人以及个人的发展,没有为人的发展提供有效条件,只考虑到社会以及社会的发展;共产主义推崇劳动的原则,每个人都要为社会进行生产劳动,每个人都被迫成为劳动者,成为劳动者社会的一个组成个体,个人就此被禁锢在劳动原则的指向范围内;共产主义将人限制在为其劳动、为其服务的义务中,因而成了一种"新的幽灵""新的主子"

---

① [德]麦克斯·施蒂纳:《唯一者及其所有物》,金海民译,商务印书馆,1989 年,第 135 页。

"新的最高本质",凌驾于个人之上并主宰着个人,本应为实现个人利益而服务的社会,反过来要个人牺牲自己的利益来为社会服务和效劳,共产主义社会显然没有为个人的利益和需求效劳,等等。

施蒂纳为了维护资本主义社会而不顾一切污蔑和歪曲共产主义,将作为人的自由自觉的活动即劳动绝对化、宗教化,劳动在共产主义社会是实现人的本质、利益和需要的积极活动,并不是禁锢人的牢笼,不是使人屈从于社会的强制手段;被取消的竞争是指资本主义制度下的无序竞争,不是取消一切积极意义上的有序竞争、良性竞争,能够推动社会发展进步和人的发展的竞争在共产主义社会是必要的;共产主义为人们创造了丰富的物质条件和精神财富,为人的自由发展创造了充分的现实条件,打破以往一切阻碍人的发展的落后生产关系、社会制度和思维观念;共产主义不是单方面地要求人们为社会效劳,其实为社会效劳也是为人们自己效劳,每个人生活在社会中,必然要进行社会活动、形成全面交往的社会关系,人们在社会这个大的网络系统中活动,既是为社会的发展做贡献,也是为他人的发展做贡献,同时自己又能从社会中获得发展的条件,享受自己和他人创造的劳动成果,人与人、人与社会之间是互动往来的,所以不存在施蒂纳所说的个人为了社会而被迫牺牲自己的利益和本质,也不存在共产主义成为新的"至高权威"、成为每个人的"新主子"而作为新的宗教并使用新的宗教原则去支配和束缚每个人。共产主义不是所谓"神圣的社会",共产主义是建立在现实的基础上的、比市民社会更高级的新社会,它为每个人提供了自由全面发展的现实条件,这是施蒂纳这类德国小资产阶级无法想象的。施蒂纳至多只能在思辨的想象中对共产主义进行批判或抵制,这种批判或抵制注定又是极其荒谬的。

资本主义和共产主义最根本的区别在于所有制的不同:前者是私有制,后者是公有制。施蒂纳却主观混淆二者的界限,"把作为私有者对某物的

'占有'与一般的'占有'混为一谈。他不去考虑私有财产对生产的特定关系,不去考察私有财产作为地主、食利者、商人、工厂主、工人对某物的'占有'",且这里的"'占有'是完全特定的占有,是对他人劳动的支配"①,是对他人劳动的剥夺的无偿占有。资本主义私有制无止境地对劳动者创造的财富进行掠夺,直至榨干劳动者的最后一点价值。到了施蒂纳这里,共产主义反而成了私有制的"替罪羊",为资本主义背负着对人进行"彻底掠夺""第二次掠夺"的"罪名"。共产主义是消灭了剥削、等级和特权的阶段,强烈反对着"私人权利""政治权利"。施蒂纳却污蔑共产主义制度下仍存在"食利者"和"掠夺行为",仍然存在特权和优先权。特权其实是与等级相关的私有制,"掠夺"其实是与私有制相适应的社会表现,"私人权利"其实是与私有制相符合的政治表现,"公正的法律"不过是私有制的逻辑和"公理",这是施蒂纳再多的辩解都粉饰不了的"私有制就是垄断"之事实。

　　共产主义是作为"新人"的无产者建立的共产主义,而不是所谓的"旧人"的或作为"唯一者"的共产主义;共产主义是通过社会革命活动实现的,而不是靠头脑的想象完成的;共产主义关涉的是人的解放和自由,而不是等于"爱的国家的神光"的"施蒂纳式的共产主义"。为了避免共产主义的产生,施蒂纳劝导人们不要总是"在别的地方,在国家中、在富人的自私自利中寻找过错",而要"在自身中寻找过错","赤贫现象的'过错''在国家'的'被压迫者'"自身,而"不是别人"。② 施蒂纳的诡辩不仅无助于维护资本主义,反而加深人们对资本主义本质的认识和对共产主义的向往。无产者非常清楚,只有通过社会革命,只有改变现有的生存环境,才能打碎"精神和怪影的神话",撕掉贴在身上的"旧人"标签,摆脱"非人"的身份,才能真实地改变

---

① 《马克思恩格斯全集》(第 3 卷),人民出版社,1960 年,第 224~225 页。
② 同上,第 231 页。

自身。此外,施蒂纳高呼共产主义社会是"神圣的社会",是寻求"本质"的社会,而马克思强调"共产主义是用实际手段来追求实际目的的最实际的运动,它只是在德国,为了反对德国哲学家,才会稍微研究一下'本质'问题"①。施蒂纳认为人们不需要改变现实,只需在自身中改变自身,只想要"作为孤独的人发展自身"②。但施蒂纳不知道的是,"在共产主义社会中,即个人的独创的和自由的发展不再是一句空话的唯一的社会中,这种发展正是取决于个人间的联系,而这种个人间的联系则表现在下列三个方面,即经济前提,一切人的自由发展的必要的团结一致以及在现有生产力基础上的个人的共同活动方式。……至于不可避免的共产主义革命就更不用说了,因为它本身就是个人自由发展的共同条件"③。

　　施蒂纳人学的反动面目在他谈论私有财产时彻底暴露。施蒂纳相信私有财产、资本才是彰显着人的个性,并把私有财产和个人相等同。私有财产是剥夺人的个性,而施蒂纳公然提出只有当资产者是资产者时"他才认为自己是个人"。施蒂纳为了攻击共产主义消灭私有财产的立场,亲自把"自己的意见作为资本来反对共产主义","把私有财产变为'有',然后又把'有'这个动词"④说成是永恒的真理。他努力地论证着私有财产是不可消灭的,是必须存在的,所用的方法也是大家所熟知的,就是把私有财产的现实变为概念的抽象,运用"财产"与"自有的"在词源学上的内在联系,将"自有的"这个词幻化成了永恒的真理。这不过是施蒂纳"运用最陈腐庸俗的资产阶级的责难来反对共产主义"⑤的"巧妙的法子"。施蒂纳把"私有制带进了共

---

① 《马克思恩格斯全集》(第3卷),人民出版社,1960年,第236页。
② 同上,第235页。
③ 同上,第516页。
④ 同上,第251、253页。
⑤ 同上,第251页。

产主义",其人学的虚假性是阶级利益的使然。所以马克思对施蒂纳的评价是毫不偏颇的:施蒂纳是满口讲着"震撼世界"词句的"最大的保守分子",却没有一丁点儿想要"触动旧社会"的迹象。

第二章 《神圣家族》中马克思恩格斯人学观的主体内容

马克思人学的庞大体系是以"现实的人"为逻辑起点而不断形成的。我们发现,"思辨唯心主义用'自我意识'即'精神'代替现实的个体的人,并且用福音书作者的话教诲说:'叫人活着的乃是灵,肉体是无益的。'显而易见,这种没有肉体的精神只是在自己的臆想中才具有精神"①。而在《神圣家族》中,马克思是以"现实的人"为逻辑起点,开始明确人在社会历史中的地位,厘清人与历史的真正关系;关注人的物质利益问题,认为不能脱离利益需要去空谈人,相反,正是物质利益激励人的现实活动,彰显人的现实意蕴;深挖人的异化问题,由人的类本质的异化进入人的现实的生存异化;从资本主义私有制的痼疾谈人的不幸状况,从犹太人的宗教问题谈到人何以能真正得到解放,进而论证了人的解放的必然性。这些重大理论都表明,《神圣家族》处于马克思人学思想转折的"前夜"。

---

① 《马克思恩格斯文集》(第一卷),人民出版社,2009年,第253页。

一、人学的逻辑起点："现实的人"的初步生成和基本意蕴

马克思主义人学,顾名思义,就是关于人的理论学说,"人"是马克思恩格斯人学思想的核心主题。同时,一切有关人的问题的阐发必然不是基于虚无缥缈的概念进行的,而是根据现实意义的人展开的,否则马克思主义人学思想便会成为一种空中楼阁般的空洞论说。那么马克思人学思想是从何时开始萌发的? 或者说,马克思人学思想具体可以从哪部著作中确定其理论出发点? 学术界对此有不同看法。当然,随着马克思经典文本及著作研究的深入递进,学术界越来越看到了马克思早期著作的深邃思想及理论价值。目前,在人学研究方面,研究者们把目光投到了马克思的早期著作当中,更多地认识到了马克思早期著作的重要性,尤其对《神圣家族》的人学意蕴作了愈发深入的思考和解读,学界大多认同《神圣家族》在马克思人学发展中的重要地位,并认为其中关于人的问题,尤其是关于"现实的人"的论述及深刻观点,构成了马克思主义人学思想的逻辑起点。

"现实的人"是指人并非作为概念或某种关于人的概念范畴。以现实性描述、界定人的特性,是马克思与青年黑格尔派的重要区别,是马克思主义与以往一切旧哲学的重要区分。存在决定意识。人是一种实实在在的客观存在,因而关于人的理论学说不会是凭空产生的,都是由存在于现实社会中的人提炼出来的,是从人的生动鲜活的生活轨迹中总结得出的,"人"在哲学阐述中应当得到真实描述和论说,而不应当被抽象化、概念化,更不应当被歪曲、矮化。青年黑格尔派的思辨人学同马克思人学思想迥然不同,甚至一度得到马克思高度赞誉的费尔巴哈,虽然有过诸多闪光观点,但其人本学思想同样与马克思的人学思想大相径庭。"人"的概念本来是对人本身的概括和表达,但是以往旧的哲学、理论家本末倒置,用"人"的概念代替人本身,把

概念视为人的本质、人的根本,把人的现实自身看作人的概念的演绎。这显然是哲学上的唯心主义在人的问题上的直接显现。

"现实的人"是人类历史得以确立的最基本前提。人类历史即是关于人的历史,人的存在及活动构成人类历史的丰富内容。如果没有人,便无从谈及人类社会,无从谈及人类历史。毫无疑问,在人类历史中,人是主体,在人类历史的演进长河中,人是当之无愧的主角。社会历史的主体是现实的人,人的活动是社会历史发展的推动力,人的活动的创造物是社会历史的存在条件。在一定意义上讲,社会历史就是现实的人及其活动的不断展开、推进和延续。现实的人是认识社会历史不可绕过的前提性问题。在逻辑关系上,现实的人是人类社会历史的发端,相应地也是历史唯物主义的发端,是马克思人学思想的发端。马克思的早期思想中已有涉及人的问题,他对人的理解也有一个逐步成熟的过程。《神圣家族》作为马克思早期思想的代表性著作之一,已经对"现实的人"这一论题有了较为清晰的认知和探讨,从而成为研究马克思人学思想不可回避的重要阶段。那么何谓"现实的人"? 总的来说,"'现实的人'是处于一定的现实的社会关系之中从事一定生产实践的人,而不是处在某种虚幻的离群索居和固定不变状态中的人"[①]。我们至少可以得出三个认识:人是现实的人,而不是抽象性的人;人是身处生产关系中的人,而不是孤立隔绝的人;人是进行生产活动的人,而不是恒定不变的人。马克思关于"现实的人"思想有一个日臻完善的过程。如果说《1844年经济学哲学手稿》重在说明人的类本质,《神圣家族》则重在从生产关系出发把握"人",包括人的生存世界的现实性和人的本质内涵的现实性。在此,马克思关于"现实的人"的观点已初步生成。

---

① 杨贵春主编:《马克思主义与科学社会方法论》,高等教育出版社,2012年,第58页。

（一）人是进行感性活动的感性存在

马克思恩格斯在《神圣家族》中表达过这样的意思：起初唯物主义具有不彻底性，但是"在朴素的形式下包含着全面发展的萌芽。物质带着诗意的感性光辉对人的全身心发出微笑"①。遗憾的是，唯物主义并没有沿着这一路径继续发展下去，反而变得越来越片面化了，变得"敌视人"，并且"毫无血肉的精神"，"感性失去了它的鲜明的色彩而变成了几何学家的抽象的感性。物理运动成为机械运动或数学运动的牺牲品；几何学被宣布为主要的科学。唯物主义变得敌视人了"②。按照这种唯物主义，人的感性活动被排除在外，人的感觉、意识等都不再具有感性的形式和内容，即如果感觉是"一切知识的泉源，那末观念、思想、意念等等，就不外乎是多少摆脱了感性形式的实体世界的幻影。科学只能给这些幻影冠以名称。同一个名称可以适用于许多幻影。甚至还可以有名称的名称"③。可以看出，早期唯物主义提出人的感觉是知识的来源，而感觉又是来源于感性世界，所以其一方面强调"感性的物质""感性经验""物质的本质力量"，另一方面却又说"一个词的意义不只是一个词，除了我们想像的永远单一的存在物之外，还有某种普遍的存在物"④，这就把人的思维、感觉和经验等同相应的感性物质分离开，因而存在着逻辑上的内在矛盾。在此情况下，感性的物质和人的感性的活动变得没有意义，而那种无意义的"词"却被赋予了意义并无限地放大。人的活动包括思维活动同感性的物质世界相脱离，变成了纯粹精神意识的活动。换句话说，人的思维活动得到了发展，人的感性活动却被取消。这种唯物主义又强调人自己的存在才是真实可信的，而人的存在又是脱离感性物质和感性

① 《马克思恩格斯全集》（第 2 卷），人民出版社，1957 年，第 163 页。
②③④ 同上，第 164 页。

活动的,如此,这种真实可信的又是不真实的和虚假的。人便丧失了作为现实的人的现实基础,丧失作为现实的人应有的内涵和特征,而成为抽象的存在。早期唯物主义哲学虽然部分地点到了人的某些现实特性,但无法树立起人的感性的真实形象,这同其理论本身的缺陷是直接相关的。

费尔巴哈相较于早期唯物主义,有了一定的进步。比如他提出了"感性直观"的理念,突出存在的现实性和实在性,即感性存在正是"一个我们用鲜血来打图章担保的真理"①。思辨唯心主义剔除了人的一切现实规定性,用精神意识消解了人的现实本质,实际上表示的是"人和自然界的同一切现实的规定性毫不相干地生成的因而是非现实的本质","是外化的因而是从自然界和现实的人抽象出来的思维,即抽象思维"。② 人是一种感性的存在。费尔巴哈尤为强调人的肉体存在和自然存在,从人的肉体存在及人与自然的关系去看待人的本质,这就区别于思辨唯心主义哲学的做法,因而人不再是思辨唯心主义哲学中的概念性存在,即人是精神的展开、思维的产物、意识的载体,表现为绝对精神、自我意识实现自身的工具,一切人的历史都变成精神发展史,人的存在本身变成了精神的承担者和体现者,人的感性活动变成了精神的自主活动。当然,在费尔巴哈那里,人又是一种感性直观的存在。由于费尔巴哈对感性的理解停留于直观层面,不了解感性实践的意义,不了解感性活动是人的根本存在方式及其对人的塑造意义,所以更多地是把人定位在自然性和物理性方面,而没有看到人的社会历史性,这种观点同样具有不彻底性。诚如马克思所说,的确,"费尔巴哈与'纯粹的'唯物主义者相比有很大的优点:他承认人也是'感性对象'。但是,他把人只看做是'感性对象',而不是'感性活动',因为他在这里也仍然停留在理论领域,没

---

① 《费尔巴哈哲学著作选集》(上卷),荣震华、李金山等译,商务印书馆,1984 年,第 68 页。
② 《马克思恩格斯文集》(第一卷),人民出版社,2009 年,第 202 页。

有从人们现有的社会联系,从那些使人们成为现在这种样子的周围生活条件来观察人们","他从来没有把感性世界理解为构成这一世界的个人的全部活生生的感性活动"。①

从"感性直观"跃升到"感性活动"。这是指马克思对费尔巴哈思想的突破和超越。马克思有过这样一段评价:"当费尔巴哈是一个唯物主义者的时候,历史在他的视野之外;当他去探讨历史的时候,他不是一个唯物主义者。在他那里,唯物主义和历史是彼此完全脱离的。"②从人类社会的发展历史来看,一切人类生存的首要前提即一切历史的首要前提,就是人能够生活,同时人"为了生活,首先就需要吃喝住穿以及其他一些东西。因此第一个历史活动就是生产满足这些需要的资料,即生产物质生活本身,而且,这是人们从几千年前直到今天单是为了维持生活就必须每日每时从事的历史活动"③,都必须由人的感性的生产实践来推动实现。也就是说,人的感性活动创造了历史,创造了物质生活本身,创造了满足人的需要的生活资料,从而创造了人自身。历史是人的活动的历史、人的自我形成的历史,物质生活是人的生动的生活场域,生活资料是人生存发展的必备要素,这些都根源于人的生产活动。感性标示了人和精神是截然不同的存在,精神是从人的感性活动凝结而来的,不是人作为精神的附属物,而是精神作为活动的产物。感性活动中包含了人与自然、人与人、人与社会的关系并将其统一起来,指明人是立足自身感性活动的感性存在,能够认识外在于人的对象世界并以自身的实践力量能动地改造对象世界,实现人的本质力量的对象化以及客体对象的人化,从而更深刻地诠释人的本质规定性,超越了费尔巴哈仅仅局限于用自然属性规定人的片面性。

---

① 《马克思恩格斯选集》(第一卷),人民出版社,2012 年,第 157~158 页。
②③ 同上,第 158 页。

(二)人的外部"对象世界"的现实性

"现实的人"是生活于客观对象世界的人。"批判的批判"只能想到"'观点'和用观点来评判观点。在其眼中,每一个人跟每一种精神产物一样,都变成了观点"①。人是活动于"现实的对象世界"之中的现实存在者。"批判的批判"把现实世界消融于思辨的"秘密"之中,于是"'秘密'变成了体现为现实的关系和人的独立主体"②。依从这个逻辑:最初从"秘密"这一范畴开始,然后"开辟"了外部世界,进而"生成"了外部世界中的人,最后又回归到"秘密"之中。鲍威尔的观点来源于黑格尔的"用自我意识代替人",如此,"纷繁复杂的人类现实"只是"自我意识"的特定表现,只是作为"自我意识"的外在规定。马克思在《神圣家族》中表示强烈反对,并对青年黑格尔派的唯心论进行了批驳。

人的生存发展首先离不开提供外在必要条件的客观环境。人是环境的产物,"环境创造人"。马克思在《神圣家族》中有过一段叙述:"并不需要多大的聪明就可以看出,关于人性本善和人们智力平等,关于经验、习惯、教育的万能,关于外部环境对人的影响,关于工业的重大意义"③,客观环境的影响是人能成为人的重要因素。人从对象世界的经验中源源不断地摄取着自己所能形成的一切知识、感觉和判断等,那么周围的世界、周围的环境使人们在其中能够认识和领会到自己"真正合乎人性的东西",使人能够"认识到自己是人"。换句话说,环境在确证人的现实性和人是现实中的存在方面发挥着不可替代的作用。在这里,外部客观环境具体又可以从自然环境和社会环境两个方面去理解。

---

① 《马克思恩格斯全集》(第2卷),人民出版社,1957年,第244页。
② 《马克思恩格斯文集》(第一卷),人民出版社,2009年,第280页。
③ 《马克思恩格斯全集》(第2卷),人民出版社,1957年,第166页。

1. 人的生存发展离不开客观自然环境

人是自然界的一部分,是以自然为基础而生长起来的,人在与自然的交换中获得了必要的物质生存资料。没有人的生命的存在,也就没有人的社会和人的历史。换言之,自然界是人获得生存资料的客观来源,是人满足肉体生活和精神生活的物质来源,即人的肉体生活首先需要依赖于自然界才能维持下去,继而人的精神生活也与自然界联系起来。如马克思所说的:"人的肉体生活和精神生活同自然界相联系,不外是说自然界同自身相联系,因为人是自然界的一部分"①,因而形成了人与自然关系的观点,肯定人是以自然为基础的,人的生存发展必然无法脱离客观自然界而抽象地进行。实际上,马克思之所以形成这种观点,一个非常重要的原因就是深受费尔巴哈人本学的影响,而费尔巴哈的一个著名观点就是"以自然为基础的现实的人"。费尔巴哈的唯物主义不同于以往德国古典哲学的唯心主义传统,他认为思维来源于存在,存在是思维产生的基础,思维和存在又是统一的,其统一的主体正是人;人既不是由上帝创造的,也不是理念、精神的衍生物,人的本质属性不应诉诸上帝或精神理念;肯定人是自然存在的,即人的客观自然性,人产生于自然界,是自然界发展的产物,这种人的自然属性区别于思辨唯心主义加诸人身上的神秘性。比如费尔巴哈指出:"人产生自自然界这一个问题,对于每一个稍微了解自然界的人来说,都是显而易见的,并且,都是直接地可靠的。"②人来自自然界,又依赖于自然界。如此,费尔巴哈就把人与自然界关联起来,人与自然之间是不可分割的相互关系,人的自然属性在此得到充分确证。费尔巴哈把人看作自然的产物、对象性的存在,相对于以往的宗教神学和思辨哲学来说,其在哲学发展史上的进步意义是非常显著

---

① 《马克思恩格斯文集》(第一卷),人民出版社,2009 年,第 161 页。
② 《费尔巴哈哲学著作选集》(上卷),荣震华、李金山等译,商务印书馆,1984 年,第 355 页。

的。当然,费尔巴哈的人本学思想对马克思产生了重要影响。我们来看马克思的这样一段论述:

> 无论是在人那里还是在动物那里,类生活从肉体方面来说就在于人(和动物一样)靠无机界生活,而人和动物相比越有普遍性,人赖以生活的无机界的范围就越广阔。从理论领域来说,植物、动物、石头、空气、光等等,一方面作为自然科学的对象,一方面作为艺术的对象,都是人的意识的一部分,是人的精神的无机界,是人必须事先进行加工以便享用和消化的精神食粮;同样,从实践领域来说,这些东西也是人的生活和人的活动的一部分。人在肉体上只有靠这些自然产品才能生活,不管这些产品是以食物、燃料、衣着的形式还是以住房等等的形式表现出来。在实践上,人的普遍性正是表现为这样的普遍性,它把整个自然界——首先作为人的直接的生活资料,其次作为人的生命活动的对象(材料)和工具——变成人的无机的身体。[①]

马克思的这段重要论述无疑是肯定了外部自然环境对于人的存在和发展的重要作用。人为了维持生存、实现发展,必然需要依靠自然界、利用自然界,从而满足自己的目的和需求。尤其在人类发展早期,自然界对人的存在的意义极为突出,因为人们所需的食物、燃料、衣着、居住地等直接的生活资料都要从自然界中获取,人在肉体上的生活的存续必须依靠自然界提供的各种形式的自然产品才能得以实现,自然界使人得以延续,在此意义上构成了人的无机身体,即"自然界,就它自身不是人的身体而言,是人的无机的身体。人靠自然界生活。这就是说,自然界是人为了不致死亡而必须与之

---

① 《马克思恩格斯文集》(第一卷),人民出版社,2009年,第161页。

处于持续不断的交互作用过程的、人的身体"①。马克思不是像费尔巴哈那样一味地强调人是自然的产物,或只看到人的自然属性,或是认为自然对人具有决定性。的确,自然为人提供了不可或缺的生存资料和物质来源,人最初就是从自然界中走出来的,在人身上具有不可避免的自然属性。但是人在自然面前不是纯粹被动的和消极的,而是具有主观能动性,不是按照动物那样本能式的冲动,粗糙地、原始地利用自然界,不是纯粹地受自然界的统治,而是能够有意识地改变自然界,通过对自然界运行规律的不断摸索、不断探求,进而逐步掌握自然规律性,从匍匐于自然的脚下即在自然的支配下有限地、盲目地和奴隶般地生活,发展到确立人自身的主体地位,于是人就由自然界的奴隶上升为自然界的主人,能够认识并能动地利用自然规律来改变自身生存环境、生存条件,改变自然界,"再生产自然界",实现"人化自然"和"自然人化",更好地、更有效地为自身服务。环境的改变和人的改变是统一的。自然环境为人提供了一切可能需要的物质生活资源,自然环境的现实性证实了人的现实性。然而批判哲学家们不仅没有正确地看待客观自然界,"关于自然界的一个个产品,批判的批判所知道的只不过是'我们吃它们和喝它们'而已"②,而且不承认人与自然的理论和实践关系,把人对自然的理论关系和实践关系都排除到了人类历史的范阈之外。

人是自然环境的产物,人更是社会环境的产物,人是社会存在物。

2. 人的生存发展离不开客观社会环境

毋庸置疑,自然界是人的必不可少的存在环境,人具有自然属性,具有自然存在意义,可以说是自然存在的人。但是这还不能代表人的全部生活,不能涵盖人的全部属性,不能表达人的全部内涵。因为人不仅依赖于自然

---

① 《马克思恩格斯文集》(第一卷),人民出版社,2009 年,第 161 页。

② 同上,第 350 页。

环境,更需要社会环境,不仅具有自然属性,更具有社会属性,是自然意义和社会意义上的综合性存在。相较于自然环境,社会环境对人的意义和影响更为显著,具有自然环境所不具有的内容、条件和作用。甚至说,社会性的环境和活动进一步塑造了人所应有的品质和性质属性,使人成为完整意义上的人。马克思就曾表示:"自然界的人的本质只有对社会的人来说才是存在的;因为只有在社会中,自然界对人来说才是人与人联系的纽带,才是他为别人的存在和别人为他的存在,只有在社会中,自然界才是人自己的合乎人性的存在的基础,才是人的现实的生活要素。只有在社会中,人的自然的存在对他来说才是人的合乎人性的存在,并且自然界对他来说才成为人。因此,社会是人同自然界的完成了的本质的统一。"①人在认识自然界和改造自然界的过程中,仅仅凭借单个人的力量和活动是无法做到的,需要联合起来以弥补个体力量和个体认识的不足,以共同的力量去改变自然界,人的社会性关系和社会性活动随之出现并得到发展,进而形成人的社会,形成社会性的人。就此而言,社会是人的现实生活的必要条件,并且是使自然界成为人的现实生活条件的必要条件,使人的自然属性和社会属性达到了统一。

"个体是社会存在物。"②社会生活是人最主要的活动场域,人在社会环境中不断进行着对象性的活动。人是对象性的存在,是能动地进行对象性活动的社会主体。因而人在面对对象物、对象世界时,不断展开能动地对象性活动,这种对象性活动本身也是对人的主体性和能动性的呈现。由于人是对象性的存在,人既与外部世界互动联系,又与他人相互关联,既生产对象性的物,又生产对象性的人。正如马克思讲的:"人如何生产人——他自己和别人;直接体现他的个性的对象如何是他自己为别人的存在,同时是这

---

① 《马克思恩格斯文集》(第一卷),人民出版社,2009年,第187页。
② 同上,第188页。

个别人的存在,而且也是这个别人为他的存在。"①在此过程中,正像"社会本身生产作为人的人一样,社会也是由人生产的。活动和享受,无论就其内容或就其存在方式来说,都是社会的活动和社会的享受"②。也就是说,社会为人提供了生存发展的环境和条件,人离不开社会环境而原始地、孤立地存在。同时人也创造了社会,没有人的存在及其相互活动,就无法形成人类社会和社会的人类。正是在人与人的交往活动和联动的生产活动的推动下,形成交互性的社会关系,形成普遍的社会关系网络,最终形成了社会和社会生活。不论是人的自我意识及人的普遍意识的思维活动,还是人作为特殊的个体及作为总体的存在,都是人作为现实的社会存在物的确证和呈现,人的"生命表现,即使不采取共同的、同他人一起完成的生命表现这种直接形式,也是社会生活的表现和确证"③。

人们活跃于社会生活之中,也就是活跃于这一生活世界的物质生产方式之中,而物质生产方式本质上就是人的社会生产活动。马克思恩格斯在《神圣家族》中指出,感性世界的发源地不在于"天上的迷蒙的云兴雾聚之处"的"自我意识",而是在于"地上的"、人所从事的、"粗糙的"物质生产实践。批判哲学家们却厌烦把生产方式和生活本身"强加于"人身上,把人同社会生活和历史现实割裂开来,不去正视人们的社会生活以及社会生活中的实践内容,而是热衷于"合乎逻辑的批判和批判的修辞学",并用其对人和社会历史作出某些"妙不可言"的解释。对象世界、社会历史、人本身的发展始终离不开由人从事的社会生产活动,更不能脱离以生产实践为核心内容的社会生产方式。对于"批判的批判"把人同社会现实环境相分离、把生活世界和历史同自然科学和工业相分离的做法,马克思恩格斯反问道:"难道

①② 《马克思恩格斯文集》(第一卷),人民出版社,2009 年,第 187 页。
③ 同上,第 188 页。

批判的批判以为,只要它把人对自然界的理论关系和实践关系,把自然科学和工业排除在历史运动之外,它就能达到,哪怕只是初步达到对历史现实的认识吗？难道批判的批判以为,它不把比如说某一历史时期的工业,即生活本身的直接的生产方式认识清楚,它就能真正地认清这个历史时期吗？"①因此,人是活动于以社会物质生产为根本力量的现实世界,同时又受制于感性世界的由物质生产活动所生成的丰富多样的包括生产关系在内的一切社会关系。这些社会中的生产活动和社会关系等都构成了人的现实性的内容。可以说,"现实的人"必然只能是在物质的社会生活之中、不断从事实践活动的人。

(三) 人的内在本质含义的现实性

向内来看,考察人的现实性,必须关注人的本质,即人的本质内涵的现实性。人的本质具有现实性和历史性,对人的本质的理解要联系社会历史的不同发展阶段、社会实践活动和在生产活动中形成的社会关系。在《神圣家族》中,马克思业已给出颇有深蕴的观点:"思想从来也不能超出旧世界秩序的范围:在任何情况下它都只能超出旧世界秩序的思想范围。思想根本不能实现什么东西。"②为了能实现思想,必须要有使用实践力量的人。由此,马克思已将实践确立为认识"人"的基础。具体而言,要想正确认识"人",正确把握人的本质,仅从"思想世界"来俯瞰"地上的人"丝毫没有价值。只有从实践,并且是人从事的实践中去开辟道路,才能寻到研究人的本质的真正路径。马克思在随后的《关于费尔巴哈的提纲》中就提出:"人的本质不是单个人所固有的抽象物,在其现实性上,它是一切社会关系的总

---

① 《马克思恩格斯文集》(第一卷),人民出版社,2009年,第350页。
② 《马克思恩格斯全集》(第2卷),人民出版社,1957年,第152页。

和。"①如果说《关于费尔巴哈的提纲》标志着马克思人学上升到一个崭新的高度,《神圣家族》则是马克思人学进入新阶段前的重要准备。

人的本质是自由自觉的活动。"一个种的整体特性、种的类特性就在于生命活动的性质,而自由的有意识的活动恰恰就是人的类特性。生活本身仅仅表现为生活的手段。"②这是马克思在《1844年经济学哲学手稿》中提出的著名观点。自由自觉的活动恰恰是人的本质力量的体现。可以说,人之所以能生产自己的类生活、创造属于自己的历史,就是因为人能够进行这种自由的有意识的活动,这也是人和动物的重要区别。然而费尔巴哈认为人与动物的区别在于意识,并指出"究竟什么是人跟动物的本质区别呢? 对这个问题的最简单、最一般、最普通的回答:是意识"③。马克思则认为人和动物的区别不在于意识,而是在于人的自由的有意识的活动。原因在于,"动物和自己的生命活动是直接同一的。动物不把自己同自己的生命活动区别开来。它就是自己的生命活动。人则使自己的生命活动本身变成自己意志的和自己意识的对象。他具有有意识的生命活动。这不是人与之直接融为一体的那种规定性。有意识的生命活动把人同动物的生命活动直接区别开来。正是由于这一点,人才是类存在物。或者说,正因为人是类存在物,他才是有意识的存在物,就是说,他自己的生活对他来说是对象。仅仅由于这一点,他的活动才是自由的活动"④。人的活动是自由的。显然,人和动物都需要依托于自然界生存下去,但人和动物不同,动物是完全依赖于自然界的,完全听命于自然界的法则和规律,完全服从于自然界的实际状况,而人在面对自然界时则不会像动物那般卑微求存,因为人在自然界的活动过程中能够不断认识自然界、征服自然界、改造自然界,一跃成为自然界的主人,

---

① 《马克思恩格斯文集》(第一卷),人民出版社,2009年,第501页。
②④ 同上,第162页。
③ 《费尔巴哈哲学著作选集》(下卷),荣震华、王太华、刘磊译,商务印书馆,1984年,第26页。

实现人从相对于自然界的客体性存在转为主体性存在,在自然界规律的必然约束中争得自由。人的活动是有意识的。动物的生命活动是受本能的驱使实现的,而人可以根据自己的目的进行活动,按照自己的意识开展具有创造性的对象性活动。比如,动物是受直接的肉体需要的支配而进行生产,并且其产品直接满足肉体需要,人则是不受肉体需要的影响也能够进行生产,可以自由自觉地面对自己的产品;动物只是遵从它所属的那个种的尺度和需要,人则懂得根据任何一个种的尺度并把固有的尺度运用于相应的对象,而经过加工、改造的对象便成为人的产品、作品,是对人的活动的具体化,是对人的本质的现实化。这种能动的活动表现了"人的精神的类能力",真正地证明了人的类生活及类特性。人是一种有意识的存在物,体现在人的有意识的生命活动的方方面面,这展现了人的本质的特定意涵。

如果说《1844年经济学哲学手稿》还侧重于从自然的角度即人与自然的关系角度看人的本质问题,那么随后在《神圣家族》中则注重从社会的角度即人与社会的关系角度去把握人的本质问题。在《神圣家族》中,马克思恩格斯实际上已经开启摆脱费尔巴哈人本学影响的哲学进程,他们对人的认识更为深化,开始从社会关系角度去把握人的本质问题。马克思已经点明人在实践活动中生成一定的社会关系,而社会关系则构成人的本质的现实性内涵。比如他指出的:"对象作为为了人的存在,作为人的对象性存在,同时也就是人为了他人的定在,是他同他人的人的关系,是人同人的社会关系。"①这一论述体现了马克思对社会关系的深层认知。社会关系在这里具有二重性:人与对象的关系和人与人的关系。很显然,人所身处其中的关系不是虚幻的而是现实的,这种社会关系不是一维的而是立体的,社会关系不是与人毫无关联的,而是通过人的实践活动形成的。这种社会关系一经产

---

① 《马克思恩格斯文集》(第一卷),人民出版社,2009年,第268页。

生,便会时刻对人产生影响,并使人与人、人与社会的关系更为紧密,不可分割。当人无时无刻不活动于现实且多维的社会关系中,当这种外在的社会关系内化于人自身时,即当这种社会关系成为人的本质的重要内容时,人只可能是"现实的人"。

"人们的存在就是他们的现实生活过程。"①人的存在的鲜明属性最根本地体现在社会属性上,而人的社会属性又是由生产实践根本造就的。由于生产实践的推动,个人越来越不可能保持所谓的孤立状况,也不可能像过去时代那样只需进行有限的交往和联动,人与人之间的互动性和关联性日益紧密,逐渐形成多元复杂的社会关系网络。人的实践活动铸成了牢固的社会关系网,同时人也无时无刻不存在于这一社会关系网络中,即每个人既与他人相联系,个人的生活和发展又依赖于他人的活动生产。因为社会的物质生产实践是一个完整的体系,个人的生产实践和社会活动都是其中的构成环节,每个人的生产活动都依赖于他人的生活活动(即由生产资料与生产社会化环节的分离所致),每个人的劳动产品都依赖于他人的劳动产品(即由劳动产品作为生产资料和消费资料的分离所致),由此所织就的社会关系必然越来越广泛化和普遍化。所以个人不是想象中的个人,"而是现实中的个人,也就是说,这些个人是从事活动的,进行物质生产的,因而是在一定的物质的、不受他们任意支配的界限、前提和条件下活动着的"②。人是从事活动和进行物质生产的,指明了人的实践性和现实性,"一定的物质的、不受他人任意支配的界限、前提和条件"即是人在生产活动中形成的、处于其中的社会关系,而社会关系的总和构成了人的本质的丰富内容。

马克思恩格斯在《神圣家族》中对社会关系以及人与社会的关系问题已

① 《马克思恩格斯文集》(第一卷),人民出版社,2009年,第525页。
② 同上,第524页。

有相关论述。关于社会关系是人的本质的论断则是几个月后的《关于费尔巴哈的提纲》中正式提出的："人的本质不是单个人所固有的抽象物,在其现实性上,它是一切社会关系的总和。"①相较于此前偏向于用类概念去描述人的问题,马克思更着重于用社会关系来界定人的本质。从这一论断可以看出,人是独立的存在,这里的独立存在不是孤立存在,人还是社会型的存在或关系型的存在,即人的独立性不能脱离人的社会性,人的社会关系确证着人作为个体身份的真实性。人与人之间的社会关系作为人的本质规定,表明单个的孤立的个人及其所固有的抽象物不能代表人的真实含义,比如爱、友情、道德等都不足以说明人的本质及其现实性。"人的本质是社会关系的总和"这一论断实际上是马克思针对费尔巴哈的观点提出的。马克思批判费尔巴哈"从来没有看到现实存在着的、活动的人,而是停留于抽象的'人',并且仅仅限于在感情范围内承认'现实的、单个的、肉体的人',也就是说,除了爱与友情,而且是理想化了的爱与友情以外,他不知道'人与人之间'还有什么其他的'人的关系'"②。费尔巴哈基于人与人之间的爱、友情去认识人的本质,只是从抽象的感情出发并认为只有在感情范围内人才是现实的,并且把所谓的爱和友情主观设想为人与人之间仅有的关系,这些观点当然是源于费尔巴哈哲学的立场所得出的,因而不同于马克思关于人的本质的观点。

从另一方面来看,人的内在本质不是单一不变的或凝固僵化的,而是不断变化和丰富的,在不同的历史时期具有不同的特定内涵和阶段特征。人的实践活动是生动的、历史的、变化的,社会关系必然随之发生变化,从长期来看,社会关系将随着人的实践活动的深入而不断丰富和扩大。在不同历

---

① 《马克思恩格斯文集》(第一卷),人民出版社,2009年,第501页。
② 同上,第530页。

史阶段,人的实践活动在内容、程度和范围上都是不同的,相应地,社会关系在内容、程度和范围上就会有所差别,由社会关系所构成的人的本质也将呈现出明显的差异性,当然,这种差异性一定意义上也是一种发展性。个人是立足社会关系的综合之上的存在,因此人的本质必然不是无声无息、静止不变的。在资本主义时代,生产活动得到广泛发展,社会关系相较以往得到了极大程度的拓展,人的本质不仅没有得到确证和发展,相反却被严重遮蔽。"人的本质是一切社会关系的总和"蕴含着对资本主义社会中人的本质的沦丧的批判,因为资本主义社会带给人的是全面异化和自我丧失。"人的本质是一切社会关系的总和"也意指社会关系的全面与综合,即消除资本主义对社会关系的扭曲和对人的宰制,恢复社会关系的全貌和本质,恢复在全面的社会关系中活动着的人的全面性,恢复人本身的真实状态,实现人向自身的复归,进而全面占有自己的本质。

人的本质始终处于一个动态的历史过程,认为不同时期的人没有什么差别是完全错误的,而批判哲学家们正是主张这一观点的典型代表。在《神圣家族》中,马克思恩格斯对此有过形象说明。批判哲学家们依凭头脑中的批判的天真想法,"臆造出了绝对的'一开始'和抽象的不变的'群众'"①,制造"批判的神话"来无限地贬低人,赋予人以抽象不变的本质,人与人之间也不存在差别。如若把"16世纪群众"和"19世纪群众"看作绝对的、不变的存在,简言之,如若把"这两个世纪的群众本身"看作一样的、没有什么差别的,结果可想而知:人便成为"一开始就是不言而喻的"抽象,而这无疑就是最不真实的、最不一目了然的、最不可理喻的"真理"。正如马克思所处时代的人"不可能是古典古代共同体的人,正像这种人的国民经济状况和工业状况不

---

① 《马克思恩格斯文集》(第一卷),人民出版社,2009年,第285页。

是古典古代的一样"①。反观"批判的批判"叫嚣在"自己的'自我'身上"就能够找到人类本质的全部内容的论说则显得十分荒诞。所以由于不同历史阶段的生产状况和社会条件有所不同,以社会实践为基础的社会关系也会发生相应的变化,人的本质的特定含义必然会随之得到更新、丰富和延展。

二、人的地位观:人是社会历史的主体和创造者

对于人的历史地位和历史作用的问题,马克思恩格斯并不是从一开始就具备成熟的认识,也不是在一开始就有了完善的理论观点,而是经历了一个思想上的萌发、形成、发展和逐渐成熟的过程。在马克思主义理论中,人的地位观实际上就是指群众观,它是我们理解马克思恩格斯思想的重要维度。

马克思恩格斯关于人的地位观即群众观的理论,是与马克思恩格斯思想的总体发展轨迹相一致的。综观马克思恩格斯关于人的地位观即群众观的理论轨迹,可以对其有一个大体地了解和把握。在马克思恩格斯思想的早期阶段,其实就已开始了对这一问题的探讨。比如在中学论文时期,马克思就明确表达了"为人类福利而劳动""为大多数人带来幸福"的价值追求。他表示:"在选择职业时,我们应该遵循的主要指针是人类的幸福和我们自身的完美。……人们只有为同时代人的完美、为他们的幸福而工作,才能使自己也达到完美。"②马克思还指出,能否从事为人类幸福而奋斗的事业还要考虑到现实因素,像"我们在社会上的关系""我们的能力"等,这些条件对于伟大事业的进行具有制约作用。尽管整篇论文在哲学思想上并不成熟,只

① 《马克思恩格斯文集》(第一卷),人民出版社,2009 年,第 324 页。
② 《马克思恩格斯全集》(第 40 卷),人民出版社,1982 年,第 7 页。

体现了马克思思想的某些萌芽或"闪光点",论文主要也是围绕青年的择业观展开的,并未出现人民群众、无产阶级等字眼,但其中贯穿的立场和价值目标是清晰的,并在马克思思想中得到继续发展,那就是致力于实现最大多数人乃至全人类的幸福和完美,而马克思本人倾其一生都在为这个理想目标而战斗。

在《莱茵报》时期,马克思遇到了令他苦恼的疑问,以及需要对物质利益发表意见的难事。经过了对书报检查令的评论、新闻出版社自由的辩论、林木盗窃法的辩论以及摩塞尔记者的辩护等一系列现实事件,本应作为理性和正义化身的国家和法,却成为官方统治政府的忠实代言人,成为私有财产拥有者的坚定捍卫者。马克思深感黑格尔法哲学同社会现实问题的严重不符,逐渐意识到法的关系取决于物质生活关系,法律不是理性而是物质利益的代表,纯粹的理论预设和理论批判不能触动现实分毫,不能改善普通大众的贫苦生活状况,更不能改变社会现状。马克思站在了穷苦大众的一边,为劳苦大众发声,为维护底层群众的物质利益同官方当局和财产私有者作斗争。这些经历促使马克思从纯粹研究政治转而研究经济关系,研究社会主义。马克思对黑格尔法哲学产生了怀疑和初步反思,这对于马克思群众观的形成是不可或缺的重要一步。

到了《黑格尔法哲学批判》及《神圣家族》时期,马克思恩格斯的群众观基本成型。马克思开始对黑格尔哲学进行了较为全面的清算,揭示了国家和市民社会的真实关系,不是国家决定市民社会,而是市民社会决定国家;揭示了国家与人民的真实关系,"不是国家制度创造人民,而是人民创造国家制度"①;揭示了市民社会同人的真实关系,人们的直接劳动是"市民社会

---

① 《马克思恩格斯全集》(第1卷),人民出版社,1956年,第281页。

各集团赖以安身和活动的基础"①。马克思指出了人民群众是国家和市民社会的主体及其在国家和市民社会中的决定作用。在《神圣家族》中,马克思恩格斯在对青年黑格尔派的批判中较为全面地叙述其群众观的思想,即批驳青年黑格尔派将人和历史的关系根本颠倒的错误历史观,比如"驳斥其批判是主体""人为了历史而存在""在历史范围内的群众和精神的对立""少数杰出人物与精神空虚的群众的对立"等观点。《神圣家族》对群众观所涉及的内容虽未深入展开,但基本上都已论及或说明。

再到《关于费尔巴哈的提纲》《德意志意识形态》和《共产党宣言》时期,马克思恩格斯的群众观达到了理论上的成熟。《关于费尔巴哈的提纲》是马克思科学实践观诞生的标志性著作,马克思提出了人的感性的实践活动、人的本质的现实性、人改变环境及"改变世界"等重要观点,确定人是改变世界的主体,人的革命的实践推动了现存世界的彻底改变。至此,马克思恩格斯群众观建立在科学实践观的基础之上。《德意志意识形态》对现实的人、现实的人的活动、社会生产力、社会历史、人与历史的关系等都作出了全面深入论述,系统地阐释了马克思恩格斯的群众观。《共产党宣言》将群众观与革命实践、与无产阶级的革命运动相结合,进一步明确了无产阶级、广大人民群众在反抗剥削资产阶级及其统治中的历史作用,它们是推翻资本主义社会、构建新社会形态的历史主体力量。以上是对马克思恩格斯群众观从初始萌芽到成熟发展的基本历程回顾。

在这里,我们主要聚焦马克思恩格斯的早期著作《神圣家族》,以《神圣家族》为立足点和研究范本,来探究马克思恩格斯是如何阐发其群众观的相关思想。那么谁是社会历史的主体?是谁创造了社会历史?是精神意识还是人民群众?对于这些问题的不同回答反映出不同的哲学立场和考量。在

---

① 《马克思恩格斯全集》(第1卷),人民出版社,1956年,第345页。

一定意义上,《神圣家族》正是马克思恩格斯围绕这些问题展开与青年黑格尔派的论战,并在其中给出了自己的答案。青年黑格尔派是将人与精神对立,把精神意识视为历史的动力和主体。比如,在"批判的批判"看来,人是为了历史而存在的,而历史是为了证明真理而存在的;人民群众是精神的真正敌人,等等。这种看似"思辨的高见"其实是把人和历史之所以存在的目的归于"使真理达到自我意识",是典型的主观唯心主义说辞。马克思认为,只有人才是历史的主体,是人民群众创造了社会历史,推动着社会历史向前发展。

(一) 人是历史的主体:"历史活动是群众的事业"

如何理解"人民群众"这个概念? 人民群众不是像"批判的批判"所说的那样是批判的对立面,是自我意识的产物。相反,人民群众是现实的存在,是一个综合性的概念,具有历史性和阶级性。并不是人民群众中的每一个个体都能在社会历史发展中发挥作用,并不是每一个个体都是积极的、革命性的力量,并不是每一个个体都是无产阶级革命可以依靠的力量。马克思恩格斯在《神圣家族》中曾用"一锅不纯的稀粥"来形容。马克思恩格斯语境中的人民群众不是一个泛化的概念,主要指的是人民群众中的大多数人、对革命运动发展和社会历史进步有促进作用的群体,涵盖的范围有工人无产阶级、农民阶级、小资产阶级等。比如,工人无产阶级作为一个整体概念,是指共产主义运动的革命力量,是真正革命的阶级,实际上这里就是指工人无产阶级中真正革命的部分,只有其中最勇敢、最坚决、始终起到推动作用的部分才最能代表无产阶级这一群体。无产阶级政党正是工人无产阶级的先锋、模范和领袖代表,他们是无产阶级中最坚决的部分,是无产阶级革命的真正的领导力量,"在无产阶级和资产阶级的斗争所经历的各个发展阶段上,共产党人始终代表整个运动的利益","他们胜过其余无产阶级群众的地方在于他们了解无产阶级运动的条件、进程和一般结果",其最近目的是"使无产阶级形成为阶级,推翻资产阶级的统治,由无产阶级夺取政权"。① 像流氓无产者这样的群体,就被马克思恩格斯从革命的无产阶级范围内剔除了出去。虽然流氓无产者也是在旧社会中备受反动统治阶级压迫和剥削,并失去土地和职业的那部分人,但"流氓无产阶级是旧社会最下层中消极的腐化的部分,他们在一些地方也被无产阶级革命卷到运动里来,但是,由于他们的整个生活状况,他们更甘心于被人收买,去干反动的勾当"②。

　　人民群众是一个历史的概念,同时也是一个阶级的概念,在把握其历史性的同时更要看到其阶级性的一面。譬如农民阶级,马克思恩格斯曾明确表示农民阶级不是革命的,而是保守的力量,原因是"小农人数众多,他们的生活条件相同,但是彼此间并没有发生多种多样的关系。……各个小农彼此间只存在地域的联系,他们利益的同一性并不使他们彼此间形成共同关系,形成全国性的联系,形成政治组织……不能以自己的名义来保护自己的阶级利益"③,不能不站到资产阶级的一边,即使同资产阶级作斗争,它也是为了维持本阶级的生存而不至灭亡。但在资产阶级统治时代,"农民所受的剥削和工业无产阶级所受的剥削,只是在形式上不同罢了。剥削者是同一个:资本"④。相似的处境和遭遇使他们意识到,"只有资本的瓦解,才能使农民地位提高;只有反资本主义的无产阶级的政府,才能结束农民经济上的贫困和社会地位的低落"⑤。农民阶级也是可以参与无产阶级革命的重要政治力量。简言之,人民群众是马克思恩格斯思想中的重要概念,有其特定的内涵和意蕴,群众观也是马克思恩格斯论述其历史理论和革命理论的基本观

---

① 《马克思恩格斯选集》(第一卷),人民出版社,2012 年,第 413 页。
② 同上,第 411 页。
③ 同上,第 762 页。
④ 《马克思恩格斯文集》(第二卷),人民出版社,2009 年,第 160 页。
⑤ 同上,第 160～161 页。

点之一。然而人民群众的现实存在性、现实含义及其在历史运动中的作用等都是批判哲学家们所看不到的,"批判的批判"对人民群众并没有多少研究和了解,如果一定要说它对人民群众有或多或少的研究和了解,那也只是为了论证绝对批判自身的"真理性",这才是其真正关注的研究对象。正如马克思恩格斯所说的:"到目前为止,批判的批判看来或多或少是对各种各样的群众性的对象进行批判的研究。现在我们却发现它正在研究绝对批判的对象,即它自己。到目前为止,它一直是靠批判地贬低、否定和改变一定的群众性的对象和人物来取得自己的相对荣誉。现在它却靠批判地贬低、否定和改变普遍的群众来取得自己的绝对荣誉。过去,相对的批判同相对的界限相对立。现在,绝对的批判同绝对的界限,群众的界限,即作为界限的群众相对立。"①

如何理解人民群众在社会历史中的地位? 其实也就是人与历史的关系问题。把握人与历史的真正关系,首先要明确历史的主体问题。毋庸置疑,历史是属人的历史,人是社会历史的主体。马克思恩格斯在《神圣家族》中就给出了明确看法:"历史活动是群众的事业,随着历史活动的深入,必将是群众队伍的扩大。"②正是群众为历史规定了它的"任务"和"业务",为历史开创丰富多样的景观,助推社会历史的向前迈进。事实上,"历史什么事情也没有做,它'并不拥有任何无穷无尽的丰富性'它并'没有在任何战斗中作战'! 创造这一切、拥有这一切并为这一切而斗争的,不是'历史',而正是人,现实的、活生生的人。'历史'并不是把人当做达到自己目的的工具来利用的某种特殊的人格。历史不过是追求着自己目的的人的活动而已"③。不论是历史的斗争、历史的曲折前进、历史的繁芜内容,还是历史的发展走向,

---

① 《马克思恩格斯文集》(第一卷),人民出版社,2009 年,第 282 页。
② 《马克思恩格斯全集》(第 2 卷),人民出版社,1957 年,第 104 页。
③ 同上,第 118 页。

都是由人来完成、实现的。如果只看历史本身而看不到人，便是盲目的；如果只看人而不看历史，便会陷入唯心主义。只有马克思真正地摆正了人在历史中的位置。

"批判的批判"给出截然相反的观点，即人民群众不在其视野之内。"批判的批判"对人民群众"大发神圣的雷霆"，认为历史从来都不是人来推动的，历史是"精神"或"意识"的产物，因而是观念的或主观的存在；历史的主体不是人民群众，历史是非人的历史，是"精神的历史""批判的历史"；群众是存在于精神或思想中，群众只能在"精神的历史"中站起来，群众的真正的历史被"批判的历史"所敌视、否定。譬如，我们可以从《神圣家族》中的几处论述去看"批判的批判"对于群众和历史关系的态度及立场："照绝对的批判的说法，到现在为止，历史上只有这样两三个最简单的、终于是不言而喻的真理"①；"如果绝对的批判真的谴责什么东西是'表面的'，那就是谴责过去的全部历史，因为历史上的活动和思想都是'群众'的思想和活动。绝对的批判推翻群众的历史并打算用批判的历史取而代之"②；"在批判的历史中，一切事情自然都完全不是这样报道的，批判的历史认为，在历史活动中重要的不是行动着的群众，不是经验的活动，也不是这一活动的经验的利益，而仅仅是寓于'这些东西里面'的'观念'"③。如果说批判哲学家在某种情况下不得不将群众和历史的关系摆出来，正像鲍威尔先生"只是为了摆摆样子才把不成功的历史活动对群众的关系搬出来一样"④，此时他完全是把不成功的历史活动归咎于人民群众，认为是人民群众引发了这些不成功的历史活动，造成了历史的不成功结果，而这一切都不过是为了证明"批判"的绝对性、真理的不言自明，以及批判的活动是历史上伟大的活动，等等。批判哲

---

① 《马克思恩格斯全集》(第2卷)，人民出版社，1957年，第101页。
②④ 同上，第103页。
③ 同上，第104页。

学家表达的本意在于,历史上一切伟大的活动应该是由"神圣的批判"引起的,历史上一切伟大活动的成功正是因为没有受到群众的干扰,不甘于停留在群众的层面并满足于了解群众这样的肤浅认识,因为指望得到群众的喝彩、期待群众参与历史活动是对历史的表面理解,进而导致了历史活动的不成功。如此,判断历史及历史上一切活动是否成功的标准,则被批判哲学家们确定为是否达到满足思想并符合思想的真正理解。这显然是对历史、群众以及二者关系极为荒谬的见解。

"批判的批判"认为群众和"精神"是根本对立的。"精神"是产生一切的来源,群众是"精神"的生成物;"精神"统治着世界,群众自然是受"精神"统治的被统治者。但是在"批判的批判"那里,群众不占有"精神"的"不言而喻的真理",因而不是对"精神"的确证,而是对"精神"的玷污和损毁。它认为群众和"精神"的基本关系是对立的,"精神"是绝对的无限的主体,群众是相对的、极其有限的客体,"精神"是无条件的真理,群众是损坏"精神"真理性和神圣性的谬误性存在。具体而言,"绝对的批判"宣扬"精神"是积极的,人民群众是消极的;"精神"是能动的,人民群众是被动;"精神"是充实的,人民群众是空虚的;"精神"是进步的,人民群众是落后的;"精神"是高尚的,人民群众是卑污的;"精神"是伟大的,人民群众是低劣的;"精神"是真正存在的,人的存在是"为了'批判'才作为'群众'而存在"的。"精神"之所以在批判哲学家那里有如此之高的地位,"精神"与群众之所以针锋相对,是因为"精神"是批判哲学家及其批判理论的出发点,"绝对批判的出发点是'精神'的绝对权限的信条……出发点是精神存在于世界以外即精神存在于群众以外的信条,最后,它同时把'精神'、'进步'这个方面和'群众'这个方面变成凝固不动的本质,即变成概念,然后又把双方当作一种永久不变的极端相互对立起来"①。马克思讽刺道:"精神已经知道它应该到哪里去寻找自己的唯一的对头——就是要到群众的自我欺骗和萎靡不振中去寻找。"②"批判"确实是这样做的,它把群众仅仅规定为精神的"对立物"、精神的空虚者和精神空虚的更详细的名词定义,也即思想懒惰者、表面性的和自满自足的无知者,并且在道德上绑架群众、鄙视群众,毫无顾忌地对群众进行侮辱和丑化。批判家们就是利用这种同义反复式的"批判"手法,来彰显其批判哲学的无与伦比的优越性和高尚性。"批判的批判"把这些抽象的、污名化的品质诬陷为群众的内在品质,并且把群众直接看作这些品质的另一种称呼——这些品质的人格化和形象化。鲍威尔等人炮制了这场群众与历史、"精神"与现实的对立事件,其本意也很明显,就是用抽象意识代替人,用精神的历史代替群众的历史。鉴于此,马克思评价"批判"所能说的、所要说的只不过是一种"极不明确的、因而也是荒诞无稽的东西"。

人民群众通过自身的实践力量,进行现实的社会活动,作为主体力量参与到社会历史中去,恢复了历史的真正面貌。因为在群众的历史中,社会存在与社会意识没有发生"头足倒置",人与历史也没有错乱易位。历史的确是群众的活动的产物,二者之间的逻辑关系是明确的。正如"在群众的历史中,工厂出现以前是没有任何工厂城市的,可是在儿子生父亲(像在黑格尔那里一样)的批判的历史中,曼彻斯特、波尔顿和普累斯顿在谁都还没有想到工厂以前就已经是繁荣的工厂城市了。在真正的历史中,棉纺织业的发展主要是从哈格里沃斯的珍妮纺纱机和阿克莱的纺纱机(水力纺纱机)运用到生产上以后才开始的"③。"批判的历史"最擅长思辨的发挥,这在群众和历史关系的问题上就有了鲜明体现。"群众的历史"在根本上就与鲍威尔的

---

① 《马克思恩格斯全集》(第2卷),人民出版社,1957年,第105~106页。

② 同上,第105页。

③ 同上,第13~14页。

"观念的历史"区分开来。

(二) 人是历史的创造者："工人才创造一切"

如何理解人民群众在社会历史中的作用? 也就是关于社会历史的创造者问题。马克思恩格斯和鲍威尔等人的看法亦大相径庭。到底谁才是社会历史的创造者? 鲍威尔等人宣称"思想创造一切",只有"批判"自己的"思想创造以及和任何现实都相矛盾的普遍性才是'某种东西',甚至就是'一切'"①。鲍威尔等人认为,工人什么东西都没有创造,理应一无所有。至于工人为何什么都没创造出来,"是因为他们所创造的仅仅是'单一的东西',即可以感触到的、非精神的和非批判的对象,这些对象中的任何一种都会使纯批判深恶痛绝。凡是现实的、活生生的东西都是非批判的、群众的,因此,它是'无',只有批判的批判的理想的、虚幻的创造才是'一切'"②。"批判的批判"否定现实的一切,而它所谓的一切则是虚幻的,工人群众正属于前者,正是它眼中的"无"。神圣家族们不仅否定人的存在,更否定工人群众的现实的物质的创造。而它给出的理由竟是如此荒唐,仅仅是因为工人的工作是为了满足个人的生活需要。然而如果"撇开单个工人不能生产任何完整的东西这一事实(这是不言而喻)不谈的话,这种论点简直就是疯话"③。"精神创造说"居然极端鄙视工人群众的劳动创造,批判家居然"不通人性",实际上,历史一旦表明真相,那么批判家及其主张将没有生存的理论空间,抑或归于转瞬即逝的命运。

"批判的批判"妄言工人群众什么都没有创造。马克思恩格斯直指这类胡说:"批判的批判什么都没有创造,工人才创造一切,甚至就以他们的精神

---

① ② 《马克思恩格斯全集》(第2卷),人民出版社,1957年,第21页。
③ 同上,第22页。

创造来说,也会使得整个批判感到羞愧。英国和法国的工人就很好地证明了这一点。"①工人不但从事社会的物质生产,为"批判的批判"从事"神圣的批判"提供必需的物质基础和生活资料,甚至还从事着社会的精神生产,为"批判的批判"从事批判活动提供新鲜的原料素材。虽然制造这一切的是工人群众,生产这一切的是工人群众,讽刺的是,没有权利的是工人群众,没有财产的是工人群众,受压迫的还是工人群众。总之,工人群众一无所有。按照"批判的批判"的固有逻辑,人民群众不仅不占有自己活动的创造物,反过来还要被"精神""批判"所支配、创造。要知道,"思想从来也不能超出旧世界秩序的范围:在任何情况下它都只能超出旧世界秩序的思想范围。思想根本不能实现什么东西"②。为了"思想"能够实现什么东西,或者为了能够实现"思想",都必须要通过现实的、"使用实践力量的人",即"思想"终究是经由人的活动并且是作为人的活动的成果。人是连接思想和现实的主体桥梁。思想本身并不能使我们超出旧世界秩序的范围,如果出现了能使我们超出旧世界秩序范围的思想,那么这种思想属于新世界秩序的思想,一定经过了人的实践力量的加工,从而具有改变旧世界秩序的现实能量。进言之,人民群众是具有实践力量并使用实践力量的人,这就意味着人民群众是社会生产实践的主体,既从事着创造历史的实践活动,又从事着改造历史的革命行动。仅从批判哲学家的观点伸张上就可以看出,人民群众本就是一切的创造者,但人民群众在社会历史中的地位、在社会生活中的作用没有得到正确认知,人民群众的生存和发展状况没有得到基本保障,人民群众的基本诉求没有得到应有满足,人民群众的现实境况可想而知,他们不得不对自身遭遇表示反对,反对现存社会所给予的一切不公正对待。然而"批判的批

---

① 《马克思恩格斯全集》(第2卷),人民出版社,1957年,第22页。
② 同上,第152页。

判"由于其理论的内在局限性,必然无法正视群众的革命要求和革命运动,无法对之作出正面回应,即使在理论上都寸步难行,只能极不情愿地将其"当做它自己的批判的幻想的'象征和虚象'",但是批判又自悔没有给革命以"理论痛击",随即"又对革命作了新的探讨。同时它还惩罚了使它断送清白的诱惑者——'群众'",①当然,这种所谓"对革命的探讨"和"对群众的惩罚"仍然是以"批判的术语"呈现出来的,不过是为了证明"批判的说法仍然是不言而喻的真理"。就此来看,神圣家族们充满诡辩的论调毫无说服力可言。

事实上,人民群众才是推动社会历史前进的真正主体,是社会历史进步的主体动力。人民群众在社会历史发展进程中是起到决定作用的主体力量,即对于社会历史的创造和发展具有决定性作用。因为人民群众创造历史的作用与社会基本矛盾运动推动社会前进的过程相一致,人民群众主体力量的发挥与社会基本矛盾的解决过程相一致,人民群众推动历史发展的活动同历史前进的方向相一致,人民群众改造历史的活动同历史发展的客观规律相一致。人民群众的意志、诉求和总体行动基本确定了社会历史的走势,进而决定了社会历史发展的最终结局。人民群众是顺应生产力发展要求的社会力量,是具有变革旧式生产关系的能动力量,是主张变革旧式社会制度的积极力量,是主张改变陈旧思想观念和存在方式的社会力量。人民群众既是社会物质财富的创造者,也是社会精神财富的创造者,并且还是社会变革的决定力量,推动着人类社会历史不断向前行进。这是马克思恩格斯在历史观上的基本观点之一,是马克思主义唯物史观的重要构成内容,贯穿在马克思恩格斯的诸多研究和理论著作当中。

关于人民群众在社会历史中的地位和作用的思想,马克思恩格斯在其

① 《马克思恩格斯全集》(第2卷),人民出版社,1957年,第151页。

早期代表著作——《神圣家族》中就已通过论战的形式作出立场鲜明的深刻表述。我们来看《神圣家族》对以鲍威尔为代表的批判哲学家们相关观点主张的描述，比如"为了创造一切，就需要某种比工人的意识更强有力的意识"①。这句话至少表明了两个意思：一是意识而非工人群众是创造一切存在、创造历史的主体；二是创造一切、创造历史的意识不是工人群众的意识，而是"比工人的意识更强有力的意识"，即自我意识或"批判的批判"。因为群众的活动是现实的、物质的，群众是实际地创造了历史、进行历史活动，以及促进历史发展的主体，而这些都是自我意识或"批判的批判"无法触及或实现的，毕竟自我意识或"批判的批判"及其活动是发生在批判哲学家的头脑中的东西，至多是一种虚幻的存在、一种内心的自我满足活动、一种想象中的精神活动。于是，人民群众及其历史活动就成了自我意识或"批判的批判"望而生畏并极力攻击的对象。批判哲学家的这一系列"理论创造"为《神圣家族》树立了批判的"靶子"，为马克思恩格斯阐释其观点思想提供了现成的论证素材。人民群众的活动创造了人自身，创造了社会和社会历史，在历史中不断从事劳动、生产活动和革命改造运动，即在社会历史中"制造一切、生产一切"，并为社会历史前进注入源源不竭的主体动力，这是马克思恩格斯在人的问题上的一贯思想。

群众史观与英雄史观的对立。群众史观强调人民群众是社会历史的主体，一般地说对社会发展起着主要推动作用，人民群众是英雄人物的创造者，即使是普通个人对社会发展同样起着重要作用。英雄史观的核心主体是个别杰出人物或英雄人物，夸大个别杰出人物的作用，宣扬历史是由杰出人物所创造、推动。群众史观和英雄史观最直接的区别是关于人民群众和英雄人物在社会历史中的作用问题，群众史观肯定人民群众的历史作用，主

① 《马克思恩格斯全集》(第2卷)，人民出版社，1957年，第21页。

张人民群众而不是个别英雄人物是历史的创造者;而英雄史观则相反,认为个别英雄人物而不是人民群众才是历史的创造者,否定了人民群众的力量和作用。这两种观点在历史的主体和创造者问题上截然相反,实际上也是两种不同哲学的根本对立,即唯物史观和唯心史观的根本对立,是马克思恩格斯同以往一切哲学家、马克思恩格斯哲学同以往一切旧哲学的根本对立。

正如《神圣家族》时期,马克思恩格斯同思辨唯心主义哲学家的激烈交锋,在如何看待社会历史、人与历史的关系,以及人民群众和个人在历史发展中的作用等问题上都根本区别开来,马克思恩格斯对鲍威尔等人的错误观点进行了犀利而深刻的批判和揭示。我们知道,将精神意识看作历史的创造者还不足以体现鲍威尔等人唯心主义历史观的"完整性",不足以看清其思辨唯心主义在历史问题上的"全貌",因为在批判哲学家看来,"'精神和群众'的关系还有一层隐蔽的含义"①。他们将"精神和群众"的关系朝着主观唯心主义的方向推到了极致。对此,马克思恩格斯在《神圣家族》中进行了层层揭露。鲍威尔等人对于"精神和群众"的关系的观点既是对黑格尔思想的延续,同时又是对黑格尔思想的"超越",即取消了黑格尔哲学的"不彻底性",把客观唯心主义历史观改造成纯粹的主观唯心主义历史观。马克思恩格斯指出:"布鲁诺先生所发现的'精神'和'群众'的关系,事实上不过是黑格尔历史观的批判的、漫画式的完成,而黑格尔的历史观又不过是关于精神和物质、上帝和世界相对立的基督教德意志教条的思辨表现。在历史的范围内,在人类本身的范围内"②,少数杰出人物与群众是相对立的,少数杰出人物具有的积极精神与人类表征的物质性、广大群众的精神空虚是相对立的。即马克思恩格斯所说的:"在历史的范围内,在人类本身的范围内,这

① 《马克思恩格斯全集》(第2卷),人民出版社,1957年,第107页。
② 同上,第108页。

种对立表现为:代表积极精神的少数杰出人物与代表精神空虚的群众、代表物质的人类其余部分相对立。"①于是,人类历史变成了一部关于抽象的东西的历史,变成了一部演绎神圣家族们的辉煌杰出功绩的英雄史。对现实的人而言,历史也就变成了彼岸世界的、精神的历史。在黑格尔那里,他仅仅是"在表面上把作为绝对精神的绝对精神变成历史的创造者"②,到了鲍威尔这里,绝对精神变成了事后才"通过哲学家意识到自身这个具有创造力的世界精神,所以它的捏造历史的行动也只是发生在哲学家的意识中、见解中、观念中,只是发生在思辨的想象中"③。如此一来,鲍威尔把批判变成了绝对精神,而他自己代表着批判,是批判的化身,是"精神"的卫道士,是无限的绝对者。"批判"把群众拒之门外,同群众相互排斥,认为自己不是通过群众体现出来的,而是通过"一小撮杰出人物"即鲍威尔及其神圣家族成员体现出来的。鲍威尔等人把自己装扮成"世界精神",作为同消极的、非历史的因素的群众相区别的积极的、历史的因素,是他们"在深思熟虑中"发明了历史并实现着历史,一切的历史活动都是通过他们才产生出来的,历史的事业被规定为他们自己的事业,历史的活动被规定为他们的"批判的批判"的头脑活动,改造历史的任务被规定为他们头脑中的思辨的批判任务。这样,群众的历史变成了批判的历史,批判的历史又变成了神圣家族们的历史,鲍威尔及其门徒则成为"创造"历史的唯一力量,成为社会历史的唯一代表者。

人民群众是历史的创造者和推动者,为社会历史的发展付出极大的努力。当然,英雄伟人作为历史舞台上熠熠生辉的星光人物,对历史发展做出了突出的贡献,尤其在历史进程的关键时刻,英雄人物的出场总是能发挥力挽狂澜,甚至是影响历史走向的作用,这一点不可否认。但是不能过于神化

---

① 《马克思恩格斯全集》(第2卷),人民出版社,1957年,第108页。
②③ 同上,第109页。

伟人，还要看到，英雄伟人也是人民群众的一员，是起到杰出作为的人民群众，没有人民群众的支持和直接参与，不遵循社会发展的内在规律，即使是伟人，在历史面前也会无所作为。鲍威尔之流将自己比作杰出人物，无端夸大"自我意识"及其本人的作用。除了"唯心史观""英雄史观"，也找不到更委婉的辞藻去形容了。

人民群众是历史的主体和创造者，但必须要明确人民群众在历史中的活动不是任意的，而是受到社会历史条件的制约，是遵循社会历史规律的活动，即合目的性与合规律性的活动。人类历史的出现不是自然而然的结果，历史的运动也不是在无意识中展开的，历史中的一切存在不仅仅是来自自然界的纯粹自然产物，还包含着人的活动的创造物，比如机械化的生产工具、社会制度体系、宗教艺术哲学、政治道德法律等，这些都是在社会历史中活动着的人的能动性结果。人类社会的存在和发展都离不开人的实践活动及其创造，人通过自身的实践活动为之提供了重要的前提条件。在人的能动的活动的推动下，社会历史总体上呈现出不断发展前进的一般趋势。也就是说，社会的发展和历史的进步都不是自发完成的，而是需要依靠人的实践力量去实现。就此而言，只有人才是创造社会历史的动力。当然，人是处于社会生活之中的，在社会生活中进行人的一切活动，即在一定的历史条件和社会基础上从事实践活动，因而人的活动既受到自身主观条件，比如认知程度、受教育水平和实践水平等的制约，同时又受到时代阶段、生产状况及社会发展规律的制约。所以说人的社会活动、历史实践是在现有的客观基础上推进的，"人们自己创造自己的历史，但是他们并不是随心所欲地创造，并不是在他们自己选定的条件下创造，而是在直接碰到的、既定的、从过去承继下来的条件下创造"①。对于这一问题，我们必须坚持历史的观点和态

① 《马克思恩格斯选集》(第一卷)，人民出版社，2012年，第669页。

度,因为人们的活动只能在自己所处时代的条件下进行,人们只能在自己所处时代的条件下去认识历史,而且这些条件达到什么程度,人们就认识到什么程度。[①] 特定的历史条件是人们开展实践活动以及这种实践活动能够达到何种程度的根本性因素。人们进行活动所依据的这种特定历史条件,不是某种神秘的或不可捉摸的东西,主要是指当时的生产力发展水平、生产关系发展状况、社会的物质经济基础等。这些因素共同决定了人既是历史的"剧中人"也是历史的"剧作者",人在社会历史中的活动是能动性与受动性、无限性与有限性、合目的性与合规律性的统一。

三、人的利益观:"思想一旦离开'利益',就一定会使自己出丑"

在马克思恩格斯的思想发展历程中,物质利益问题并不是个陌生的话题。列宁曾高度评价物质利益问题为马克思主义世界观的基础。从《莱茵报》时期到《德法年鉴》时期,再到《神圣家族》时期,或者是后来的《德意志意识形态》时期,马克思都大量论及物质利益的问题。尤其是在早期,"物质利益难题"可谓是触发马克思从思辨哲学转向现实哲学的"催化剂"。《莱茵报》时期,马克思第一次遇到了要对所谓的物质利益问题发表意见的"难事"和"疑问",此后便踏上了自己思想体系的构建道路。

(一)物质利益与绝对理性的正面冲突

利益问题和黑格尔的"纯粹理性"发生正面冲突。按照黑格尔哲学的设想,公正和自由主义应是社会的主旋律,法律维护的是正义和真理。国家是绝对理性的象征,是自由和理性的彰显和具化,并维持着整个社会的自由。

---

① 参见《马克思恩格斯文集》(第九卷),人民出版社,2009 年,第494 页。

马克思对理性哲学的看法是在《评普鲁士最近的书报检查令》中开始产生动摇的。马克思就此拉开了讨论利益问题的序幕,这也意指马克思与黑格尔思辨哲学分道扬镳的开端。马克思指出,普鲁士发布的新的检查令是"害怕真理的标志",只有"官方的色彩"。在这种法令的规定下,只要"哪里还存在出版自由,它就剥夺这种自由,哪里应当实行出版自由,它就通过书报检查使这种自由变成多余的东西"①,检查令不断给出版套上新的枷锁,控制言论和出版自由。其实这不单是自由与反自由的问题了。普鲁士政府颁布的此等法令,不是国家对它的公民颁布的法律,而是为了对付不符合统治意志的人而颁布的法律。这就取消了人在法律面前的平等。法律已不是法律,而是特权,一种符合政府官员的思维方式的特权。这种围绕出版自由而展开的讨论,实则反映出这样一个事实:现实的利益需要远远高于所谓的理性和公正。马克思在《关于出版自由和公布等级会议记录的辩论》中提出,新闻出版自由的反对派代表的是某个集团的精神、一定等级的个体利益,这种个体利益具有先天的片面性和狭隘性,"表现得极其强烈、凶狠,露出一副狰狞的面孔"②。省议会的自由和新闻出版自由不是一致的,而是彼此矛盾的关系。省议会的自由的拥护者就是新闻出版自由的反对者,他们就新闻出版自由这一问题进行激烈的辩论,实际上是双方代表各自等级的利益和实际需要进行的交锋。所以马克思说,在这里展开论战的不是个别的人,而是等级。没有什么镜子能比关于出版的辩论更正确地反映省议会的内在实质。③不同等级对新闻出版自由的态度反映了它们特定的等级意志和根本利益,比如农民群体支持新闻出版自由是为了捍卫生存利益,自由主义者支持新闻出版自由是为了维护其阶级利益,势力强大的统治当局反对新闻出版自

① 《马克思恩格斯全集》(第1卷),人民出版社,1956年,第10页。

②③ 同上,第42页。

由同样是为了巩固其特殊利益。马克思无不讽刺地描述莱茵省议会当局看似限制实则禁止新闻出版自由的做法和用意："一个等级要限制出版物只能讨论莱茵省的物质、精神、教会方面的事情；一个等级希望出版'乡镇的报纸'，这一名称本身就已说明内容的局限性；一个等级甚至希望在每一个省只有一种报纸可以公开发表意见!!!"①关于出版自由辩论的背后其实是不同等级的利益的正面冲突。

到了《关于林木盗窃法的辩论》，马克思对物质利益问题的揭示更为直接、犀利。为什么林木所有者可以拥有莱茵河畔的大片林木？是谁赋予他们的这项权利？为什么农民捡拾枯枝树木却被规定为盗窃？为什么莱茵省议会区分不了捡拾枯枝和盗窃林木是根本不同的问题？莱茵省议会作出荒谬的规定是有意还是无知？如果是有意，背后又是何种原因作祟？这一切问题均是由所有者的实际利益而起。林木所有者为了自身利益的绝对巩固，将法律变为自己的私法，变成表达自己特殊利益的私法。他们用法律的公正来行使最不公正的意图，占有私有财产并排斥其他任何人（尤其是穷人）享有这一财产的任何可能。为了林木所有者的利益，必要时即使毁灭法和自由的世界也毫不犹豫。对此，马克思表示："如果法律把那种未必能叫做违反森林条例的行为称为盗窃林木，那末法律就是撒谎，而穷人就会成为法定谎言的牺牲品了。"②林木所有者以及莱茵省议会在林木盗窃法上的表现，宣告了法的本身被实质性地消灭，法哲学和理性哲学被实质地取消。马克思随后又在《摩塞尔记者的辩护》中更明确地说，摩塞尔河沿岸地区人民的贫困状况不是一种简单的状况，而是与政府有关，是政府为了自身利益而盘剥人民的结果，反映了人民利益和政府利益之间的真实关系。政府不承

---

① 《马克思恩格斯全集》（第1卷），人民出版社，1956年，第92页。

② 同上，第139页。

认人民的普遍贫困状况，"甚至对它已经承认了的贫困现象也没有表示要采取什么措施来对付"，并且将"比较贫穷的葡萄酒酿造者的灭亡看做一种自然现象，认为人在这种现象面前只好听天由命，只能设法减轻这种现象所引起的必然后果"①。法在面对现实的利益关系时，"法的利益只有当它是利益的法时才能说话，一旦法的利益和这位神圣的高尚人物发生抵触，它就得闭上嘴巴"②。所谓的绝对理性，带有与生俱来的远离现实、远离物质利益的特性，从而促使马克思初步发生转变，转向现实哲学和研究社会现实问题。

面对复杂的利益问题，马克思还从社会关系的角度进行探讨，具体又表现为社会关系中的市民社会与国家、市民社会的人和国家的统治者的对立、市民社会的人的利益同国家的利益的对立。在黑格尔那里，家庭和市民社会同国家的关系是这样的："对家庭和市民社会的领域来说，国家一方面是'外在必然性'，是一种权力，由于这种权力，'法规'和'利益'都'从属并依存'于国家。国家对家庭和市民社会来说是'外在必然性'，这一个方面……部分地包含在家庭和市民社会对国家的有意识的关系中。"③也就是说，家庭和市民社会的一切都是由国家决定的，家庭和市民社会把国家作为自己的"内在目的"，国家的意志和法律制约并决定着家庭和市民社会的意识和法律，国家的利益制约并决定着家庭和市民社会的利益。因此，"当家庭和社会的'法规'和'利益'同国家的'法律'和'利益'发生冲突时，家庭和社会的法规'和'利益'必须服从国家的'法律'和'利益'；它们是从属于国家的，它们的存在是以国家的存在为转移"④。事实上，是市民社会决定着国家，而不是国家决定市民社会，"家庭和市民社会是国家的前提，它们才是真正的活

---

① 《马克思恩格斯全集》(第1卷)，人民出版社，1956年，第222页。
② 同上，第187页。
③ 同上，第247页。
④ 同上，第248页。

动者;而思辨的思维却把这一切头足倒置"①。这里还涉及两种利益,即市民社会领域的私人利益和国家领域的普遍利益。由于国家具有"外在必然性",是理性的存在,因而又是实体的、普遍的和无限的,市民社会与国家相对,因而是非理性的、特殊的和有限的。市民社会和国家之间必然存在着相对立的关系,相应地存在着市民社会代表的私人利益同国家代表的普遍利益相对立的问题。私人利益和普遍利益的矛盾构成国家和市民社会的矛盾的实质所在。黑格尔一贯强调国家和市民社会是统一的,国家的"普遍的最终目的"和市民社会的个人的特殊利益是统一的,这就表示市民社会的个人对国家所尽的义务同其享受的权利应当也是同一的。

然而在现实中,市民社会的个人对国家所尽的义务同其享受的权利并不是对等的,个人的特殊利益同国家的普遍利益不是一致的,个人在市民社会和国家两种场域中的存在方式及状态也是不同的。市民社会代表的是现实的利益和利益关系,是许多个人的利益的"天下",市民社会的利益关系决定了整个国家的关系。进一步讲,人在市民社会中所处的不同地位,实质上就是指一种特定的利益关系。原因在于,市民社会的人不是某种抽象的个体,主要是指世俗的"市民""单个的个人",具有天然的利己性,为满足自身的生存需要和利己需求而进行社会活动,人在市民社会的利益既具有现实性,又具有私有性。这里又引申出了一种关于利益的矛盾关系,即市民社会的个人在利益上的矛盾纠葛。不仅市民社会的特殊利益同国家的普遍利益相矛盾,而且市民社会的个人之间也存在利益矛盾问题。再回到国家这个层面来看人的利益问题。国家不是从来就有的,也不是所谓无意识地、偶然地产生出来的,而是在一定发展阶段上、基于市民社会的现实关系而必然地产生出来的;"国家决不是从外部强加于社会的一种力量。国家也不像黑格

---

① 《马克思恩格斯全集》(第 1 卷),人民出版社,1956 年,第 250~251 页。

尔所断言的是'伦理观念的现实','理性的形象和现实'"①。国家表面上是一种凌驾于社会之上的力量,实际上是从社会中产生但又自居于社会之上并且日益同社会相异化的力量,表面上是理性和伦理观念的化身,实际上是人的现实利益的政治载体;表面上是无主体的普遍力量,实际上是以特定阶级为主体的特殊力量;表面上象征着整个社会的普遍利益和共同意志,实际上代表的是掌管国家的上层统治阶级的特定利益和集团意志。因此,国家中占统治地位的那部分少数人在全社会中是绝对的主导力量,占有社会的绝大份额的物质生产资料,是社会关系的支配者。与此相应,必然有另一部分的多数人处于社会的底层,占有的财产极为寡少,较之于前者则处于利益分配极不平等的状况中。因此,利益问题在此又可以看作两大阶级群体在社会关系和社会地位上的失衡、分化和对抗。物质利益规定了国家的现实性,规定了社会关系的现实性,利益进而表明了人的现实性。因此,我们必须坚持历史唯物主义的科学思路,坚决避免绕开物质利益去谈论现实的人、现实的社会和现实的国家。

(二)对物质利益的唯物主义"回溯"

针对鲍威尔等人以思辨唯心主义和"批判的话语"攻击法国唯物主义的问题,马克思恩格斯在《神圣家族》中作了一定篇幅的论述。鲍威尔等人只承认服从"绝对的批判"的命令而演变的历史,其本身就代表着德国思辨哲学流派,高扬思辨哲学并将思辨哲学推向主观唯心主义的极端化发展,根本考虑不到现实的群众和群众的现实的历史。法国唯物主义则承认在实际演变中的历史或世俗的群众的历史,反对现存政治制度,反对现存宗教和神学,反对包括 17 世纪形而上学在内的一切形而上学。鲍威尔等人的思辨哲

---

① 《马克思恩格斯选集》(第四卷),人民出版社,2012 年,第 186 页。

学同法国唯物主义之间存在着一条无法跨越的鸿沟。但鲍威尔等人的思辨的形而上学"永远屈服于现在为思辨屈服于现在为思辨本身的活动所完善化并和人道主义相吻合的唯物主义。费尔巴哈在理论方面体现了和人道主义相吻合的唯物主义,而法国和英国的社会主义和共产主义则在实践方面体现了这种唯物主义"①。可以说,18世纪法国唯物主义的兴起和发展给了思辨哲学传统以沉重打击,至此开启了唯物主义大放光彩的历史时代。这也是形而上学走下神坛、走向衰败的重要转折点。马克思恩格斯也指出:"实际上,17世纪的形而上学的衰败可以说是由18世纪唯物主义理论的影响造成的,这正如同这种理论运动本身是由当时法国生活的实践性质所促成的一样。这种生活趋向于直接的现实,趋向于尘世的享乐和尘世的利益,趋向于尘世的世界。和它那反神学、反形而上学的唯物主义实践相适应的,必然是反神学、反形而上学的唯物主义理论。形而上学在实践上已经威信扫地。"②在18世纪的历史背景下,抽象思辨的形而上学失去了往日的权威,聚焦"尘世的事物"、反映人的现实生活及其对尘世利益的追求成为当时哲学关注的焦点,是时代历史赋予法国唯物主义的理论特质与鲜明立场,是时代实践发展的必然结果。

洛克是法国唯物主义的先驱,洛克的思想是法国唯物主义的重要理论源头。从历史进路上看,起源于洛克思想的法国唯物主义直接导向了社会主义和共产主义。在《神圣家族》中,马克思恩格斯对洛克的思想作了一定探讨。根据洛克的观点,人是一种客观的存在,"肉体是构成人的一部分",并且人的思想和观念来自感官经验,人能够感觉到快乐或痛苦、幸福或不幸,人的意识延伸的程度是其自我所关心的程度。这表明,人的认识、观念、

---

① 《马克思恩格斯全集》(第2卷),人民出版社,1957年,第159~160页。
② 同上,第161页。

经验等不是脱离外部环境而抽象产生或先验存在的,人在感性世界中活动并从感性世界中获得感觉、经验和知识,具有趋于享乐、追求幸福和自我关心的天然倾向,而趋于享乐、追求幸福和自我关心就是人的利益诉求,是使人"能认识和领会真正合乎人性的东西"①,是人对自身利益关切的真实体现。人意识到自身利益并将这一利益原则运用到感性认识和社会生活方面,比如爱尔维修以洛克的学说为出发点,认为人能够感受外在环境的影响和作用,趋乐避苦是人的利益本能,追求利益和快乐享受是人的本性使然。人的利益既是道德的基础,又是判断道德的标准,即"享乐和正确理解的个人利益,是整个道德的基础"②,个人利益决定了个人道德标准,社会利益决定了社会道德标准。从一定意义上讲,以爱尔维修为代表的理论学说,有力地推动了法国唯物主义汇入社会主义和共产主义的"总流"。所以马克思恩格斯就此表示:"既然正确理解的利益是整个道德的基础,那就必须使个别人的私人利益符合于全人类的利益……既然人天生就是社会的生物,那他就只有在社会中才能发展自己的真正的天性,而对于他的天性的力量的判断,也不应当以单个个人的力量为准绳,而应当以整个社会的力量为准绳。"③在这一法国唯物主义思想的影响下,产生了一批早期空想社会主义者,譬如"傅立叶是直接从法国唯物主义者的学说出发的。巴贝夫主义者是粗鲁的、不文明的唯物主义者,但是成熟的共产主义也是直接起源于法国唯物主义的。这种唯物主义正是以爱尔维修所赋予的形式回到了它的祖国英国……欧文则从边沁的体系出发去论证英国的共产主义……比较有科学根据的法国共产主义者德萨米、盖伊等人,像欧文一样,也把唯物主义学说当

---

① 《马克思恩格斯全集》(第 2 卷),人民出版社,1957 年,第 166 ~ 167 页。
② 同上,第 165 ~ 166 页。
③ 同上,第 167 页。

做现实的人道主义学说和共产主义的逻辑基础加以发展"①。

鲍威尔等人只会从黑格尔哲学中搜罗批判法国唯物主义的材料,片面运用黑格尔哲学中的思想去批判法国唯物主义,用"法国的斯宾诺莎学派和自然神论的信徒"来形容法国唯物主义的两大流派,并主观地为"批判"的敌人,即法国唯物主义,规定了"湮没在浪漫主义中的愚钝命运"。鲍威尔等人的批判手法显得过于肤浅和拙劣了。

"批判"或鲍威尔等人借着对法国革命的批判,表达了对利益问题的"独到见解"。"批判"认为最高的存在物就是普遍国家秩序,而"单个的利己主义原子"需要由普遍国家秩序联合起来,这里"单个的利己主义原子"就是鲍威尔眼中的抽象个人。鲍威尔实际上是说国家使个人和社会组织起来,个人、社会从属于国家。"批判"确定普遍国家秩序必须要抑制利己主义,抑制社会和个人的利己主义的自发无序的增长。针对鲍威尔一派的观点,马克思恩格斯作出了这样一段论述:

> 确切地和在散文的意义上说,市民社会的成员根本不是什么原子。原子的特性就在于它没有任何属性,因此也没有任何由它自己的本性必然所制约着的、跟身外的其他存在物的关系。原子是没有需要的,是自我满足的;它身外的世界是绝对的空虚,也就是说,这种世界没有任何内容,没有任何意义,没有任何重要性,这乃是因为在原子的自身中已经万物皆备的缘故。就让市民社会的利己主义者在他那非感性的观念和无生命的抽象中把自己设想为原子,即把自己设想成和任何东西无关的、自满自足的、没有需要的、绝对完善的、极乐世界的存在。非极乐世界的感性的现实是不顾他这种想像的。他的每一种感觉都迫使他

①《马克思恩格斯全集》(第2卷),人民出版社,1957年,第167~168页。

相信世界和他以外的其他人的存在,甚至他那世俗的胃也每天都提醒他在他以外的世界并不是空虚的,而真正是把他灌饱的东西。他的每一种本质活动和特性,他的每一种生活本能都会成为一种需要,成为一种把他的私欲变为对他身外的其他事物和其他人的癖好的需要。因为一个人的需要,对于另一个拥有满足这种需要的资料的利己主义者来说,并没有什么明显的意义,就是说,同这种需要的满足并没有任何直接的联系,所以每一个人都必须建立这种联系,这样就相互成为他人的需要和这种需要的对象之间的皮条匠。由此可见,正是自然的必然性、人的特性……利益把市民社会的成员彼此连接起来。他们之间的现实的联系不是政治生活,而是市民生活。因此,把市民社会的原子彼此连接起来的不是国家,而是如下的事实:他们只是在观念中、在自己的想象这个天堂中才是原子,而在实际上他们是和原子截然不同的存在物,他们不是神类的利己主义者,而是利己主义的人。①

马克思恩格斯的这段精彩论述是对鲍威尔等人荒谬观点的直接回击。他们在其中揭示了人不是观念上的、没有自身特性和需要的存在物,即人不是孤立的、自满自足的、不与外在世界发生联系的原子,而是具有感性的生活体验和现实丰富的利益需要,有着自身的利己主义原则,是利己主义的人;在利益的推动下建立起了人与人之间的相互关系,利益使人与人之间彼此连接,进而组织起了社会和人的社会生活,国家是由人的社会生活所决定、组织和巩固的。利益可以说是连接个人、社会和国家的物质纽带。比如,在资本主义历史时期,"资产阶级社会的无阻碍的发展、私人利益的自由

---

① 《马克思恩格斯全集》(第2卷),人民出版社,1957年,第153~154页。

运动"①构成了国家的基础。换言之,资本主义国家作为政治组织机器,立足资产阶级的特殊利益和由这种特殊利益形成的社会经济条件。资产阶级作为资本主义社会的真正代表,统治着这个国家,实际上是资产阶级的特殊利益统治着资本主义国家和这个国家中的绝大多数人。

(三)重视利益问题是对人的现实观照

马克思恩格斯的利益观与鲍威尔等人的利益观,是两种根本对立的利益观,即是唯物主义利益观与唯心主义利益观的根本对立,因而也是两种不同哲学流派、两种不同政治立场的根本对立。不能超出物质利益的范围去谈论思想,同样不能远离物质利益的范围去谈论"人"及人的现实问题。马克思恩格斯在《神圣家族》中对此也作了详细阐发。鲍威尔等人把市民社会中的人当作单个的、自满自足的原子,只有通过国家才实现联合。国家本身其实就是利益的化身,人还要通过相应的物质利益关系实现联合。物质利益引发人的相互活动,社会的人是通过社会的经济生活进行交往,形成人与人的现实的经济关系。其中,物质利益关系则象征着人的社会关系的现实意蕴。

1. 人的认识受到利益的塑造

马克思恩格斯在《神圣家族》中讲过这样一句话:"'思想'一旦离开'利益',就一定会使自己出丑。"②人的思想认识与其利益需要是直接挂钩的。人们关于历史、社会和现实的观点都直接受其利益需要的深刻影响。可以说,利益决定了人的思想及内容,在社会历史中活动着的人是基于现实利益而形成其思想的。比如在历史中,"人们首先必须吃、喝、住、穿,就是说首先

---

① 《马克思恩格斯全集》(第 2 卷),人民出版社,1957 年,第 157 页。

② 同上,第 103 页。

必须劳动,然后才能争取统治,从事政治、宗教和哲学等"①,即人们必须首先满足生存和发展利益,而后才能形成关于政治、哲学的观点即思想上和理论上的认识。在社会历史的不同阶段,人们又会面临不同的利益状况和物质条件,在此基础上形成的是不同的历史观点和思想认知,"每一历史时期的观念和思想也同样可以极其简单地由这一时期的生活的经济条件以及由这些条件决定的社会关系和政治关系来说明"②。每一历史时期的生活的经济条件以及由此决定的社会关系和政治关系,实际上指的就是人的现实利益,是人的利益的体现。因此,人根据自身的利益从事相应的社会历史活动,确立相应的思想观念和历史观点。

反过来说,对人的思想观念和历史观点的理解,对社会历史和社会生活的考察,应该注意回到人的现实利益上来。恩格斯曾表示:"人的思想是从哪里来的,政治变动的动因是什么——关于这一点,没有人发问过……现在马克思则证明,至今的全部历史都是阶级斗争的历史,在全部纷繁复杂的政治斗争中,问题的中心仅仅是社会阶级的社会的和政治的统治……可是,这些阶级又是由于什么而产生和存在的呢?是由于当时存在的基本的物质条件,即各该时代社会借以生产和交换必要生活资料的那些条件。"③恩格斯在这里揭示了人的思想的真正来源,揭示了社会政治运动的真实动因,那就是"当时存在的基本的物质条件",即人们当时存在的现实的物质利益。这是一个很明显却经常被人完全忽略的客观事实。而对这一事实的不同理解,又成为不同历史观的区分要点。唯物主义历史观看到了物质利益对于人的重要意义,人们往往基于物质利益而进行特定历史活动。与之相反的是,"旧的、还没有被排除掉的唯心主义历史观不知道任何基于物质利益的阶级

---

① 《马克思恩格斯全集》(第 19 卷),人民出版社,1963 年,第 123 页。

② 同上,第 122～123 页。

③ 《马克思恩格斯选集》(第三卷),人民出版社,2012 年,第 722 页。

斗争,而且根本不知道任何物质利益;生产和一切经济关系,在它那里只是被当作'文化史'的从属因素顺便提一下"①。唯心史观的缺陷其实也是由其阶级群体的利益指向造成的。比如资产阶级按照自己阶级的利益最大化需要,不顾劳动群众与其固有的利益矛盾,抽象地论证资本和劳动的利益相一致,得出将给人们带来普遍和谐及普遍福利的理论学说,代表资产阶级利益的思想学说对劳动人民而言完全就是谎言,充满了欺骗性和伪善性。

2. 人的关系受到利益的联动

在社会生活中,人总是从事着生产和实践活动,并从中产生人与人之间的一定社会关系,生产和实践活动的不断扩大带来人的社会关系的扩大。在不断扩大的社会关系中,生产关系,也就是经济利益关系是最核心的构成部分,在整个社会关系中起到决定作用,是决定其他一切关系的基本关系,是支配其他一切原则的基本原则。物质经济条件是人最根本的生活条件,物质经济关系因而成为人最基本的社会关系。正如恩格斯指出的:"每一既定社会的经济关系首先表现为利益。"②在社会关系中,包含涉及各个领域的关系形式,比如经济关系、政治关系、法律关系、宗教关系,等等。但其中最主要的是经济关系,经济关系就是生产关系,就是利益关系。到目前为止,人们的一切活动"都仅仅以取得劳动的最近的、最直接的效益为目的"③,"首先是为了经济利益而进行的,政治权力不过是用来实现经济利益的手段"。④由此形成的物质利益关系成为人的一切社会关系中的首要关系,主要地决定了人们在社会生活中的生存状况、存在方式和活动目的。因为在特定的物质利益关系中,不同社会主体的实际状况是不同的,存在着不同的利益群

---

① 《马克思恩格斯选集》(第三卷),人民出版社,2012年,第796页。
② 同上,第258页。
③ 同上,第1000页。
④ 《马克思恩格斯选集》(第四卷),人民出版社,2012年,第257页。

体的划分,比如一定的社会主体在物质利益关系中居于主导地位,相应地就有处于被主导、被支配地位的阶级群体,这种状况在阶级社会,尤其在资本主义社会中是非常普遍的现象。这里实际上也揭示了物质利益关系的性质问题。在资本主义社会,各阶级群体存在利益分属的两极差异,因而物质利益关系中的各阶级群体之间是严重分化的,即占统治地位的资产阶级和被剥削压迫的无产阶级之间的严重分化,社会的生产力和财富资源绝大多数都为资产阶级所垄断、占有,而与之对立的无产阶级只能艰辛地谋求最基本、最原始的生存利益。在这种历史情况下,资产阶级的利益和利益关系代表着整个社会关系的内容和特点,并实际地发挥推动社会生产发展的作用。正像恩格斯所说:"生产只要不以被压迫者的最贫乏的生活需要为限,统治阶级的利益就会成为生产的推动因素。在西欧现今占统治地位的资本主义生产方式中,这一点表现得最为充分。支配着生产和交换的一个个资本家所能关心的,只是他们的行为的最直接的效益。不仅如此,甚至连这种效益——就所制造的或交换的产品的效用而言——也完全退居次要地位了;销售时可获得的利润成了唯一的动力。"①资产阶级为了获取直接的或者普遍的利润而组织社会生产,这是他们积极进行生产和交换的最根本目的,当然其组织生产的活动对社会发展产生了直接影响。

3. 人的活动受到利益的驱动

马克思在《神圣家族》中谈到,人的利益是现实的、历史的,不是抽象的、批判的或人为的。青年黑格尔派轻物质利益重思想精神的倾向具有严重的误导性,形成了关于物质利益问题的错误认识。因为利益对人的促进作用是显而易见的、是积极有效的,毕竟"人们奋斗所争取的一切,都同他们的利

---

① 《马克思恩格斯选集》(第四卷),人民出版社,2012年,第1000页。

益有关"①,都同他们在现实生活中的生存和发展需要紧密相关。人的一切活动,不得不说在根本上都是受其利益需要所驱动的。而青年黑格尔派所倡导的"自我意识",作为一种"绝对的真理",作为"批判的批判",最为超越世俗经验的"纯粹力量",具有产生和批判一切的"神圣功能",以抽象精神取代了现实的个人存在,抹去了人的现实需要,以自我意识的批判活动取代了人的实践活动,即"自我意识"和人处于对立状态。这样的"自我意识"自然得到神圣家族们的无限推崇与喝彩,但必然得不到群众的拥护与喝彩。历史和现实的经验都表明,不是所谓自我意识而是人的现实利益,才是引起人的活动的关键所在。物质利益不仅能够引发人们的活动,而且能够引发人们的成功活动。然而青年黑格尔派却说:"历史上的一切伟大的活动之所以一开始就是不成功的和没有实际成效的,正是因为它们引起了群众的关怀和唤起了群众的热情。换句话说,这些活动之所以必然得到悲惨的结局,是因为作为它们的基础的思想是这样一种观念:它必须满足于对自己的表面了解,因而也就是指望博得群众的喝采。"②"绝对的批判"不知道历史上的活动也好,不知道历史上的思想也罢,并不影响它本身就是人的思想和活动的产物这一事实,这更加说明"精神""批判"不可能取代人和人的活动,不可能取代利益需要及其对人所产生的驱动力量。人们对"这样或那样的目的究竟'关怀'到什么程度"③,这些目的就能够相应地唤起群众何种程度的"热情",也即唤起群众进行何种程度的活动的"热情"。这里的"关怀""热情",实际上就是指人的利益需要,表达了人对利益的关切程度。不但人离开了物质利益会闹笑话,人的思想离开了利益会使自己"出丑",而且人的活动离开了利益同样会使自己"出丑"。没有利益需要的引导和推动,人们便缺乏

---

① 《马克思恩格斯全集》(第1卷),人民出版社,1956年,第82页。
② 《马克思恩格斯全集》(第2卷),人民出版社,1957年,第102页。
③ 同上,第103页。

从事活动的内在动力、前进方向和奋斗目标,甚至人的活动都会发生停滞。对于人和人类社会而言,如果没有了人的活动,如果人停止了劳动,"不用说一年,就是几个星期,也要灭亡"①。"绝对的批判"不知道的是,任何得到历史承认的人的利益,在它最初出现在世界历史的大舞台上时,一定是在"思想"和"观念"中远远超出了自己的实际界限,发挥出远远超出了自身的实际作用,因而"很容易使自己和全人类的利益混淆起来。这种错觉构成傅立叶所谓的每个历史时代的色调"。但不能就此认为,"资产阶级在 1789 年革命中的利益决不是'不成功的',它'压倒了'一切,并获得了'实际成效',尽管'激情'已经消失,尽管这种利益用来装饰自己的摇篮的'热情'之花也已经枯萎"。② 这种利益所具有的能量又是如此的强大有力,"以至于顺利地征服了马拉的笔、恐怖党的断头台、拿破仑的剑,以及教会的十字架和波旁王朝的纯血统",促使群众参与并完成解放自身的革命。只有以自身实际利益为主导原则的革命,革命只有代表群众的利益,这种革命对于群众来说才是成功的。"如果说能够代表一切伟大的历史'活动'的革命是不成功的,那末,其所以不成功,是因为革命在本质上不超出其生活条件的范围的那部分群众,是并不包括全体居民在内的特殊的、有限的群众。"③革命之所以不成功,并非因为革命唤起了人们的"热情",也不是因为革命引起了人们的"关怀",恰恰是因为革命没有代表人们的实际利益,没有触动人们的真切关怀,没有表达人们的革命原则,仅仅靠着一种"观念"或暂时的、表面的"热潮",这种社会革命的最终结局是可想而知的。

4. 物质利益在一定程度上体现为阶级利益

在阶级历史和阶级社会中,物质利益关系具有突出的阶级属性。比如,

---

① 《马克思恩格斯文集》(第十卷),人民出版社,2009 年,第 289 页。
② 《马克思恩格斯全集》(第 2 卷),人民出版社,1957 年,第 103 页。
③ 同上,第 103 ~ 104 页。

奴隶社会的物质利益关系主要体现的是奴隶主和奴隶之间的关系状况,封建社会的物质利益关系主要体现的是封建主和农奴之间的关系状况,资本主义社会的物质利益关系主要体现的是资产阶级和无产阶级之间的关系状况。又如,在资产阶级革命时期,当时社会的物质利益关系主要反映的是封建贵族和资产阶级之间的矛盾斗争关系,在无产阶级革命时期,当时社会的物质利益关系主要反映的是资产阶级和无产阶级之间的矛盾斗争关系。经过革命运动、在社会中争得统治地位的阶级,等于在社会关系上争得了统治地位,成为反映统治阶级意志和利益的社会关系,而其中的物质利益关系更是打上了这一鲜明烙印。一个取得了统治的阶级,或者一个阶级成为社会上占统治地位的物质力量,那么这种统治阶级的物质力量直接地体现在了这个社会的一切关系中,物质利益恰恰又是一切社会关系中最显著的关系,是对统治阶级的物质力量的最显著彰显。一旦一个社会阶级上升到统治地位,社会的物质经济生活和政治文化生活都将成为统治阶级意志和利益所覆盖的领域,统治阶级的特殊利益将被夸大为社会整体利益,即"每一个力图取得统治的阶级,即使它的统治要求消灭整个旧的社会形式和一切统治……都必须首先夺取政权,以便把自己的利益又说成是普遍的利益"①。

然而统治阶级的思想不能越出其阶级的现实生活范围,由统治阶级所支配的社会生活和社会关系代表了自身阶级的物质利益和社会地位,同时也代表了这一社会的各阶级之间的关系。比如,资本主义社会的社会关系是以资产阶级的利益所属为基础而确定的,这一社会关系进一步决定了资产阶级的思想学说,资产阶级的理论思想是以其物质利益和由物质生产关系所决定的意志为基础的。② 资产阶级统治时代,其阶级利益是狭隘的、片

---

① 《马克思恩格斯选集》(第一卷),人民出版社,2012 年,第 164 页。
② 参见《马克思恩格斯全集》(第 3 卷),人民出版社,1960 年,第 213 页。

面的,所进行的运动和采取的统治手段,都是为了强化统治集团的私有利益,剥削并占据绝大多数人创造的社会财富。无产阶级则与过去的一切剥削阶级不同,"过去的一切运动都是少数人的,或者为少数人谋利益的运动。无产阶级的运动是绝大多数人的,为绝大多数人谋利益的独立的运动"①。无产阶级代表的是最广大人民的利益,是为绝大多数人谋利益。在无产阶级上升为统治阶级的新社会中,社会关系根除了阶级剥削的陈旧弊病,物质利益关系反映了最广大人民的利益和意志。直到社会主义社会发展到更高阶段,社会共同利益和个人现实利益将会达到"一种公正而和谐的关系"②。

利益需要是推动人们从事社会活动的现实动因,任何实践活动都必须符合人民群众的利益关怀。马克思主张尊重群众的利益,结合群众的利益需求。革命必须是顺应群众的利益的革命,这样的革命才会取得成功。我们要明确的是,马克思是基于人的现实地位而考虑的,站在广大人民群众的立场上,维护广大人民群众的利益诉求,进而推导出人民群众是历史主体的重大结论。

四、人的异化观:人的异化问题的"现实纠葛"

异化观是马克思主义理论的重要内容。不过"异化"这个概念在马克思思想之前就已出现,后来经过了马克思的运用和改造,成为马克思学说的重要观点之一。虽然"异化"在马克思的早期和后期著作中出现的频率存在差异,但"异化"概念的观点基本伴随在马克思思想发展的整体过程中。

马克思的异化观是在批判继承以往哲学思想的基础上形成的,尤其深

① 《马克思恩格斯选集》(第一卷),人民出版社,2012 年,第 411 页。
② 《马克思恩格斯选集》(第四卷),人民出版社,2012 年,第 195 页。

受黑格尔和费尔巴哈异化理论的影响。"异化"最早是出现在黑格尔哲学中的,是黑格尔哲学的基本命题之一,它是表示自然界、人类和社会意识形态是观念的客观化即外在的表现,这里的客观化就是异化,因为在黑格尔那里,"异化""外化""客观化"和"对象化"的意思是相近的。马克思指出:"黑格尔从实体的异化出发(在逻辑上就是从无限的东西、抽象的普遍的东西出发),从绝对的和不变的抽象出发"①,以纯粹思辨的思想开始,"以自我意识的、理解自身的哲学的或绝对的即超人的抽象精神结束",此即"哲学精神的展开的本质,是哲学精神的自我对象化;而哲学精神不过是在它的自我异化内部通过思考理解即抽象地理解自身的、异化的世界精神"。② 如此,人和外部世界包括自然界都成了绝对精神外化的结果,是抽象思维的自我丧失即自我异化,人的本质成为抽象思维的表现,并且是异化的表现。"在这里,不是人的本质以非人的方式同自身对立的对象化,而是人的本质以不同于抽象思维的方式并且同抽象思维对立的对象化,被当作异化的被设定的和应该扬弃的本质。"③即使是对人的已经异化的本质力量的占有,也将是在抽象意识和纯粹思维中发生。此外,黑格尔将劳动看作人的本质,看作人的本质的自我确证,但是他所承认的劳动是抽象精神的劳动,因而劳动对人的本质的确证变成了抽象精神在外化环节中对其绝对性的确证。黑格尔的异化思想是建立在唯心主义基础上的抽象异化理论,当然黑格尔异化思想构成马克思异化思想的直接理论来源,促成了马克思异化劳动思想的形成。

在费尔巴哈的异化理论中,最著名的当属其宗教异化观。"宗教是人的本质的异化"是对费尔巴哈宗教异化思想的集中表述。不同于黑格尔把绝对观念、抽象思维神化并以此去界定人的异化,费尔巴哈以感性的人为主体

---

① 《马克思恩格斯全集》(第42卷),人民出版社,1979年,第158页。
② 同上,第160页。
③ 同上,第161页。

去阐释人的异化问题。费尔巴哈基于人自身并以人自身为基础的肯定的东西,同黑格尔自称是绝对的肯定的东西即绝对精神是相对立的。费尔巴哈认为,宗教是人的本质的异化,宗教或神的本质在于人自身,是人的自我形象的幻化,是人的类本质在异化后的抽象呈现,宗教世界的美好是对人的现实困苦的反向折射。人的本质发生了异化,失去了属于人的类特性,宗教的神或上帝成为人的主宰,并作为一种异化的力量与人相对立。可见,费尔巴哈否定了黑格尔的绝对精神,否定了宗教和神学的超验性。所以马克思指出:"费尔巴哈的伟大功绩在于……证明了哲学不过是变成思想的并且经过思考加以阐述的宗教,不过是人的本质的异化的另一种形式和存在方式;从而,哲学同样应当受到谴责。"①然而费尔巴哈在废除神的宗教以后主张建立充满人的爱的宗教,宗教的传统又被其重新恢复起来。当然,费尔巴哈的宗教异化思想给了马克思很大的启发,其人本主义的唯物主义对马克思早期思想包括异化思想都产生了重要影响。

《1844 年经济学哲学手稿》和《神圣家族》都是体现马克思人学思想的重要著作,二者都是围绕人的相关问题展开深刻的论述。《1844 年经济学哲学手稿》对人的本质作了分析,提出了"人的类本质""人的类特性""人是类存在物"等观点,开始从劳动的角度去解读人,并专设"异化劳动"一节内容,集中讨论了人的异化问题。此时,马克思在人的异化理解上有了突出观点,由于深受费尔巴哈哲学的影响而带有明显的人本学唯物主义的痕迹。马克思恩格斯在《神圣家族》中,以批判青年黑格尔派对人的抽象和歪曲为基础,阐发了关于人的深刻看法,更注重从实践和现实社会的状况去分析人的问题。比如,马克思恩格斯指出:"思辨哲学家在其他一切场合谈到人的时候,

---

① 《马克思恩格斯全集》(第 42 卷),人民出版社,1979 年,第 158 页。

指的都不是具体的东西,而是抽象的东西,即理念、精神"①,完全抽离了人的本质的一切现实内容,进而虚化了人的生存的贫困状况。马克思恩格斯在此侧重于从现实出发,更为直接地揭露劳动群众的异化问题,他们清楚地看到了劳动群众同自己的劳动产品相分离,而资本家不劳动却能买到劳动产品,如果他们愿意,还可以买到比劳动产品更多的东西,劳动群众的自我异化在资本主义社会显然已极为严重。从资本主义现存世界出发,马克思恩格斯明确人不是抽象的自我意识或精神,而是生活于现实社会中的活生生的人,人的本质、人的生存体验都是切身的和实际的,人们正在承受着最真实的异化状况。

事实上,在资本主义社会,异化无处不在,异化无时无刻不与人密切相关。或者说,处于资本主义社会的人所承受的不幸首先是由异化问题开始的。早在《1844 年经济学哲学手稿》时期,马克思首先揭露资本主义经济学不考虑劳动工人同产品的直接关系而试图掩盖劳动异化的事实,主要研究了人的类本质异化。在异化问题上,《神圣家族》则是对《1844 年经济学哲学手稿》的延续和推进,在继承《1844 年经济学哲学手稿》的异化思想基础上,在人的异化问题上有了进一步的深入研究。客观上,异化是现实存在的,从劳动的异化到现实的个人的异化,从人的类本质异化到人的社会关系异化,从人同人的异化到整个社会阶级的分化对立,异化使得人们与所处其中的资本主义社会的矛盾愈加凸显且呈现不断加剧的态势。马克思最初对资本主义社会的贫富分化、阶级分化的研究就是从异化开始的,并将这种悖反现象用异化概念加以陈说。为了追问异化对人的"现实纠缠",马克思率先将异化问题与资本主义的现实状况相结合。

探讨马克思恩格斯在《神圣家族》中的异化思想,必须立足《1844 年经

---

① 《马克思恩格斯全集》(第 2 卷),人民出版社,1957 年,第 49 页。

济学哲学手稿》,只有结合《1844 年经济学哲学手稿》中丰富的异化理论,才能看懂《神圣家族》用较少的篇幅对人的异化问题进行的控诉和深刻表达。

(一)劳动异化:"现实的人"的异化的直接表征

1. 人同劳动相异化

马克思首先从劳动异化即人与生产劳动的关系角度,着手分析现实的人的异化的现实问题。现实的人的劳动表现出了一种悖逆性奇观,即人越是进行劳动生产,就越失去自身;人越是肯定所从事的劳动实践,就越是否定人自身;人越是相信自己的生命活动,就越是为自己生命活动所抛弃;人越是实现自己的能动性力量,就越是变成非人化的存在;人越是在劳动活动中拼命付出,就越是打造出压迫自身的异己的对象世界即异化世界;人越是生产更多的商品,自己就越是变成市场上的商品;人越是创造大量的价值和财富,自身就越是廉价卑贱;人的劳动所创造的物的世界的不断增值和从事劳动创造的人的世界的贬值成正比关系,即人同自己的劳动活动相异化。在资本主义社会,"活动就是受动;力量就是虚弱;生殖就是去势"①,人的积极的劳动和创造被历史地赋予了消极性和反动性。人自身所蕴含的体力、智力和一切的生命活动,本来是人可以完全依靠的自身力量,却变成了不为人所拥有和依赖的异己性存在,并且反过来支配和反对人自己的劳动活动。这就是人的自我异化,直接地讲是人的劳动异化,因为实践的人的活动即是人的劳动的异化行为。人在劳动实践中不断改造自然界、生活世界及人自身,自然人化和人化自然、生活世界的丰富和发展、人的力量的体现都是人的劳动活动的现实化和对象化,是对人和人的劳动活动的充分肯定。但是人的劳动的不断实现带来的却是人的劳动不断丧失这种现实性,甚至作为

---

① 《马克思恩格斯全集》(第 42 卷),人民出版社,1979 年,第 95 页。

主体的人被这种失去现实性的劳动所排斥、挤压乃至摧残致死。劳动的现实化或对象化演变成了非现实化和非对象化,表现为人的对象化劳动的丧失和消灭,就连劳动本身也成为人们只有凭借最紧张的努力和极不规则的短暂间歇才能为自身所片面占有的对象,人们在自身劳动的不断流失中而逐渐失去自己的现实规定性。

如果从劳动本身来看,劳动本来是人的自由自觉的活动,是对人自身的积极的有益彰显,然而在资本主义私有制和雇佣劳动制的运作下,劳动不再是属于人的本质力量,而是变成外在于人的某种东西;劳动不再是人的自由创造活动,而是加诸人身上、使人深受压抑和折磨的沉重枷锁。相应地,人们在劳动活动中不再是肯定自己,而是否定自己;不再是感到幸福,而是感到不幸;不再是感到愉悦,而是感到痛苦;不再是感到自由,而是感到不自由;不再是感到舒畅,而是感到不舒畅。于是,劳动从人的自愿性活动转变为被迫的强制性活动,劳动不再是为满足人自身的需要和发展而存在,而是转变成为了生产而生产、为了财富创造而将人弃之不顾的活动。劳动只是为了物而被迫进行的劳动,不再是为了人的发展而主动展开的劳动。劳动对社会的价值和对劳动者的价值是对立的,即劳动的社会价值和个人价值是分离的。劳动使社会越发富裕、日益精致,使社会的资本财富迅速增加,同时却使劳动工人越发贫穷、日益困苦,不得不投入更多的劳动力以提高自身的竞争力,从而更仰仗于个别资本家、依赖于异己性的劳动而勉强存活。马克思指出:"劳动本身,不仅在目前的条件下,而且一般只要它的目的仅仅在于增加财富,它就是有害的、造孽的。"①这是资本主义生产方式和所有制造成的恶劣后果,却又是资产阶级国民经济学家在对资本主义经济的研究中都不约而同避开的一个关键问题。因此,"劳动的异己性完全表现在:只

---

① 《马克思恩格斯全集》(第42卷),人民出版社,1979年,第55页。

要肉体的强制或其他强制一停止,人们就会像逃避瘟疫那样逃避劳动"①。

　　劳动,原本是满足人的发展需要的内在活动,现在却作为一种使人们被困其中并不断使自己外化、异化的劳动,使人的创造性活动变成了一种自我牺牲、自我残害、自我折磨的劳动。比如,"劳动促进资本的积累,从而也促进社会福利的增长,同时即使工人越来越依附于资本家,引起工人间更剧烈的竞争,使工人卷入生产过剩的疯狂竞赛中去;而跟着生产过剩而来的是同样猛烈的生产衰落"②。可见,劳动既不属于进行劳动的人本身,也不取决于进行劳动的人本身。劳动属于别人,劳动取决于他人,劳动被他人剥夺,劳动的成果被他人占据,"工人自己的劳动越来越作为别人的财产同他相对立","日益完全依赖于劳动,依赖于一定的、极其片面的、机器般的劳动",③工人沦为生产机器的零件和有机组织。此时,劳动作为"某种异己的活动"与劳动者自身相脱离,而且是一种与人相异的、不依赖于人的存在。

　　2. 人同自己的劳动对象相异化

　　劳动产品、商品、劳动本身及人自身等都是人的劳动活动的产物,即人的劳动对象。正如马克思所说的:"人的生产是全面的……人再生产整个自然界……懂得按照任何一个种的尺度来进行生产……这种生产是人的能动的类生活。通过这种生产,自然界才表现为他的作品和他的现实。因此,劳动的对象是人的类生活的对象化:人不仅象在意识中那样理智地复现自己,而且能动地、现实的复现自己,从而在他们创造的世界中直观自身。"④劳动对象是人从事创造性和生产性的实践活动而产出的劳动果实,这样的劳动实践本身不是狭隘的而是全面的,不是被动的而是自觉的和能动的,生产出

---

① 《马克思恩格斯文集》(第一卷),人民出版社,2009 年,第 159 页。
② 《马克思恩格斯全集》(第 42 卷),人民出版社,1979 年,第 55 页。
③ 同上,第 52 页。
④ 同上,第 96～97 页。

了包括自然界、人的类生活、满足人的目的和需要的产品等在内的丰富的劳动对象,庞大的劳动对象本身是对人自身、人的力量和人的价值的正向呈现。这一切在资产阶级主宰的社会中都完全变了质。比如,劳动工人生产的劳动对象越多,他们自己越不占有这些劳动对象,并且劳动工人生产的财富越丰裕,他们自己就越贫穷、越一无所有;生产的产品数量和规模越大,他们自己就越被其产品所左右、控制。然而从劳动对象来看,"劳动所生产的对象,即劳动的产品,作为一种异己的存在物,作为不依赖于生产者的力量,同劳动相对立"①。

劳动产品其实也就是人把自己的劳动固定在某个对象中、物化为某个对象,这是劳动的物化或对象化,也是人的劳动的具化和实现。但资本主义生产方式致使劳动的实现表现为工人的自我丧失、失去人的现实性,劳动的对象化表现为对象的丧失和人被对象所压制,不是人作为决定和衡量劳动对象的主体,反而是劳动对象成为衡量人的价值的标准,即人成为自己的劳动对象的对象。"对象化竟如此表现为对象的丧失,以致工人被剥夺了最必要的对象——不仅是生活的必要对象,而且是劳动的必要对象。……对对象的占有竟如此表现为异化,以致工人生产的对象越多,他能够占有的对象就越少,而且越受他的产品即资本的统治。"②劳动工人竭尽所能地投入和生产,但生产制造的产品不是归属于他们而是属于对象,劳动产品在数量、价值和审美上都不再面向劳动者本人,劳动者投入到产品中的体力、智力和生命活动等都变成了敌视和对抗人的东西,即他们的劳动产品在对象化中发生了异化,作为一种同人相异化、相对立的对象物而存在的。

劳动产品本是劳动的对象化、现实化,然而在资本主义生产条件下,劳

---

① 《马克思恩格斯文集》(第一卷),人民出版社,2009 年,第 156 页。
② 《马克思恩格斯全集》(第 42 卷),人民出版社,1979 年,第 91 页。

动的现实化沦为非现实化,导致"工人非现实化到饿死的地步";劳动的对象化沦为非对象化或对象的丧失,导致工人被剥夺了生活的必要对象和劳动的必要对象;人对劳动对象的占有沦为人受劳动对象的占有,即人被异化和外化,导致人所生产的对象和他对劳动对象的占有呈现两极分化之势,并且人越受劳动对象支配,越变为劳动对象的奴隶。一方面,由于人不拥有自己的劳动对象,因而必须通过得到劳动对象才能获得所需的生存资料和物质生活条件,才能维持肉体的基本存在;另一方面,由于劳动者是在资本主义生产体系中从事商品生产的工人,因而必须保留直接的生活资料以维持作为工人的肉体的主体的存在。劳动对象的异化是在劳动结果上表现出来的人的异化。至此,从事劳动生产的人和自己劳动成果的关系变为一种异己关系,人们在劳动中付出的越多的力量与他亲手创造出来反对自身的、异己的对象世界的越为强大的力量形成强烈对照,人们在劳动中创造丰硕的财富及富有的外部世界与应属于他的所有物及他自己的内部世界的极为贫乏构成鲜明反差。其实,劳动者与生产对象的异化意味着有产者对劳动对象的剥夺,劳动者被自己生产的劳动对象所奴役,即被实际占有劳动对象的资产阶级所奴役。因此,马克思认为,研究资本主义的出发点即工人及其劳动的异化。因为异化带给人们的是社会分化、阶级产生,资产阶级和没有财产的工人阶级的对立。若要实现作为主体的人的解放,摆脱有产阶级的压迫,首要的任务就是解除异化劳动对人的统治。

3. 人同自己的类本质相异化

马克思借用了费尔巴哈的类概念来阐述人的类本质异化问题。人是类存在物,过着自己的类生活,有自己的意识并进行有意识有目的的活动,"通过实践创造对象世界,即改造无机界,证明了人是有意识的类存在物,也就是这样一种存在物，它把类看作自己的本质，或者说把自身看作类存在物"①。从人与动物区分的角度来看，正是这种有意识的生命活动使人同动物直接区别开来，证明了人是一种类存在物，不像动物那样只受肉体本能的支配，人可以将自己的生活作为对象，并有意识地改造自己的生活和生活世界，在改造对象世界的过程中生产满足自己需要的劳动成果，实现了劳动的对象化和自己类生活的对象化，从而证明人的活动是有意识的、自由的活动，证明了人自身自由自觉的类本质，即人的"生产生活本来就是类生活。这是产生生命的生活。一个种的全部特性、种的类特性就在于生命活动的性质，而人的类特性恰恰就是自由的自觉的活动"②。

然而资本主义社会使这一切都变成了对立面的存在，把人与自身的活动和生活的关系翻转颠倒，生活本身不再是对人的自由自觉活动的体现，而是仅仅成为人的肉体生活，人的有意识的生命活动不再是对人的本质的证明，人的本质变成了异己的、外在的本质，而且仅仅成为维持个人基本生存的手段。所有这些变化又都是异化劳动直接催生的。异化劳动使人失去了自己的生产对象、类生活和自由的活动，夺走了人的类本质的对象性和现实性。在异化劳动的作用下，人的生命活动和人相异化，变成了异化形式的生命活动，人的类生活和个人生活相异化，变成了异化形式的类生活，人的类存在和人本身相异化，变成异己形式的存在。正是"异化劳动把自我活动、自由活动贬低为手段，也就把人的类生活变成维持人的肉体生存的手段。因而，人具有的关于他的类的意识也由于异化而改变，以致类生活对他说来竟成了手段"③。原本，人的本质的对象化体现为人的自觉的、有目的的创造性活动，进而形成丰富全面的对象化产品，这种对象化同人本身的需要是相

①② 《马克思恩格斯全集》(第42卷)，人民出版社，1979年，第96页。
③ 同上，第97页。

符合、相适应的,同时也是对人的本质的丰富和发展。正如"创造着具有人的本质的这种全部丰富性的人,创造着具有丰富的、全面而深刻的感觉的人作为这个社会的恒久的现实"①。但是在资本主义缔造的生活场域里,人的本质不可避免地发生了异化,不再作为同人相一致的内在本质,人的本质的丰富内容不再是对人自身情况的真实反映,"现实的即真实地出现的异化,就其潜藏在内部最深处的……本质说来,不过是真正的、人的本质即自我意识的异化的现象"②。

4. 人同人相异化

人和人的异化可以从人同人自身、人同他人两个层面去理解。这里可以首先理解为人同自身的异化,包括人和自己的劳动、劳动对象和类本质之间都是一种异化关系。比如,人同他的类本质相异化这个命题,就是指一个人和他自己以及和他人相异化,以及他们中的每一个人都和人的本质相异化。其次,人和人的异化还在于人和人的关系对立。毕竟,人同自身的关系之所以不是抽象的、片面的,是因为连接着人和他人的关系,人的关系具有交互性和社会性,因而人和自身的关系才是具有对象性的、现实性的关系。相应地,人和自己的劳动与劳动产品发生异化,也就是同自己的对象化劳动处于异化关系之中,这就意味着存在一种异己的、敌对的、不依赖于他的对象的关系,存在一个异己的、敌对的、不依赖于他的支配对象物的主体。于是,人自身的活动变成一种不自由的活动,因为这种活动是为他人服务的、受他人支配和压制的活动,人的类本质也随之异化、直至彻底丧失。换言之,人与人的异化同异化劳动不可分割,实际上也是异化劳动的直接后果。

在异化劳动中,人的劳动及劳动产品不再是属于人自身的东西而同人

---

① 《马克思恩格斯全集》(第 42 卷),人民出版社,1979 年,第 126～127 页。
② 同上,第 165 页。

相分隔,这些异己化的劳动和劳动产品将归属于劳动者本人以外的另一个
存在物,即异己的存在物、异己的主体,而劳动者的"劳动为之服务和劳动产
品供其享受的那个存在物,只能是人本身。如果劳动产品不属于工人,并作
为一种异己的力量同工人相对立,那么,这只能是由于产品属于工人之外的
另一个人。如果工人的活动对他本身来说是一种痛苦,那么,这种活动就必
然给另一个人带来享受和欢乐。不是神也不是自然界,只有人本身才能成
为统治人的异己力量"①。所以说"人的异化,一般地说人同自身的任何关
系,只有通过人同其他人的关系才得到实现和表现"②。劳动者和非劳动者
的对立,是人和人相异化的一个主要表现。对这一问题的分析,可以来看马
克思的这两个论述:"人同自己的劳动产品、自己的生命活动、自己的类本质
相异化这一事实所造成的直接结果就是人同人相异化。当人同自身相对立
的时候,他也同他人相对立。凡是适用于人同自己的劳动、自己的劳动产品
和自身的关系的东西,也都适用于人同他人、同他人的劳动和劳动对象的关
系。"③劳动者"不仅生产出他同作为异己的、敌对的力量的生产对象和生产
行为的关系,而且生产出其他人同他的生产和他的产品的关系,以及他同这
些人的关系"④。在资本主义社会中,这种人与人的异化有着明确的对应主
体,即工人劳动者阶级和无需劳动的资产阶级,实际发生异化的只有劳动者
阶级。劳动者阶级进行的劳动活动及其创造的一切劳动产品都被资产阶级
所占有和独享,就连劳动者本人都为资产阶级所支配、剥削和压迫,二者之
间的异化关系则呈现为一种社会阶级关系。

---

① 《马克思恩格斯全集》(第42卷),人民出版社,1979年,第99页。
② 同上,第98页。
③ 同上,第97～98页。
④ 同上,第99～100页。

(二)社会关系的异化:"现实的人"的异化的深刻彰显

从现实来看,资本主义社会的异化问题存在已久。马克思在《神圣家族》中进一步切入到"现实的人"的异化来彰显异化和人之间的关系,集中从社会关系这一角度分析人的异化。当然,关于社会关系的异化问题,马克思在《1844 年经济学哲学手稿》中已经有所讨论。马克思在阐述"人同人相异化"这部分内容时,实际上已经涉及对社会关系异化的考察。虽然《1844 年经济学哲学手稿》时期对异化问题的研究还带着明显的费尔巴哈痕迹,但马克思开始注意结合资本主义私有制形式去揭示人的异化,这就为他随后在《神圣家族》中继续深入到社会关系层面分析人的异化奠定了必要的基础。

可以说,社会关系异化是人在资本主义社会发生严重异化的又一深刻体现,因为人在其中的任何自我异化,都会使人与另一个与他自身不同的人产生关系。比如马克思指出:"在实践的、现实的世界中,自我异化只有通过同其他人的实践的、现实的关系才能表现出来。异化借以实现的手段本身就是实践的。因此,通过异化劳动,人不仅生产出他同作为异己的、敌对的力量的生产对象和生产行为的关系,而且生产出其他人同他的生产和他的产品的关系,以及他同这些人的关系。"①又如,"通过异化的、外化的劳动,工人生产出一个跟劳动格格不入的、站在劳动之外的人同这个劳动的关系。工人同劳动的关系,生产出资本家(或者不管人们给雇主起个什么别的名字)同这个劳动的关系。从而,私有财产是外化劳动即工人同自然界和自身的外在关系的产物、结果和必然后果"②。异化是资本主义世界的必然现象,而异化则造成了劳动者同自身、他人以及外部世界的关系的变质,也即人的

① 《马克思恩格斯全集》(第 42 卷),人民出版社,1979 年,第 99~100 页。
② 同上,第 100 页。

社会关系的异化和扭曲,由劳动者个人创造的丰富的社会关系不是由他们自己来决定,不是对人作为主体性存在的表征和肯定,相反将人拖入被异己的他人所强制和主宰的特定关系之中。马克思在《1844 年经济学哲学手稿》中对人和资本主义社会的生产关系和物质关系进行了说明:"这种物质的、直接感性的私有财产,是异化了的、人的生命的物质的、感性的表现。私有财产的运动——生产和消费——是以往全部生产的运动的感性表现,也就是说,是人的实现或现实。"①异化的人、人的异化劳动、人的异化了的生命和本质,其实又变成了私有财产、私有财产的主体代表以及私有财产运动。私有财产就是资本主义私有制的物质呈现,私有财产的主体代表就是资产阶级,私有财产运动就是资本主义私有制的运作过程。私有财产所代表的关系是资本主义世界的社会关系的本质,因而决定了这个社会中人与人的关系的性质、面貌和实际状况。

人的劳动生产活动创造了巨大的社会财富和物质基础,产生了渗透在人们生活方方面面的丰富的社会关系。然而劳动者却不拥有一切,不占有这些丰富的社会财富和社会关系。马克思恩格斯在《神圣家族》中讲,这里的"不拥有不只是一个范畴,而且是最悲惨的现实",生活在资本主义时代的劳动者一无所有,连"一般生存的必需资料都被剥夺……不拥有是最令人绝望的唯灵论,是人的最完全的非现实,人的非人生活的最完全的现实,是极其实际的拥有,即饥饿、寒冷、疾病、罪恶、屈辱、愚钝以及种种违反人性的和违反自然的现象的拥有","工人能把自己的产品当做脱离他自身的、异化了的对象来对待"。② 资本家不从事生产活动,不参与产品生产,不进行劳动价值创造,却不仅能轻而易举地得到劳动产品,并且还能获得比劳动产品更多

---

① 《马克思恩格斯全集》(第 42 卷),人民出版社,1979 年,第 121 页。
② 《马克思恩格斯全集》(第 2 卷),人民出版社,1957 年,第 52、65 页。

的东西,榨取更多的劳动者的剩余价值。即使是"付给单个工人的工资的总和,即使在每一单个人的劳动都完全得到了报酬的情况下,也还是不足以偿付物化在大家的产品中的集体力量"①。资本将劳动的人和人的劳动置于其下,使劳动从属于资本,使人依附于资本,劳动与资本的关系发生了严重扭曲。于是,资本主义将一切都引向了极端否定的一面:丰裕的社会财富带来的却是个人无尽的贫穷,丰富的社会关系带来的却是人的片面的异化,发达的生产力带来的却是社会阶层的整体分化。资本主义社会从事劳动生产的人,并没有享受到自己的劳动创造所带来的任何积极成果,反而深陷异化的泥潭,饱受其害。具体言之,对于人自身的类本质而言,"无论是自然界,还是人的精神的类能力,都变成了对人来说是异己的本质,变成了维持他的个人生存的手段"②。对于人在劳动活动过程中与生产行为的关系而言,这种关系是对人"自己的活动——一种异己的、不属于他的活动——的关系",就连这种生产活动也是"不依赖于他、不属于他、转过来反对他自己的活动",③而且是为他人服务的、受他人支配的、替他们承担的、备受他人的压制的单向度活动。这里的"他人"就是指有产阶级或资产阶级。尽管资产阶级和无产阶级同处于异化状态,但是这种异化的结果是截然相反的。资产阶级在这种异化中感到的是幸福,感到的是自己被赋予、被确证、被肯定,异化所赋予他们的是力量和强大,在异化中获得的是"人的生存的外观",这是无产阶级绝无可能享受到的结果。

实际上,普遍异化产生于资本主义社会奴隶般的分工。自从有了分工,就有了私有制,就有了劳动的异化和人的普遍异化。分工是异化滋生的重要根源。这里的分工主要是指强制性分工或旧式分工形式。在资本主义的生

---

① 《马克思恩格斯全集》(第2卷),人民出版社,1957年,第65页。
② 《马克思恩格斯全集》(第1卷),人民出版社,2009年,第163页。
③ 同上,第160页。

产过程中,人的劳动产品不是用于满足劳动者个人的自我需要,而是用于交换,用于同他人的劳动产品进行交换,即人的劳动活动被分为了买和卖两个分离的环节,这种"活动本身的相互补充和相互交换表现为分工,这种分工使人成为高度抽象的存在物,成为旋床等等,直至变成精神上和肉体上畸形的人"①。由于分工的存在和作用,劳动产品、私有财产、货币获得了作为人的等价物的意义,这些本是人的劳动活动的产物逐渐成了等同人并超越人的存在物,结果不是人支配物,而是物支配了人。劳动者与其劳动创造物之间不是对立的关系,但是随着异化的物实现对人的全面统治,劳动者与其劳动创造物之间的对立达到顶峰,"物统治人"是对劳动者个人及其生产活动的全盘否定。强制性的分工赋予了物前所未有的生命力和控制人的强大能力。

在资本主义社会,分工不是人可以自主选择的,而是强制实行的,工人劳动者只能被动接受。他们都被固定在生产的某个环节,承担固定的生产任务,实施固定的生产动作,作为维持生产机器正常运转的"螺丝钉",由于社会活动的这种固定化,人本身的产物聚合为一种统治着人的、不受人控制的、与人愿望背道而驰的并抹煞人的打算的物质力量。② 这种分工的存在是说明:"只要分工还不是出于自愿,而是自发的,那末人本身的活动对人说来就成为一种异己的、与他对立的力量,这种力量驱使着人,而不是人驾驭着这种力量。原来,当分工一出现之后,每个人就有了自己一定的特殊的活动范围,这个范围是强加于他的。"③于是在分工的历史前提下,每个劳动者都在各自进行着自己的片面的活动,他们各自的活动共同构成的就是资本主义的生产全过程,因而不自觉地汇聚成了一种共同活动,当然这里的共同活动不是劳动者自愿地、自主地形成的,因而由此带来他们自身力量的不自觉

---

① 《马克思恩格斯全集》(第42卷),人民出版社,1979年,第29页。
② 参见《马克思恩格斯全集》(第3卷),人民出版社,1960年,第37页。
③ 《马克思恩格斯全集》(第3卷),人民出版社,1960年,第37页。

联合。这种不自觉联合起来的力量必然不为他们所主导和支配,从而作为某种对劳动者来说异己的、在他们之外并驾驭他们的力量,支配着他们的意志和行为。奴隶般的分工进一步造成了劳动者不是为了自己而是为了他人劳动,确切地说是为不从事劳动生产的非劳动者即有产者服务,他们不是自己所创造的劳动产品和社会财富的拥有者和使用者,因为这些劳动产品和社会财富都是为非劳动者所有和分配的,这就使得劳动工人的利益和有产阶级的利益是分裂的和相互矛盾的。此外,分工对人的强制和驾驭并非只存在于资本主义国家。随着分工的迅速扩大化,分工的范围从资本主义世界蔓延至全世界范围,资本主义社会的异化随之变为世界性的存在。资本主义生产方式的世界性扩散,其他民族国家都被迫卷入资本主义场域中,资本主义世界的异化现象进入各民族国家,使各民族国家的人们不得不受到影响而发生异化,越来越受到日益扩大的异己力量的支配,导致人的异化的普遍化和世界化。

在《神圣家族》中,马克思恩格斯对工人阶级的异化问题作了大段叙述。异化在社会关系或阶级关系上的表现是清晰明了的,指明了不同社会阶级群体的现状及相互关系,比如有产阶级与无产阶级这一庞大的社会群体之间的矛盾对立。根据《神圣家族》的描述,工人无产者面对的是极其"露骨的、断然的、全面的、否定的生活状态",他们处于破产或无产状态,在这种现实的异化中深切地感到自己是被剥夺、被消灭的,他们看到的社会现实仅仅是自己的无力和非人化的生存状况。异化是工人无产者的异化,针对的是广大无产阶级,因而带给无产阶级的只有痛苦、不幸和贫困;异化致使无产阶级承受来自资产阶级的奴役和压迫,使无产阶级深处"被唾弃的状况",丧失作为社会主体的历史地位,异化更使无产阶级与其生活状况发生必然的矛盾。无产阶级执行着资产阶级强加的雇佣劳动,一方面为资产阶级生产着无尽的财富,另一方面却为自己生产着无尽的贫困和潦倒。唯有当无产阶级"意识到自己在精神上和肉体上贫困的那种贫困","意识到自己的非人化从而自己消灭自己的那种非人化时",①无产阶级将会消灭自身,消灭制约和否定自身的异化问题,消灭处于资本链条顶端的资产阶级。马克思在探清资本主义私有制的根源之前,正是以异化为突破口,揭秘被隐藏了的资本主义的罪恶,追究人的被奴役、被阶级分化的现实状况,为无产阶级指明了进行革命、寻求解放的正确方向。

异化不是虚无缥缈的东西,不是仅仅存在于劳动工人的思维和想象当中,因劳动异化而形成的在他们之外的那种"无可比拟的力量"驾驭着他们自身,劳动工人的劳动产品如财产、金钱、资本等作为异化的物全面地支配着他们,"是工人自我异化的十分实际、十分具体的产物"。② 面对如此实际的、具体的工人异化现象,必须采取实际地、具体地方式才能将其消灭,把劳动者从普遍的异化形式中解放出来,在社会生活中真正作为人而存在。资本主义的私有财产和雇佣劳动制,把社会生产链条上的劳动者变成了雇佣工人、被压榨的廉价劳动力、谋求微薄工资报酬的乞讨者、失去自我的廉价商品。然而批判哲学家们却认为,工人身上所遭受的"一切祸害"、所经历的一切剥削压迫、所感受到的一切来自异化的痛苦体验,都只是工人们在头脑中的想象,那么为了消除这些所谓异化带来的祸害、痛苦和不堪,工人们只需在头脑中进行活动即可,也就是在他们自己的思想和意识中铲除异化、消灭私有财产,就可以真正地铲除异化、消灭私有财产,并改变自己的现实状况。实际上,这里铲除的至多只是头脑中关于异化和私有财产的观念意识,改变的不过是"抽象的工人",劳动者并没有发生真正的、积极的变化,没有"真正改变自己的现实的生存、改变自己生存的现实条件"③,而任何改变现

① 《马克思恩格斯文集》(第一卷),人民出版社,2009 年,第261 页。
② 《马克思恩格斯全集》(第2 卷),人民出版社,1957 年,第66 页。
③ 同上,第66 ~ 67 页。

实的工人的现实状况的实际行动都为"批判的批判"所鄙视唾弃。

对于工人异化与私有财产、雇佣剥削、工人自身解放等问题,马克思进行了深入思考。他指出:"从异化劳动同私有财产的关系可以进一步得出这样的结论:社会从私有财产等等的解放、从奴役制的解放,是通过工人解放这种政治形式表现出来的……整个人类奴役制就包含在工人同生产的关系中,而一切奴役关系只不过是这种关系的变形和后果罢了。"①私有财产是资本主义剥削制度的集中呈现,既是异化劳动的结果,也是异化劳动的成因,其存在本身就是一种奴役制度,制造了社会的一切奴役关系,这种奴役关系不涵盖有产者即资产阶级,是对广大劳动工人的奴役剥削,是对整个社会的人的存在的束缚、压制与否定。因此,消灭私有财产就意味着消灭资本主义赖以生存的制度形式即私有制,意味着消灭包括异化劳动在内的人的一切异化,消灭一切奴役形式和奴役关系,使劳动者从异化形式的压迫中解放出来,使人在没有剥削制度和剥削关系的社会中过上非异化的、不受压迫的正常人类生活,恢复自身作为人的真实面貌,恢复并真正实现人的本质,即达到"人的本质作为某种现实的东西的实现"②。

五、人的解放观

人的解放问题是《神圣家族》探讨的重要主题之一。大体上看,马克思恩格斯在《神圣家族》中主要沿着两条线索去探究人的解放问题:一是基于资本主义私有制的痼疾去谈人的解放,二是以犹太人问题为切入点,在对鲍威尔等人关于犹太人问题的错误观点的批判中,指出了犹太人解放的现实

---

① 《马克思恩格斯全集》(第42卷),人民出版社,1979年,第101页。
② 同上,第175页。

路径,进而指出了当时社会状况中的人的解放的正确逻辑理路,也是从"宗教解放"到"政治解放",最终落脚到"人类解放"。无论是从私有制出发,还是从"政治解放"出发,马克思都在围绕人的解放问题与青年黑格尔派进行交锋,并在此过程着力讲清在资本主义社会,人何故要力求解放、人又何以能实现解放的问题;关注的焦点是解除资本主义施予人的种种压迫,最终实现人的解放目标。

(一)私有制和人的解放

《神圣家族》明确指出了"拥有"和"不拥有"、"富有"和"穷困"、"无产阶级"和"有产阶级"之间的矛盾对抗,而这一切的背后就是资本主义私有制。不同于把私有财产看作"合乎人性的和合理的关系",并试图粉饰私有制本来面目的国民经济学与国民经济学家,马克思看到的是私有制导致了社会阶级的分化、贫富的悬殊,处于资本主义社会的人们时刻饱受来自外部的强制性的干预和剥削。基于此,马克思把无产阶级的历史使命提至眼前——消灭私有制。只有彻底地消除私有制,才能实现无产阶级的解放,而无产阶级的解放也就意味着全人类的解放。人何以能实现自身的解放,即人的解放的现实问题在此已彰明较著。

私有制的严重后果是社会阶级的产生、分化、矛盾和对抗。在资本主义社会的运行系统里,私有财产是资本主义制度最直接、最现实的特点,而且是资本主义私有制外部运行最为典型的表现。研究私有制与贫困、私有制与阶级对立的关系,必然首先要考虑私有财产问题。但是代表资产阶级的国民经济学,以及"批判的批判"在掩盖这一事实原景中发挥了不可估量的"积极作用",国民经济学以私有财产作为其一切论述的基本前提,把私有制确定为理性的或合理的关系进行研究。这样就会存在一个固有的、无法化解的逻辑矛盾,国民经济学会不断地和自己的前提即私有财产或私有制发生矛盾,"例如在政治经济学中,工资最初看来是同消耗在产品上的劳动相称的份额。工资和资本的利润彼此处在最友好的、互惠的、好像是最合乎人性的关系中。后来却发现,这二者是处在最敌对的、相反的关系中的。最初,价值看起来确定得很合理:它是由物品的生产费用和物品的社会效用来确定的。后来却发现,价值纯粹是偶然确定的,它无论和生产费用或者和社会效用都没有任何关系。工资的数额起初是由自由的工人和自由的资本家自由协商来确定的。后来却发现,工人是被迫同意资本家所规定的工资,而资本家则是被迫把工资压到尽可能低的水平。强制代替了立约双方的自由。在商业和其他一切经济关系方面的情形也都是这样"①。国民经济学家基于私有制为基本前提而得出的结论总是和现实社会中的经济现象不相符,逻辑前提和实际情况总是矛盾冲突的。国民经济学家自然也能注意到这些明显的矛盾存在,当然他们不会怀疑根源出自其研究的私有制前提,最多是对私有制条件下的某些特殊的损人利己的犯罪行为、某些个别领域的资本家进行批判,但是其所谓的批判是为了维护资本主义的经济关系,保持私有制的合乎人性的外观。他们还认为,私有制的某些个别形式虽然在当前表现为不合理的存在,但这些个别形式起初是合理的,只是在现实中经过某些资本家尤其是非产业资本家的操作后而变得不再合理。由此可见,国民经济学家不遗余力地论证私有制的合理性,为资本主义私有制辩护,从而为资产阶级的剥削统治和阶级压迫作合法性注脚。因此,"以往的国民经济学"不是从"私有财产的运动造成的贫穷出发"进行"否定私有财产的思考",反而"从私有财产的运动仿佛为国民创造的财富出发,进行了为私有财产辩护的思考",②不去正视私有制本身才是政治经济学面临诸多经济矛盾

---

① 《马克思恩格斯全集》(第 2 卷),人民出版社,1957 年,第 39~40 页。

② 《马克思恩格斯文集》(第一卷),人民出版社,2009 年,第 259 页。

和逻辑困境的实质问题。

对于私有财产和贫困之间令人触目惊心的矛盾关系,"批判的批判"毫无认知,并用自己想象中的做法抹去了财产和贫穷的存在事实,那就是把"这两个事实合二为一"了,"批判"在事实上和国民经济学站在了同一立场,得出了和国民经济学一致的结论,实际地为私有制作了无力地辩护。虽然"批判的批判"发现了贫穷和私有财产是两种截然对立的东西,甚至贫穷和私有财产这两个事实之间有着天然的内在联系,由于这种内在关联,废除私有财产、消灭贫困则是顺理成章的。但"批判的批判"把这一问题只看作"鸡毛蒜皮的琐事"的同时,还在费尽心思将贫穷和富有融成一个所谓的整体,意图将贫穷和富有二者的本质关系加以模糊和混淆。劳动者创造出社会的绝大多数财富,享受的只是最大限度的贫穷,资本的运动产生的是绝大多数人的贫困和极少数人的富有,作为社会贫穷的群体和占有绝对财富的群体的针锋相对,资产阶级据为己有的正是"那些为他工作的人所丧失"的劳动创造。而"自我意识""神圣的批判"只会避免正面面对这些事实,认为这只是一些"琐碎的小事",它更愿意创造出一个"认识的宁静"来凌驾于这两个对立的极端之上,从而用"它那创造'整体本身'的活动"来消灭"对立的两个方面的运动"。也就是马克思恩格斯在《神圣家族》中指出的:"它发现贫穷和私有财产是两种对立的东西,——这可真是一个相当时髦的发现。它使贫穷和富有成为一个整体,并且'向这个整体本身询问其存在的前提是什么',——这个问题是多余的,因为批判自己刚刚创造了这个'整体本身',可见它的这种创造本身就是这个整体存在的前提。"①

"无产阶级和富有"是截然相反的对立两极,作为私有制的阶级产物,"它们是私有财产世界的两种形态"。他们在资本主义私有制世界中的实际

---

① 《马克思恩格斯全集》(第2卷),人民出版社,1957年,第43页。

地位决定了他们的对立状况,无产阶级在这种对立关系中是被剥削、被统治的一方,而"富有"即资产阶级是剥削和统治无产阶级的另一方,资产阶级需要无产阶级的存在来保持自身阶级的存在和利益。"私有财产作为私有财产,作为财富,不得不保持自身的存在,因而也不得不保持自己的对立面——无产阶级的存在。"这是"得到自我满足的私有财产"。与此相反,"无产阶级作为无产阶级,不得不消灭自身,因而也不得不消灭制约着它而使它成为无产阶级的那个对立面——私有财产"①。无产阶级的解放只能从粉粹私有制的那一刻起才是真实可靠的。贫困和富有的分化、无产阶级和资产阶级的矛盾,既是私有制运动的必然后果,也是私有制走向瓦解的根本原因。正像马克思所说:"对立的否定方面,是对立内部的不安,是已被瓦解并且正在瓦解的私有财产。"②在这二者的对立中,有产者作为保守的一方,无产者则作为破坏的一方,前者竭尽全力保持这种对立,而后者则致力于破坏这种对立,这就决定了不合理的资本主义私有制除了走向分崩离析,别无选择。

私有制与人的解放之间存在必然的因果关系。在无产阶级身上,"一切属于人的东西实际上已完全被剥夺,甚至连属于人的东西的外观也已被剥夺,由于在无产阶级的生活条件中集中表现了现代社会的一切生活条件所达到的非人性的顶点,由于在无产阶级身上人失去了自己,而同时不仅在理论上意识到了这种损失,而且还直接就被无法再回避的、无法再掩饰的、绝对不可抗拒的贫困——必然性的这种实际表现——所逼迫而产生了对这种非人性的愤慨,所以无产阶级能够而且必须自己解放自己"③。无产阶级遭受着令人惊骇的巨大伤害,无产阶级只能选择奋起反抗,方能实现自身的解放,这就要求彻底结束滋生这一切"祸害"的根源。无产阶级不打碎其异化

---

① 《马克思恩格斯文集》(第一卷),人民出版社,2009 年,第 260 页。
② 同上,第 260 ~ 261 页。
③ 同上,第 262 页。

了的生存条件,要想摆脱私有制是无从谈及的;不消灭资本主义社会的无产阶级的一切"非人性的生活条件",寻求解放的希望只能是空想。无产阶级不会"白白经受那种严酷的但能使人百炼成钢的劳动训练",无产阶级的目标和历史使命"已经在它自己的生活状况和现代资产阶级社会的整个组织中明显地、无可更改地预示出来了"。比如,"英法两国的无产阶级中有很大一部分人已经意识到自己的历史任务,并且不断地努力使这种意识完全明确起来"①。不论"批判的批判"再怎么宣告自己才是历史的唯一因素,历史的各种对立既然是从它那里产生,对立的消灭也应该从它那里开始,也就是所谓的"有财产和没有财产"的对立应该受到"完全和充分的批判"即可。这些看似激进实则反动的言论只会激励无产阶级而不会蒙蔽无产阶级,只会促使无产阶级认识到自己的历史任务,提出自己的历史目标,明确自己在历史上应有的作为。所有问题汇聚的焦点就是:无产阶级通过社会革命彻底消除私有制,实现自身的解放和全人类的解放。

马克思从研究私有制本身到分析私有制所引发的一系列社会矛盾,进而认识到资本主义私有制不可避免的灭亡命运,无产阶级所肩负的历史使命和人的解放前景的必然达成。鲍威尔一伙教导人们只要在思想上消除资本,他们就能真正消除资本;只要在思想上消除自己雇佣工人的身份,他们就不再是雇佣工人;只要在思想上消除自身的贫困,他们就不再饱受贫困;只要在思想上消除所受的剥削,他们就能取消剥削。马克思对这些"胡言乱语"进行了澄清,"在曼彻斯特和里昂的工厂中做工的人,并不认为用'纯粹的思维'即单靠一些议论就能自己的主人和自己实际上所处的屈辱地位。他们非常痛苦地感觉到存在和思维、意识和生活之间的差别"②;他们也知

---

① 《马克思恩格斯文集》(第一卷),人民出版社,2009 年,第 262 页。
② 《马克思恩格斯全集》(第 2 卷),人民出版社,1957 年,第 66 页。

道,"财产、资本、金钱、雇佣劳动以及诸如此类的东西"并不是想象中的幻影或虚拟的存在,必须通过实际的、具体的方式来消灭它们,才能恢复人的社会地位。当工人组织成团体,当无产阶级力量联合起来,便会产生出"巨大的""不可比拟的"社会力量,无产阶级和全人类的解放便会真正到来。

(二)政治解放

在欧洲历史上,从中世纪以来基督教占据着无可撼动的地位,经过启蒙运动和资本主义工商业的发展,宗教解放成为欧洲的时代潮流,众多国家纷纷进行宗教改革、教权分开,将受宗教世界压迫的人暂时解放到政治国家中。然而德国是个例外。德国不是最后一个实现宗教解放、犹太人解放的国家,却是实现宗教解放、犹太人解放的最为辗转曲折的国家。由于宗教偏见,基督教极为排斥犹太人,在宗教色彩明显的德国,犹太人并不享有基督教国家的基督徒的特权。后来似有放松对犹太人的束缚,随着"内阁敕令"的颁布,这种幻影也彻底破灭。

鲍威尔认为,犹太人问题是犹太人和基督教对立的结果。犹太人同在宗教上占统治地位的基督教相对立,自然要受到压迫。"基督教国家,从它的本质来看,是不会解放犹太人的;而犹太人——鲍威尔补充说——从他的本质来看,也不会得到解放。只要国家还是基督教国家,犹太人还是犹太人,二者就既不能解放别人,也不能从别人那里得到解放。"①在基督教国家,基督徒享有特权原则和特殊生活方式,因而同信仰犹太教的教徒分离开来,这种宗教上的分离及其带来的社会生活和社会地位的分化使犹太人受到明显的压迫,犹太教本身又是和在国家中占统治地位的基督教是对立的,这就使得犹太人受到的排挤和压迫更为严重。犹太人不会像基督徒那样按照基

---

① 《马克思恩格斯全集》(第 1 卷),人民出版社,1956 年,第 420 页。

督教的方式去对待国家并接受国家的管理和规定,而是按照犹太人的方式、按照犹太教的宗教信仰去看待国家,把国家看作一种异己的东西,反对基督教国家的现实法律和宗教规定,以实现作为犹太人所享受不到的基督徒的权利。犹太人要从基督教国家的束缚中挣脱出去,也就意味着基督教国家必须不再带有宗教偏见,或者基督教国家取消基督教在国家的宗教信仰上的统治地位。

另外,即使基督教国家放弃了固有的宗教立场和偏见,放弃了基督教的国教地位,犹太人不仅享有作为犹太人的特权,而且也享受到基督徒所拥有的权利,但犹太人仍会继续保留自己的宗教偏见和宗教特权,仍然在犹太教的范围内作为犹太教信徒而活动,相较于先前对来自基督教的压迫有直观显性的认知,此时受到所信仰的犹太教压迫则是不自知的。所以鲍威尔认为,犹太人所受的压迫不是源于什么其他的东西,而仅仅是宗教压迫问题。那么应该怎样才能解决这个问题?鲍威尔认为:"犹太人和基督徒之间最顽强的对立形式是宗教的对立。怎样才能消除这种对立呢?那就必须使它不可能产生。怎样才能使宗教对立不可能产生呢?那就必须消灭宗教。只要犹太人和基督徒把他们互相对立的宗教只看成人类精神发展的不同阶段,看成历史蜕掉的不同的蛇皮,把人本身只看成蜕皮的蛇,鲍威尔认为只要这样他们的相互关系就不再是宗教的关系,而是批判的、科学的、人的关系了。那时科学就是他们的统一。而科学上的对立就会被科学本身所克服。"①鲍威尔把犹太人问题症结归结为宗教与国家的关系问题,宗教的狭隘性与国家的普遍性之间的问题。他选择用问题的提出等同于问题的解决的方式,即用"批判"的方式来解决犹太人问题,在理论上把犹太人解放理解为宗教层面的解放,不仅犹太人要放弃信仰犹太教,而且一切人都要放弃信仰宗

---

① 《马克思恩格斯全集》(第1卷),人民出版社,1956年,第421页。

教,褪去了宗教信徒的身份,从宗教世界的教徒上升为国家的公民,唯有如此才能作为公民得到解放。他还坚决主张在政治上废除宗教才能算是宗教的完全废除,此前以宗教为前提的国家不是真正的国家,废除了宗教的国家才是真正意义的国家,挣脱了宗教束缚的犹太人及一切人,才算是真正意义的公民。"犹太人、基督徒、一切宗教信徒的政治解放,就是国家摆脱犹太教、基督教和一切宗教而得到解放"①,当宗教在政治上得到废除时,就是宗教得到废除之时,人也随之得到解放。可见,犹太人问题在鲍威尔眼中只是个宗教神学问题,不论是"批判"犹太教、犹太人,还是"批判"基督教神学,都只是在神学的范围内兜转,仍是认定犹太人问题是源于与宗教的对立。

思辨哲学善于"把现实的问题变为思辨的问题","满足于批判犹太宗教和描写基督教德意志国家"②;思辨哲学"不是用现实的犹太人去解释犹太教的秘密,而是用犹太教去解释现实的犹太人"③;思辨哲学认定"犹太人问题是宗教问题。……只要把宗教的对抗说成无关紧要的东西或者甚至全盘予以否定,就可以解决犹太人问题"④。所以解决犹太人问题,关键是废除犹太教,废除基督教,废除一切宗教。鲍威尔把政治问题等同于宗教问题,把犹太人问题解释成"真神学和假政治的问题",现实的犹太人问题最终被归到了宗教神学的层面。马克思恩格斯在《神圣家族》中继续批判道,"绝对的批判"在对犹太人问题的认识上,"仍旧把取消宗教、把无神论看做市民的平等的必要条件。所以,绝对的批判在考察犹太人问题的最初阶段上还没有进一步领悟到国家的本质和他的'著作'中的'失策'",而"它这样歪曲'犹太人问题',以致它自己竟用不着去研究作为这一问题内容的政治解放,反而

---

① 《马克思恩格斯全集》(第1卷),人民出版社,1956年,第426页。
② 《马克思恩格斯全集》(第2卷),人民出版社,1957年,第114~115页。
③ 同上,第140页。
④ 同上,第138页。

可以满足于批判犹太宗教和描写基督教德意志国家"①。

马克思则把犹太人问题归于"真正的世俗问题"。犹太人受到的压迫虽表现为宗教问题,其实是一种世俗的、套在犹太人身上的现实压迫。马克思指出:"我们并不认为:公民要消灭他们的世俗桎梏,必须首先克服他们的宗教狭隘性。我们认为:他们只有消灭了世俗桎梏,才能克服宗教狭隘性。"②对待犹太人问题,我们不应把世俗问题神学化、宗教化,我们要把宗教问题、神学问题世俗化,不是用"迷信来说明历史",而是要用"历史来说明迷信"。然而鲍威尔等人仍然"在向群众的、物质的犹太人宣扬基督教关于精神自由、理论自由和这样一种唯灵论自由的教义,——这种自由认为自己即使在束缚中也是自由的,这种自由觉得自己很幸福,即使这种幸福仅仅存在于'观念中'"③,这种自由势必受到一切"群众的、物质的犹太人"的反对和驳斥。比如鲍威尔认为的:"犹太人现在在理论领域内有什么程度的进展,他们就真正获得什么程度的解放;他们有什么程度的自由愿望,他们就获得什么程度的自由。"④这就等于把犹太人问题从宗教问题进一步抽象化为理论的和思辨的问题,如此,只要犹太人在理论上和思想上有了进展,他们就能得到相应程度的解放,只要犹太人在头脑中、在想象中许下实现自由的美好愿望,他们就能得到相应程度的自由。这种看待问题和解决问题的思维范式是鲍威尔思辨唯心主义哲学的典型呈现。

犹太人问题不是纯粹的宗教问题,只要观察犹太人在市民社会中的真实处境,只有掀开裹缚在犹太人问题上的宗教外壳,就能看到其中经验的、世俗的和实际的本质内核。马克思指出:"谁应该解放别人? 谁应该得到解放?"并且"这里指的是哪一种解放? 人们所要求的解放的本质,要求哪些条

① 《马克思恩格斯全集》(第 2 卷),人民出版社,1957 年,第 113、114~115 页。
② 《马克思恩格斯全集》(第 1 卷),人民出版社,1956 年,第 425 页。
③④ 《马克思恩格斯全集》(第 2 卷),人民出版社,1957 年,第 120 页。

件？只有对政治解放本身的批判，才算是对犹太人问题的淋漓尽致的批判，也才能使这个问题真正变成'当代的普遍问题'"①。马克思对犹太人解放所涉及的主要问题作了全面的考虑和探讨。鲍威尔在犹太人问题上只有片面的了解，对犹太人问题的认识并没有达到这样的高度，只是提出一些不涉及犹太人问题本质的观点，他对犹太人问题的批判仅限于基督教国家的范围，而不是一般意义的国家。当然，在不同国家，犹太人问题有着不同表现形式，对犹太人问题会有不同的理解和看法。比如，"在没有政治国家、没有真正的国家的德国，犹太人问题是纯粹神学问题。犹太人和把基督教作为自己基础的国家处于宗教的对立状态。这个国家是 exprofesso〔职业〕神学家。在这里，批判就是对神学的批判，双关的批判——既是对基督教神学的批判，又是对犹太教神学的批判"。但是，"在立宪国家的法国，犹太人问题是个宪政问题，是个政治解放不彻底的问题"。"只有在北美合众国（至少是其中一部分），犹太人问题才失去了神学的意义，成了真正的世俗问题。"②犹太人问题是一个复杂的社会现实问题，在不同国情、不同发展程度的国家中体现为具有不同特殊性的问题，例如在德国是纯粹的宗教问题，在法国是宪政问题，在美国则是真正的世俗问题，因而对犹太人问题的认识和解决就有很大的差异性。不过，在犹太人问题上有一点是明确的，那就是犹太人问题在根本上还是一个世俗的、历史的问题，尽管它在不同历史条件下有着不同特点以及不同的解决方式，但是"只有在政治国家十分发达的地方，犹太教徒以及一般教徒与政治国家的关系，就是说，宗教和国家的关系，才会具有本来的、纯粹的形式。一旦国家不再从神学的角度对待宗教，而从国家即从政治的角度对待宗教，对这种关系的批判就不再是对神学的批判了。那时，批

---

① 《马克思恩格斯全集》（第 1 卷），人民出版社，1956 年，第 423 页。

② 同上，第 424 页。

判就成了对政治国家的批判。从问题不再是神学问题这一点着眼,鲍威尔的批判就不再是批判的批判了"①。因此,宗教不是犹太人问题的根源,也不是犹太人问题的实质,只是犹太人问题的外在体现,犹太人的宗教桎梏其实是现实桎梏在宗教上的映射。犹太人要推翻世俗社会对其施加的桎梏和压迫,根本方向不在于宗教狭隘性的消除,而是在于宗教表象背后的世俗原因。只有消灭了犹太人问题产生的现实根源,才能彻底地化解犹太人问题。

在马克思看来,犹太人问题绝不是单纯的宗教神学问题,犹太人问题代表了当时社会的人们面临的普遍问题,如何突破宗教的束缚获得解放,如何摆脱因宗教世界和国家的二元结构而带来的个人身份的二元对立,因此人的解放并不仅仅限于宗教范围。政治解放也不能代表人的解放的全部意义。宗教解放和政治解放的关系应上升到政治解放和人类解放的关系。所以马克思依据这一思路,进一步把人的解放的步骤概括为,从政治解放走向人类解放。

当然,从宗教解放到政治解放是社会的一大进步。政治解放是表示国家不再被宗教所约束,取消了教权对国家的统治,打碎一切宗教形式对国家政权的制约,不再作为宗教意义的国家而存在。"犹太人、基督徒、一切宗教信徒的政治解放,就是国家摆脱犹太教、基督教和一切宗教而得到解放。当国家从国教中解放出来,就是说,当国家作为一个国家,不再维护任何宗教,而去维护国家自身的时候,国家才按自己的规范,用合乎自己本质的方法,作为一个国家,从宗教中解放出来。"②国家从宗教中解放出来,意味着教权置于王权之上的特权的丧失,特权教会对国家的垄断地位的消灭,宗教特权从政治国家领域后退撤离;宗教从公法范围内退出,进入市民生活领域,不

①　《马克思恩格斯全集》(第 1 卷),人民出版社,1956 年,第 424 页。
②　同上,第 426 页。

再干预国家政权的运行,主要作为个人信仰的私事而由个人自行决定。政治解放使人与神的冲突有所缓和,比如犹太人和基督教的冲突、基督徒和犹太教的对立、犹太人和享有特权的基督徒的对抗,随着国家废除宗教特权在国家中的统治地位,随着基督教国家不再把基督教立为国教,随着宗教信仰不再具有特殊的政治意义,即教权和王权相分离,宗教世界回归自己的神圣领域、世俗国家重掌自己的世俗领地,而不再像之前那般表现得如此鲜明和突出。因此,政治解放并不意味着宗教要在国家中消亡。政治上取得解放的国家对待宗教的态度不是一概消灭或全盘否定,而且可以看到,"在政治解放已经完成了的国家,宗教不仅存在,而且表现了生命力和力量,这就证明,宗教的存在和国家的完备并不矛盾"①。当政治国家从宗教领域中独立出来之时,政治国家中的人借助于国家这个中介摆脱某种限制,获得一定意义上的解放,即政治解放。换言之,人可以是"间接地、通过一个中间的——虽然也是必要的——环节得到政治解放、获得自由"②。

政治解放既表示国家从宗教中获得了解放,同时象征着一定程度的人的解放。因为个人实际地参与了政治解放的历史过程,正如犹太人要求在基督教国家获取自由,并且他们是想在保留犹太教信仰的情况下实现自由,获得作为宗教信徒的自由与作为非宗教信徒的公民自由,这里的自由主要指向政治自由。政治自由的获得意味着政治解放的实现,而政治自由的获得程度意味着政治解放的实现程度。政治解放对于国家和公民个人都有重要的作用。也正是"当国家摆脱了国教并且让宗教在市民社会范围内存在时,国家就从宗教下解放出来了,同样,当单个的人已经不再把宗教当作公事而当作自己的私事来对待时,他在政治上也就从宗教下解放出来了"③。

---

① 《马克思恩格斯全集》(第 1 卷),人民出版社,1956 年,第 425 页。

② 同上,第 426 页。

③ 《马克思恩格斯全集》(第 2 卷),人民出版社,1957 年,第 143 页。

从另一方面来说,政治国家"从宗教中解放出来并不是彻底的没有矛盾的解放,因为政治解放并不是彻底的没有矛盾的人类解放的方法"①。即使人还没有摆脱宗教的束缚,国家也可以先行摆脱宗教限制;即使人还未成为"自由人",国家也可以提前一步成为"共和国";即使在绝大多数人信教的情况下,国家也是能够从宗教的樊笼中解放出来;即使是政治解放已经完成了的国家,宗教将继续存在且表现出强大的生命力和强劲的力量;即使国家宣布自己是"无神论者",国家中的人还是受到宗教的限制,无法真正脱离宗教设下的无形屏障。这就是人借助中间环节承认和实现自己的缺陷所在,即人的自我确证必须依靠间接地中间环节来完成,必须依靠间接的中介物来肯定人自身,乃至获得解放和自由。这样的承认、确证及自由解放对于人而言还不具有真实性和彻底性。

就如马克思指出的:"宗教就是间接的通过一个中介物对人的承认。国家是人和人的自由之间的中介物。正像基督是一个中介物,人把自己的全部神性、全部宗教狭隘性转移到他身上一样,国家也是一个中介物,人把自己的全部非神性、全部人的自由寄托在它身上。"②宗教、国家都无法对人的自由作出保证,不是到达人的自由的目的地。比如国家以国家的身份宣布废除某些不合理的制度和规定,也即废除了人们对于不合理制度和规定的政治观念,然而政治上的废除不等于真正地废除,观念上的废止也不等于真正地废止,人们只是在政治观念上取得了胜利,并没有在实际上战胜政治国家的任何制度和规定。作为公民的个人在实现政治解放的国家里过着二重性的生活,他们在政治生活和现实生活中的状况严重背反。政治国家承认了他们在理论上的权利和自由,人们收获了形式上的自由、人权、自由人性,

---

① 《马克思恩格斯全集》(第 1 卷),人民出版社,1956 年,第 426 页。
② 同上,第 427 页。

拥有的却是实际上的不自由和无权利。看似具有普遍性的国家不是普遍性的存在,没有超越特殊性的因素,它并未给这个国家的人赋予普遍性的权利和自由,每当公民个人的自由和权利与国家的"普遍性原则"不一致,现代政治国家则会将自己包装成超越了特殊性原则的普遍性国家来表达公民的意志和权利。综上可知,政治解放的历史意义是明显的,而政治解放的历史局限性同样是无法忽视的。

概言之,宗教解放不等于政治解放,更不是政治解放的前提条件。国家从宗教中得到的某种程度的解放,并不等于人能够从宗教中解放出来。政治解放还不是人的真正解放。政治解放具有鲜明的资产阶级性质的局限性,注定其必然走向实现全人类解放的历史归属。

(三) 从政治解放到人类解放

人的解放问题是马克思理论的重要组成部分。马克思在《神圣家族》中除了通过揭示私有制的本质去谈论人的解放,也延续了《论犹太人问题》中的观点,通过另一条主线去说明人的解放的实现问题——从政治解放走向人类解放。

马克思关于政治解放与人类解放的思想不是书斋里的自我想象,直接起因是就犹太人问题与青年黑格尔派展开的论战,而后从犹太人的解放上升到人类的解放。德国的犹太人要求获得解放,鲍威尔说这种解放就是公民的解放、政治的解放,因为"在德国,不论是谁,在政治上都没有得到解放"①。那么鲍威尔为何将犹太人的解放归于政治上的解放?这种政治的解放最后又归于哪般?鲍威尔的答案是宗教解放。鲍威尔在此混淆了人的解放与宗教解放、政治解放,即"把国家和人类、人权和人本身、政治解放和人

---

① 《马克思恩格斯全集》(第1卷),人民出版社,1956年,第419页。

类解放混为一谈"①。马克思指出,在鲍威尔那里,"既然国家对于敌对分子(基督徒和犹太人在'犹太人问题'中已经被评定为变节分子)的反抗只有采取暴力驱除这些分子的代表人物的办法(比如,恐怖统治企图用砍掉包买主脑袋的办法来消除收购谷物的行为),所以鲍威尔先生在他的'批判的国家'中也就必然把犹太人和基督徒送上绞架了。既然鲍威尔把政治解放同人类解放混淆起来,所以,为了彻底起见,他也就必然把解放的政治手段同解放的人类手段混淆起来"。② 那时,在一些国家,犹太人和基督徒已经获得了政治上的解放,但作为宗教徒来说,犹太人和基督徒又都没有获得解放,即人类意义上的解放。政治解放和人类解放之间还有一段很长的距离,它们是两种不同形式、不同性质的解放,而对这两种解放的探讨需要深入到发达的现代国家即资本主义国家进行研究。鲍威尔却相反,不去研究现代国家的现实状况,而是运用了惯常的思辨手法为自己设置了一个"批判的国家",一个幻想中的现代国家,他自己则成为这个国家中的神学批判家,"批判"是他手中的武器,国家是他实施批判的工具,仅仅是其用来对付宗教神学的论据,研究国家是为了执行他批判宗教神学的"神圣心愿"。鲍威尔显然远离了对宗教和现代国家的关系的研究。这样,他既不了解宗教解放和政治解放的含义,更不会了解人类解放的意义。

鲍威尔对犹太人问题的解释是完全抽象的和教条式的,他同样不理解国家和社会的真正关系,脱离国家而单独地去谈社会。因为在他看来,国家会因特定的宗教信仰而将其他人排除在外,比如基督教国家对犹太人的排斥;社会则不会排除任何人,除非是那些不愿意参与社会发展的人才会自己把自己排除出去。鲍威尔对现代市民社会以及犹太人对市民社会的态度没

---

① 《马克思恩格斯全集》(第2卷),人民出版社,1957年,第111页。
② 同上,第121页。

有深入的研究和真正的理解,他对犹太人问题的认知是在"批判的范围"内发生的,根据"批判的权限",采用了"教条主义的托词"来说明现实的犹太人问题,这样他对犹太人问题的理解就达到了绝对性即"批判性",其实是一种局限性和荒谬性。正如马克思所说的:"它教条主义地解释与'国家'不同的'社会',意思是说它从国家中排除国家的时候,那些不愿参与社会发展的人反而把自己从社会中排除出去。在从自身中排除的问题上,社会的做法跟国家的做法实质上一样的,所不同的只是社会做得比较斯文一些。譬如,社会不是把你一脚踢出门外,而是创造一些条件,使你在这个社会里难以生存下去,结果,你会心甘情愿地离开它。实际上,国家也是这样做的,因为国家并不排除那些遵命守法和不阻碍它的发展的人。完备的国家甚至对许多事情都熟视无睹,它把真正的对立说成是非政治的、对它毫不妨碍的对立。此外,绝对的批判本身发展了这样一种思想:国家仅仅是由于犹太人排除国家,也就是说犹太人自己把自己从国家中排除出去,所以它才排除犹太人。"①"批判"是把这个不同于国家的"社会"规定为新的世界形式,而且是现今社会的世界形式,用"批判的语言和训导"来描述这种社会。在这个社会中,人们不是凭借宗教信仰或现实条件,而是凭着纯良心和纯情感来生活,否则就要被排除到社会之外。鲍威尔对于社会没有提出任何深刻的见解,对国家和社会的关系认知是不正确的,他对人在国家和社会中的解放问题更是一无所知。

在马克思看来,政治解放不等于人的解放。在国家和社会的关系中蕴含着人的解放的深层含义,比政治解放更深一步的是人类解放。政治解放必定要走到最后一步:人类解放。当国家率先摆脱宗教的禁锢,成为相对独立的政治国家,作为公民的个人,收获了政治上的相对解放,人的政治生活

---

① 《马克思恩格斯全集》(第2卷),人民出版社,1957年,第122~123页。

和私人生活发生分裂,政治生活和私人生活的冲突随即"登场"。这场冲突也就是政治国家和市民社会的世俗的分裂,是普遍利益与私人利益的分裂。表面上,国家按照自己的方式宣布废除出身、等级、文化程度、职业的差别,宣布每个人都是人民主权的参与者;实际上,国家还是保留了这些差别,让这些差别发挥固有的作用。表面上,国家宣布废除私有财产;实际上,国家根本没有废除私有财产,反而以私有财产为前提,唯有如此,才能保持它作为政治国家的地位,才能实现所谓的"普遍性"。政治国家执行双重标准,尊重人民主权和维护特权,奉行普遍性和压制特殊性,倡导普遍利益和排斥私人利益。在政治国家中,"人不仅在思想中,在意识中,而且在现实中,在生活中,都过着双重的生活——天国的生活和尘世的生活。前一种是政治共同体中的生活,在这个共同体中,人把自己看做社会存在物;后一种是市民社会中的生活,在这个社会中,人作为私人进行活动,把别人看做工具,把自己也降为工具,成为外力随意摆布的玩物"[1]。可知,普遍的政治国家和特殊的市民社会"正像天和地的关系",相互区别、相互对立。这表明,"政治解放本身还不是人类解放"[2]。

如果将政治解放推进到最后的人类解放,还需要人们从利己主义的狭隘圈中跳出来,从资本主义私有财产权的统治下解脱出来。因为政治解放严格来说是市民社会的解放,是资产阶级性质的解放。政治解放粉碎的是封建主义社会,随着封建社会的瓦解,市民社会及其真正的基础即利己主义的人获得了解放,获得了宗教上的解放,但是没有从私有财产和利己主义中得到解放,相反利己主义得到了自由发展,人们越来越成为服从利己主义和私人利益的虚假主体。市民社会本身就是利己主义的,从没有超越自己的

---

[1] 《马克思恩格斯全集》(第1卷),人民出版社,1956年,第428页。

[2] 同上,第435页。

利己主义本性,利己主义是其最本质的原则。市民社会自然不断巩固和发展自己的利己主义,比如体现在保障它的市民成员的财产和权利的安全。可见,在市民社会中,"任何一种所谓人权都没有超出利己主义的人,没有超出作为市民社会的成员的人,即作为封闭于自身、私人利益、私人任性、同时脱离社会整体的个人的人。在这些权利中,人绝不是类存在物,相反地,类生活本身即社会却是个人的外部局限,却是他们原有的独立性的限制。把人和社会连接起来的唯一纽带是天然必然性,是需要和私人利益,是对他们财产和利己主义个人的保护"①。市民社会的成员实际地遗弃了政治公民的身份,成了私人利益的奴仆。

利己主义的确巩固人的现实性和直接存在,然而这种利己主义、这种财产权统治却使人把物质产品、金钱财富看作世界的根本原则,令人臣服于自己创造的对象物、拜倒在利益财富的脚下,心甘情愿成为金钱的"奴隶和俘虏"。比如,考察犹太人的解放问题,不能像鲍威尔那样只研究宗教的犹太人、安息日的犹太人,只从宗教神学的层面来分析和解决犹太人问题,"不是到犹太人的宗教里去寻找犹太人的秘密,而是到现实的犹太人里去寻找犹太教的秘密"。那么"犹太的世俗基础是什么呢? 实际需要,自私自利。犹太人的世俗偶像是什么呢? 做生意。他们的世俗上帝是什么呢? 金钱"②。在金钱面前,"一切神都要退位。钱蔑视人所崇拜的一切神并把一切神都变成商品。钱是一切事物的普遍价值,是一种独立的东西。因此它剥夺了整个世界——人类世界和自然界——本身的价值。钱是从人异化出来的人的劳动和存在的本质,这个外在本质却统治了人,人却向它膜拜"③。私有财产和金钱成为一切事物的价值的象征,取代了宗教和宗教的神,形成了新的

---

① 《马克思恩格斯全集》(第1卷),人民出版社,1956年,第439页。
② 同上,第446页。
③ 同上,第448页。

"宗教"——拜物教。人们崇拜金钱,信仰金钱,作为人的劳动产物的金钱一跃成为主宰人的"世俗的神",人自身的价值和本质则被私有财产和金钱所剥夺。市民社会的人生动地表达了自我异化的极端之态。

犹太人是从现代世界、从市民社会的内部产生出来的,是现代世界、市民社会的特殊组成部分,在现代世界、在市民社会中处于特殊地位,犹太人的性质是对现代世界和市民社会的性质的特殊展现,从而犹太人的原则反映了市民社会的普遍原则,犹太人问题代表着市民社会成员的共性问题,犹太人的解放与市民社会的解放直接相关,蕴含着市民社会成员的解放问题,消灭犹太人的问题意味着消灭现存社会的问题,消灭现存社会的问题也意味着消灭犹太人的问题。这就是人们从自私自利、从做生意和金钱中获得解放,也就是从世俗的和现实的犹太人中获得解放,此即人的"现代的自我解放"。因此,马克思强调,任何一种解放都应当去除"使人成为受屈辱、被奴役、被遗弃和被蔑视的东西的一切关系"①。这就要求消灭资产阶级的国家政权,消灭市民社会的一切异化。"只有当人认识到自己的'原有力量'并把这种力量组织成为社会力量因而不再把社会力量当做政治力量跟自己分开的时候,只有到了那个时候,人类解放才能完成。"②只有在人从扭曲的外部世界中真正挣脱出来、成为体现人自身的本质时,人的解放才有可能。

"政治革命是市民社会的革命。"③政治革命解构了为人民所反对的专制制度和特权国家,摧毁了使人民脱离政治国家一切的等级、公会、行帮和特权,个人在政治国家中获得了地位,享有作为公民的政治权利。政治革命带来了政治解放。与此同时,政治解放不具有彻底性,没有完成使人获得真正解放的历史任务,没有根除使人不断受到压迫和奴役的社会制度和物质经

① 《马克思恩格斯全集》(第 1 卷),人民出版社,1956 年,第 461 页。
② 同上,第 443 页。
③ 同上,第 441 页。

济关系。比如政治解放完成后的市民社会即资本主义社会,依然存在着使人被剥削、被压榨的非人的社会关系,人们摆脱了过去宗教特权的野蛮支配,如今却陷入了资本主义私有制的宰制之中。马克思明确表示:"任何一种解放都是把人的世界和人的关系还给人自己。"①这样一种解放才是属于人的真正解放,不仅消除了个人与国家的分离,而且使个人与社会达到了统一。当然,"人类解放"的实现从可能性转化为现实性,是由一定的主体推动的,这里的主体必然不是市民社会中的占统治地位的资产阶级,而是"一个被彻底的锁链束缚着的阶级","一个非市民社会阶级的市民社会阶级","一个表明一切等级解体的等级",②那就是市民社会的无产阶级。无产阶级不是自发形成的,而是人为制造的结果,并且不断产生的贫民继续扩充着无产阶级的队伍。它们承受了来自市民社会的最普遍的苦难和一般无权的痛苦,因此与市民社会之间的矛盾不是片面的和间接的,而是全面的、直接的和激烈的。无产阶级的存在本身,就是对现存社会的否定,无产阶级的发展壮大,意味着现存社会秩序的必然瓦解,无产阶级的解放,意味着私有财产制度和一切奴役制的历史的终结。

马克思以德国无产阶级为例对人的解放进行了说明,提出了德国人的解放就是人的解放的观点。因为德国私有财产制度的发展相较于英国法国处于起步和上升阶段,资本主义私有制的特征和野蛮现象在德国社会有了最为集中的呈现,给德国人民的生活状况和精神状况造成了极度的压迫,从而孕育了解放广大被压迫人民的革命力量——无产阶级,"这个解放的头脑是哲学,它的心脏是无产阶级"。"哲学把无产阶级当做自己的物质武器,同样地,无产阶级也把哲学当做自己的精神武器;思想的闪电一旦真正射入这

---

① 《马克思恩格斯全集》(第1卷),人民出版社,1956年,第443页。
② 同上,第466页。

块没有触动过的人民园地,德国人就会解放成为人。"①无产阶级的解放包含了全人类的解放。"它是一个若不从其他一切社会领域解放出来并同时解放其他一切社会领域,就不能解放自己的领域,总之是这样一个领域,它本身表现了人的完全丧失,并因而只有通过人的完全恢复才能恢复自己。这个社会解体的结果,作为一个特殊等级来说,就是无产阶级。"②无产阶级的解放,就是同市民社会的一切剥削经济关系彻底决裂,同资本主义的一切剥削制度彻底决裂,把本已经提升为无产阶级的原则的东西归还给他们,把本由无产阶级创造的、作为肯定其自身本质的东西体现在他们身上,把无产阶级的要求和原则上升为整个社会的要求和原则。无产阶级的要求实际上反映了所有被压迫人民的要求,无产阶级的解放意愿反映了所有被压迫人民寻求解放的意愿,无产阶级是革命的、先进的阶级,它在实现自身解放的同时致力于为全体被压迫人民争取解放。无产阶级的解放就是全人类的解放。

---

① 《马克思恩格斯全集》(第1卷),人民出版社,1956年,第467页。
② 同上,第466页。

第三章　《神圣家族》中马克思恩格斯人学研究的方法论变革

传统人学之所以是不科学的,"根本原因在于,它只是抽象地、非历史地、孤立地和片面地研究人,即离开社会关系,把人看作孤立的、固定不变的人"①,或者只是从人的类特性出发简单地看待人的某一方面,或者只是把人看作精神的、非历史的抽象物。进一步来说,传统人学的不科学是由于没有遵从科学的研究方法和研究思路。"正确的方法是通往真理的彼岸的桥梁。"②马克思主义人学之所以是科学的,之所以是对旧人学思想的变革和对人的问题的正确解读,正是因为马克思恩格斯创新了人学研究的方法论,开辟了人学研究的新逻辑,打开了人学研究的新视界。甚至说,人学研究的方法论变革正是马克思超出思辨人学,并在人学发展史上建立丰碑的关键之处。当然,《神圣家族》是马克思人学观最为接近变革的时期,是其人学理论"变革前的黎明"。《神圣家族》在很大程度上表现出马克思恩格斯在思维和方法上的突破,并为即将启动的"哥白尼式的人学革命"作了必要的前序准备。

---

① 韩庆祥:《马克思人学思想研究》,河南人民出版社,1996年,第92页。
② 陈曙光:《直面生活本身:马克思人学存在论革命研究》,北京师范大学出版社,2012年,第108页。

一、研究视野的变革：从"天国"降到"人间"

将思辨理论的抽象性冠以虚假的现实性的是西方形而上学，将世界分为两个世界——观念世界和对象世界的传统肇始于西方形而上学，将观念世界和对象世界"头足颠倒"——视精神世界为真实世界、视对象世界为虚幻世界的是西方形而上学，用超验的观念世界去解说人的生活世界的还是西方形而上学。马克思一语道破西方哲学传统的实质："哲学在用双脚立地以前，先是用头脑立于世界的；而人类的其他许多领域在想到究竟是'头脑'也属于这个世界，还是这个世界是头脑的世界以前，早就用双脚扎根大地，并用双手采摘世界的果实了。"[①]如若按照"头脑先着地"的哲学习惯，整个西方哲学内部都是颠倒错置的，整个西方人学都充盈着概念的虚设。因为它把人的活动空间、"全部外化历史和外化的整个复归"，都看作抽象而绝对的思想领域和"逻辑的思辨的思维的生产史"[②]。与思辨的西方形而上学完全不同的是，马克思将研究视野转向了现实世界，主张现实世界高于精神世界，生活世界才是概念世界产生之基座，而人正是活动于这个生活世界的客观存在。

（一）"抽象的天国"：西方形而上学思辨逻辑的"彼岸世界"

西方传统哲学只知道"抽象的天国"，轻视"在世的人间"。西方哲学的源头最早可以溯及古希腊哲学时期。自古希腊哲学开始，西方哲学对于思考人的世界之外的先验存在、对于"现实世界之外的遐想"、对于人的现实世

---

① 《马克思恩格斯全集》（第 1 卷），人民出版社，1995 年，第 220 页。
· ② 《马克思恩格斯全集》（第 42 卷），人民出版社，1979 年，第 161 页。

界的否弃从未有过些许停顿。从巴门尼德追问存在与非存在的论题时,西方形而上学已经悄然生发,西方哲学发展的基本路径也悄然铺开。可以说,西方形而上学是从巴门尼德的存在论开始的。黑格尔就曾讲道:"真正的哲学思想从巴门尼德起开始了,在这里可以看见哲学被提高到思想的领域。一个人使得他自己从一切表象和意见里解放出来,否认他们有任何真理,并且宣称只有必然性,只有'有',才是真的。"①"存在的东西不能不存在"与"不存在的东西必然不存在"是巴门尼德存在论的重要观点。对于何谓存在以及如何理解存在,按照巴门尼德的哲学思想,存在物是存在的,存在物的存在也是可能的,而非存在物则是不存在的,非存在物的存在也是不可能的。换言之,"存在"是客观存在,是真实的存在,是思维的唯一对象,只有思维能把握存在,思维和存在是同一的;具体的表象是"非存在",是思维的一部分;"存在"即是"一",一切事物同属于"一",都是"存在"的组成部分。巴门尼德还确定了"存在"的基本特性,即"存在"是"完满的",是"不生不灭""永恒不变"的,是"独一无二""完整不可分"的。存在是完整的"一",既无可生成,也不可消灭,既不是在过去存在,也不是在将来存在,是永恒的存在物。如果"存在"能够从存在者里出生,那么就会有另一个存在者预先存在,如果就此认为"存在"是从非存在物中生成的,那"存在"更是不成立的,这就违背了巴门尼德对于"存在"的基本规定性。总体上,巴门尼德的"存在"是一种超验性、思想性的存在,是在观念中把握的对象,不在感性世界之中,而在彼岸世界之外。

柏拉图后来设立了"理念论",将巴门尼德的"存在"发展为了"理念"。"理念"是柏拉图哲学的核心概念,是柏拉图演绎其哲学思想的出发点。世界上有形的事物是变化的、流动的,但在有形事物的背后存在永恒不变的

---

① [德]黑格尔:《哲学史讲演录》,贺麟、王太庆译,商务印书馆,1959年,第267页。

"理念"。"感官世界"的各种有形的事物都是对"理念"的分有和模仿,并且有形的事物不能形成人们的正确意见和真正知识,只有了解永恒的、作为本质的"理念"才能获得真正的认识和知识。有形事物是"理念"的虚假映像,"理念"是事物的本质和真相,是事物存在的来源和根据。所以在柏拉图看来,只有"理念"才是真实的,现象和经验是虚幻的;"理念"是抽象永恒的,现象事物是变动不居的;"理念"是绝对存在即实体,个别事物是对"理念"的分有。由"理念"构成的世界才是真实的世界,而由个别事物构成的世界是不真实的,理念世界正是现象世界的本原。"理念"和现象事物分属于不同层次,世界也被归类成两种存在——"理念"和事物。柏拉图的"理念论"显然将世界划分为二元结构,即理念世界与感官世界的二元对立。理念世界高于感官世界,是对感官世界的抽象,感官世界则是作为理念世界的摹本。感官世界即感性经验的世界,充满着有形的事物,处于不断流动和变化的状态,具有不确定性和非真实性。理念世界是感官世界的根本,是确定不移的本质,是永恒不变的真理,是"真实的和真正现实的世界……与之相区别,感性世界只不过是尘世的、易变的、因而是完全表面化的、非现实的世界"①。人在感官世界中活动,接触的是有形事物,因而同理念世界是脱离的,"理念"是连接人与理念世界的唯一通途。

柏拉图开启的"理念论",后来进一步发展到了亚里士多德的哲学思想。相较于柏拉图认为"理念"是事物的根源和本质,是独立于感性世界的存在,亚里士多德则认为,世界是由各种本身的形式与质料相一致的事物所构成,"质料"是事物组成的材料,"形式"则是每一件事物的个别特征,同时理性是指导一切自然过程和规定一切事物的原则。亚里士多德提出了"四因说",把决定事物、物体的"因"归结为质料因、形式因、动力因和目的因。质料因

————————

① 《黑格尔选集》(下),上海三联书店,1996年,第770~771页。

是指形成物体的主要物质,形式因是指物质被赋予的设计图案和形状,动力因是指为实现这类设计而提供的机构和作用,目的因是指设计物体所要达到的目的。起初,事物的形式并没有显现出来,不过随着事物或物体逐渐有了发展,其形式因就得到明确地展露直到事物或物体在发展中得到完成,用来实现事物原来设计的目的就得到了实现。亚里士多德的思想中包含了一些唯物主义因素的萌芽,同柏拉图的唯心主义有了一定区分,不过亚里士多德对感性世界的认识是有限的,把感性世界的原因归结为"四因",因而这里的事物世界、感性世界仍是超验的、不明确的、难以把握的。从"存在"到"理念",再到"四因说"等,虽表现不一,但实质上并未有何不同,都是"着眼于存在,着眼于存在中的存在者之共属一体,来思考存在者整体",都是"以论证性的表象思维方式来思考存在者之为存在者"。①

近代西方哲学秉承着古希腊以来的形而上学传统,将"理念"改称为"理性",改为"实体",改为"绝对观念",改为"自我意识",改为人的"类本质"。思辨人学体系并没有超出思想世界的范围,依旧高居于对象世界之上,依旧熟稔于概念的运演和逻辑的自设。黑格尔把"理念"视作"自在自为的真理,是概念和客观性的绝对统一"②,哲学的目标应是"把握理念的真正形态和普遍性"③。黑格尔重视观念世界,重视纯粹的概念范畴,而轻视客观世界,无视人的客观性,始终把人概括成抽象范畴的外在形象,把世界上的一切人和物都视为绝对精神的外在表现。具体而言,"绝对精神"在黑格尔那里是世界的本原,先于自然界和人类社会永恒存在着的实在,是一切事物的内在本质和核心。一切事物只是它的表现形式,人和人类社会也只是"绝对精神"在不同发展阶段的表现形式,是"绝对精神"用以实现自身的某种工具。自

---

① 《海德格尔选集》(下卷),上海三联书店,1996 年,第 1242 ~ 1243 页。

② [德]黑格尔:《逻辑学》,梁志学译,人民出版社,2002 年,第 353 页。

③ 同上,第 29 页。

然界、人类社会以及人的发展和更替,体现了"绝对精神"的运动过程,都是对"绝对精神"的演绎和呈现,目的就在于"绝对精神"本身。在这里,"绝对精神"是独一无二的实体,自身就具有能动的精神力量,能够不断地变化并演化出世界万物、人以及人类社会,因此作为实体的"绝对精神"同时又是主体。"实体在本质上即是主体,这乃是绝对即精神这句话所要表达的观念。"①黑格尔赋予了"绝对精神"以自我能动的精神力量,实现了"实体即主体"的目标,而这是斯宾诺莎所没有做到的,因为斯宾诺莎把上帝看作了唯一的实体,自然界和人类社会都只是对这个实体的投射,具有形而上学的明显特点。斯宾诺莎的实体被黑格尔用无所不包、无所不能的"绝对精神"所代替。所以马克思指出:"在黑格尔的体系中有三个因素:斯宾诺莎的实体,费希特的自我意识以及前两个因素在黑格尔那里的必然的矛盾的统一,即绝对精神。"②马克思继续强调:"把实体了解为主体,了解为内部过程,了解为绝对的人格。这种了解方式就是黑格尔方法的基本特征。"③马克思揭示了黑格尔哲学的基本逻辑和特征,黑格尔哲学对人的理解也是在这一逻辑体系中展开的。"绝对精神"是实体,亦是主体,代表着彼岸世界的绝对存在,因为它独立于现象世界和经验世界,对立于人类社会,独立于所有人;"绝对精神"不同于每个人的"精神",不是能为人所掌握的,因为它是在自然界和人类社会出现之前,就已经存在着的一种精神性的本原,是绝对的真理性的存在。在这个绝对真理面前,人和人类社会则是微不足道的存在,无法同"绝对精神"相媲美。黑格尔把人理解为"绝对精神"外化的结果,是"绝对精神"在自我运动的生命过程中生产出来的,即把对象性的人、现实的因而是真正的人理解为"绝对精神"在自我扬弃中生成的产物。"绝对精神"是

---

① [德]黑格尔:《精神现象学》(上卷),贺麟、王玖兴译,商务印书馆,1962年,第15页。
② 《马克思恩格斯全集》(第2卷),人民出版社,1957年,第177页。
③ 同上,第75页。

最高本质的存在,"现实的因而是真正的人"不过是对"绝对精神"作为"实体即主体"的证明。

尽管费尔巴哈把人归结为"类"的概念,强调人的现实自然性,但是他根本没有讲到"人生活的世界",如故"停留在理论的领域内"。也就是说,从费尔巴哈人本学唯物主义的立场来看,费尔巴哈是反对并批评宗教神学以及德国思辨唯心主义哲学的,强调不存在超自然的和超乎人之上的"神圣的"东西,也即不存在宗教神学的"上帝"。人不是"上帝"的"杰作",不是宗教神学的附庸,而是有着属于人自己的类本质和类存在,人是自然的一部分,是自然界的产物,是客观自然性的存在物。所谓神学,不过是对人学的虚幻的反映,神学实际上就是人本学。但是费尔巴哈对人的考察又脱离了具体的、现实的社会历史条件,脱离了人的能动的社会实践活动,他所理解的"人"明显是抽象性的、生物学上的人,只是具有人的一般类本质和类特性的自然存在物。同时他又把人的本质确定为了自然本质,"作为自然本质,人就不应当有一个特殊的、超乎人的规定,正象动物不应当有超乎动物的规定,植物不应当有超乎植物的规定一样"[1]。费尔巴哈看到了人与自然界的关系,从自然性的角度明确了人的客观性,但他仅限于用自然性去界定人,把人是自然界的产物等同于人就是自然物;把人的本质降低到生理学的层面,人成为生理学意义上的人;把人"所吃所喝的东西"都解释为人的本质的内容,人的本质变成单一的、片面的自然本质,没有看到人的本质的社会现实性,没有看到人所生活的现实世界的社会实践内涵。因此,费尔巴哈的人本学又被公认为是狭隘的、直观的人本学。列宁则是把费尔巴哈人本学唯物主义评价为"只是关于唯物主义的不确切的肤浅的表述"[2]。可见,西方传

---

[1] 《费尔巴哈哲学著作选集》(上卷),荣震华、王太庆、刘磊译,商务印书馆,1984 年,第 312 页。
[2] 《列宁全集》(第 38 卷),人民出版社,1959 年,第 78 页。

统哲学将生活世界和精神世界截然割裂,在两者之间划下一条永远无法跨越的鸿沟:一个成为此岸世界,一个成为无法到达的彼岸世界。西方传统哲学视观念世界为根本、为现实世界的本质,作为真实存在的观念世界则决定对象世界只能是非真实的。在观念世界里,"通过概念规定的自身转化,构成了向更高规定的概念的不断攀升,进而形成更高层次的绝对概念"①。所以西方形而上学彻底摧毁了思想世界和现实世界之间的沟通桥梁,把"理论的范域"仅仅"局限于理性世界,理论本身也被视为纯粹主观领域中的逻辑推理活动"②,并将所有现象事物都看作思想的产物,即使是人,也被剥去了现实内涵,被笼统地归到理论的"抽象天国"之中。

青年黑格尔派则是沿袭了德国古典哲学的唯心主义传统,以所谓"批判的世界观"演绎此岸世界的真理。比如施蒂纳批判费尔巴哈哲学,用绝对的"唯一者"来说明一切现实的人和现实世界,是"唯一者"创造了人类历史,人和人类社会成为作为"唯一者"的"我"的产物。在施蒂纳看来,关于人的本质,"'把它想成是在我之内或在我之外',在这一处或在那一处,是'没有区别'的"③。因为人的本质并不代表"唯一者"或不是"我"的本质,只有"利己主义的高尚的本质"才是"我"的本质体现,现实的人和人的现实本质被施蒂纳排除在"我"之外。施蒂纳对费尔巴哈哲学没有说出什么有意义的评论,尤其在人的本质上更是如此,甚至沿用了费尔巴哈的思维路径。又如鲍威尔反对黑格尔实体思想的批判,但是仍旧没有作出超越黑格尔哲学的任何建树,仍然借用黑格尔哲学的"理论武器"来作为自己思想的后盾;鲍威尔反对宗教神学,他本身是一个神学家却试图突破宗教神学的范围,这显然又是

---

① 陆杰荣:《从西方形而上学的内在逻辑看马克思哲学变革的实质》,《马克思主义研究》,2004年第6期。

② 康渝生、邢有男:《马克思主义哲学的人学致思理路》,《求是学刊》,2002年第3期。

③ 《马克思恩格斯全集》(第3卷),人民出版社,1960年,第259页。

自相矛盾的。对于思辨哲学,马克思则指出,它其实"所反对的不是物质关系的现实形式,甚至也不是作为实际上拘泥于现代世界的人们对这些物质关系所怀的世俗幻想,而是这些世俗关系的天国精炼品,即上帝的宾词、神的流出、天使。这样,天国又被住满,开发这个天国的老办法又得到丰富的材料。这样,在现实的斗争中,又被塞进了与宗教幻想即神的斗争"①。以此观之,思辨唯心主义试图批判宗教神学但实际上并没有完成这一理论任务,其自身可以说是对宗教神学的理论变形;思辨唯心主义对人和人的生活世界的理解也总是无法超出德国哲学的前提和理论范围,尽管它坚持表现出自己似乎能够超出这个范围的样子。正如马克思所说的:"由于费尔巴哈揭露了宗教世界是世俗世界的幻想(世俗世界在费尔巴哈那里仍然不过是些词句),在德国理论面前就自然而然产生了一个费尔巴哈所没有回答的问题:人们是怎样把这些幻想'塞进自己头脑'的? 这个问题甚至为德国理论家开辟了通向唯物主义世界观的道路,这种世界观没有前提是绝对不行的,它根据经验去研究现实的物质前提;因而最先是真正批判的世界观。"②所以以"真正批判的世界观"为前提的思辨哲学家们,必然无法懂得人的感性经验和物质实践活动,不会理解人的"世俗世界"的现实性、物质性和实践性,而是习惯于用高深的哲学术语来表达其对人的感性生活世界的"独到见地",从而避免离开其赖以生存的纯粹的思想世界领域,避免获得任何关于人的实际生活和现实世界的正确认识。

(二)"在世的人间":马克思的人学视域是对"形而上学的颠倒"

为了改变西方传统哲学的"玄学性质",唤起被遗忘的人和属人的世界,

---

① ② 《马克思恩格斯全集》(第 3 卷),人民出版社,1960 年,第 261 页。

"使其正视现实",需要将"理论的范域扩展到现实的感性世界"。① 马克思对西方形而上学进行了变革,叩开了现实世界的大门,从思维领域回到"对象世界"。这样,马克思的人学研究视界也就从精神世界回归"感性现实",从"天国"降到"人间"。只有立足感性世界,才能做到对"真正现实的人"的应有的观照。

从"精神""理念"返归于感性的对象世界具有重要的理论意义和现实意义。这样一个返归的动作实是对形而上学传统的颠覆,是对西方形而上学的内在革命,是对西方形而上学哲学原点的超越。西方传统哲学对"存在"与"存在者"、"存在"与"非存在"、"理念"与现象、"绝对精神"与外部存在的讨论仅存的价值也只是对抽象思辨的极限发挥,只是对客观世界、客观现象、客观存在的人的"形而上学化"。比如德国思辨哲学,尤其"喜欢幽静孤寂、闭关自守并醉心于淡漠的自我直观;所有这些,一开始就使哲学同那种与它格格不入的报纸的一般性质——经常的战斗准备、对于急需报道的耸人听闻的当前问题的热情关心对立起来。从哲学的整个发展来看,它不是通俗易懂的;它那玄妙的自我深化在门外汉看来正像脱离现实的活动一样稀奇古怪;它被当做一个魔术师,若有其事地念着咒语,因为谁也不懂得他在念些什么"②。德国哲学一贯不喜欢关注现实问题和探寻现实问题的实质,惯用并制造了一系列艰深晦涩的哲学语词,擅长的是进行纯粹的理论思辨和抽象的批判活动,表达着人们无法理解的思辨问题,或表达的观点违反人的现实生活而造成人的普遍不理解。德国哲学作为普鲁士的官方哲学,它关注现实问题也只是为了维护统治当局的地位和利益,因而必然对现实问题作"头脚倒置"的官方解读。比如,它会指出国家是合乎理性的社会存

① 康渝生、邢有男:《马克思主义哲学的人学致思理路》,《求是学刊》,2002 年第 3 期。
② 《马克思恩格斯全集》(第 1 卷),人民出版社,1956 年,第 120 页。

在,从而教育人民作为国家的成员,不能进行叛乱活动去反对国家,而是要服从国家的统治,维护"秩序井然的国家"。又如,它更强调人对国家要保持"神圣而坚定的信仰",保持所谓的"国家观念",而忽略人的现实苦难以及满足生存需要的物质利益,无视人民群众与国家相分裂的既定事实。

在马克思那里,哲学按其本性来说应是直面生活、直面现实问题的,而不是存在于彼岸世界的抽象王国,披着宗教神学的虚假外衣,凌驾于人的现实生活之上并对人做着某种"真正的精神指导",等等。德国哲学的传统从一开始就不是扎根于现实生活世界,不是将感性世界作为哲学的依据和衡量标尺,它所形成的哲学思路和理论体系并不反映世俗世界的实际状况,故而与世俗世界的一切都显得格格不入。马克思首先对德国古典哲学进行了形而上学的完全颠倒,西方形而上学的传统也即进入"终结阶段"。这也意味着马克思从抽象哲学的对立面——感性现实的角度去研究哲学应当思考的问题,即从"现实本身去寻求思想"①,而不是从思想中去寻求现实本身。因为任何哲学都是与现实世界相关联的,都是和"现实世界相接触并相互作用"②;任何哲学都是属于人的世界的产物,都是"自己时代的产物,是自己的人民的产物"。哲学必须自觉立足现实、关注现实,哲学必须进入现实才能实现现实化,比如马克思主义哲学;不能在现实中实现的哲学不是"真正的哲学",这样的哲学最不关注的就是现实,比如思辨哲学体系。历史的任务就是确立此岸世界的真理。③ 因此,"在思辨终止的地方,在现实生活面前"④,正是马克思哲学观真正开始的地方,也正是马克思研究人的命题真正开始的地方,"关于意识的空话将销声匿迹,它们一定为真正的知识所代替"⑤。

---

① 《马克思恩格斯全集》(第40卷),人民出版社,1982年,第15页。
② 《马克思恩格斯全集》(第1卷),人民出版社,1956年,第121页。
③ 《马克思恩格斯选集》(第一卷),人民出版社,2012年,第2页。
④ 同上,第153页。
⑤ 《马克思恩格斯全集》(第3卷),人民出版社,1960年,第31页。

德国哲学的传统是"从天上降到地上","从人们所说的、所想像的、所设想的东西出发",去理解现实生活,"从只存在于口头上所说的、思考出来的、想像出来的、设想出来的人出发,去理解真正的人"。① 马克思则强调立足现实生活,从实际活动的人出发,从人的现实生活过程可以了解哲学理论体系的来源和发展,因为哲学理论本身就是对现实生活过程的概括和反映,也就是人们物质生活过程的升华物。哲学是现实世界的理论产物,必然无法超出它所由以产生的现实世界的范围。一切"形而上学和其他意识形态,以及与它们相适应的意识形式便失去独立性的外观。它们没有历史,没有发展;那些发展着自己的物质生产和物质交往的人们,在改变自己的这个现实的同时也改变着自己的思维和思维的产物。不是意识决定生活,而是生活决定意识。前一种观察方法从意识出发,把意识看作是有生命的个人。符合实际生活的第二种观察方法则是从现实的、有生命的个人本身出发,把意识仅仅看作是他们的意识"②。现实世界的现实存在,包括从事物质生产和物质交往的人,决定了哲学理论的现实性,即以抽象的外观表达客观现实性的内容。这是考察哲学的方法,与传统德国哲学的思维路径是完全不同的。

我们再来看马克思的这段论述:哲学"是自己的时代、自己的人民的产物,人民最精致、最珍贵和看不见的精髓都集中在哲学思想里。那种曾用工人的双手建筑起铁路的精神,现在在哲学家的头脑中树立哲学体系。哲学不是世界之外的遐想,就如同人脑虽然不在胃里,但也不在人体之外一样。自然,哲学首先是通过人脑和世界相联系,然后才用双脚站在地上;但这时人类的其他许多活动领域早已双脚立地,并用双手攀摘大地的果实,它们甚至想也不想:究竟是'头脑'属于这个世界,还是这个世界是头脑的世界。因为任何真正的哲学都是自己时代精神的精华,所以必然会出现这样的时代:

①② 《马克思恩格斯全集》(第3卷),人民出版社,1960年,第30页。

那时哲学不仅从内部即就其内容来说,而且从外部即就其表现来说,都要和自己时代的现实世界接触并相互作用"①。在马克思看来,哲学"非常懂得生活",从来不沉迷于抽象地谈论"天国和人间的事",真正的哲学应当冲破以往那种永恒不变的和令人难解的体系的外壳,回归人的感性的生活世界,回归时代本身,作为现实世界之内的理性思考,集中反映时代历史的发展特点和生活世界的现实内涵。比如,对国家和宗教的批判需要真正的哲学来完成,因为在基督教国家中,宗教不仅是神学问题,更是政治问题、是现实问题,宗教神学显然无法解释清楚国家的复杂问题,思辨哲学本身则是用难以理解的理论外壳包裹着捍卫政权当局的真实目的,宗教神学、思辨哲学都是远离现实世界的"遐想",它们高居于抽象的宗教天国或精神王国来俯瞰"地上的世界"。因此对于世俗世界,需要真正的哲学进行彻底批判,对政治国家和宗教神学进行彻底批判。即马克思所作的形象表达:"现世的智慧即哲学比来世的智慧即宗教更有权关心这个世界的王国——国家。问题不在于应该不应该一般地谈论国家,而在于应该怎样谈论——善意地还是恶意地、哲学地还是非哲学地、有成见地还是无成见地、有意识地还是无意识地、彻底地还是不彻底地、完全合理地还是半合理地。"②可以说,回到被遗忘的现实世界,建构生活世界的新哲学体系,是在马克思这里开启并完成的。

从思想世界降到现实世界,对以往的哲学家来说是最困难的任务之一。事实表明,过去的哲学家们都没能真正地完成这一哲学重任。只有到了马克思这里,哲学视域的转变任务才得以真正完成。

马克思所言的是客观的、现实的、发展的世界,与生活在其中的人有着"千丝万缕的联系",是"对人具有价值和意义的价值世界和意义世界"。③

---

① 《马克思恩格斯全集》(第1卷),人民出版社,1956年,第120~121页。

② 同上,第124~125页。

③ 陈曙光:《马克思人学革命研究》,中国社会科学出版社,2009年,第127页。

现实世界既不同于思辨唯心主义的"抽象本体世界",也不同于费尔巴哈哲学的"纯自然的世界";不是客观世界的某些部分,而是客观存在的"整个世界";不是无人"出席"的精神世界,而是有人"在场"的感性世界;不是"自然人"的世界,而是"现实人"的世界;不是"感性对象"的世界,而是"感性活动"的世界。据此,马克思是"自觉地拒斥一切先验的教条和经院的气息",并且把"现实生活世界作为他从事哲学批判和创造的最重要的根据地"①。在对形而上学进行拒斥和批判后,马克思主张"哲学应关注'现实世界'、'自己时代的世界''人类世界','把人们的全部注意力集中到自己身上'"②。马克思指出:"只要按照事物的本来面目及其产生根源来理解事物,任何深奥的哲学问题……都会被简单地归结为某种经验的事实","经验的观察在任何情况下都应当根据经验来揭示……而不应当带有任何神秘和思辨的色彩"。③ 对于人和自然的关系,以及自然和历史的关系等问题,都应当按照事物本来的面貌及根源去理解,避免陷入超感性的思维领域去观察生活世界的现象和规律。然而青年黑格尔派将"自我意识"和"实体"视为一切自然和历史的来源,自然和人类历史都是"自我意识"和"实体"的创造物。比如,以鲍威尔为代表的神圣家族们是自我意识哲学的主张者,以施特劳斯为代表的思辨哲学家是实体哲学的主张者,在他们那里,人、自然和社会历史变成了神秘莫测的存在物。由思辨哲学演绎的概念王国不是现实世界的根本,不是人和人类社会的根源,实际上它也是生活世界的产物,是人的实践活动的产物,是现实世界在理论上和逻辑上的呈现,而不是现实世界作为概念世界的逻辑的外化。当马克思完成从概念世界进入现实世界、从思辨哲学到

---

① 杨学功:《超越哲学同质性神话——从哲学形态转变的视角看马克思的哲学革命》,《复旦学报》,2005 年第 2 期。

② 肖前、李淮春、杨耕主编:《实践唯物主义研究》,中国人民大学出版社,1996 年,第 29 页。

③ 《马克思恩格斯全集》(第 3 卷),人民出版社,1960 年,第 49、29 页。

现实哲学、从旧唯物主义到"新唯物主义"的革命性转变之时,也就是马克思运用科学的实践观去阐释其新哲学形态,从而将属于人的世界归还给人,将现实生活的内容归还给人,将人的社会关系复归于人,将人的现实本质复归于人,批判旧哲学的人学体系与构筑科学的人学理念是同时完成的。马克思密切关注人在现实社会的生存际遇,阐发人本身所具有的现实含义,进而恢复人作为"现实的人"的真正身份。

当马克思的哲学思维投射到人学领域时,人学研究的视域即从"天国"回到"尘世"。人学理论的凝成则是从"人间升到天国",这恰和德国哲学的发展方向是相反的。马克思人学研究的出发点是"从事实际活动的人",人学研究的前提是"一些现实的个人,是他们的活动和他们的物质生活条件"。① 这也说明,马克思人学所关心的是人的社会生活和社会生活中的人。以此来反观《神圣家族》,也表明了马克思批判神圣家族门徒时的人学视野已基本转到现实领域。《神圣家族》是一部批判性的著作,批判的对象就是青年黑格尔派及其主观唯心主义思想。青年黑格尔派认为"批判"决定和统治着一切,现实的人及其社会生活都由"批判"所创造和规定的,最终都被"批判"所代替。既然人是意识、精神的产物,是概念性的存在,那么人在现存社会中所遭受的一切苦难都只是精神上的苦难,只需在意识和精神中、在想象中主观解决了这些苦难和贫困就足够了。马克思对此指出:"既然青年黑格尔派认为观念、思想、概念,即被他们变为某种独立东西的意识的一切产物,是人们的真正枷锁,就像老年黑格尔派把它们看作是人类社会的真正羁绊一样,所以不言而喻,青年黑格尔派只要同意识的这些幻想进行斗争就行了。既然根据青年黑格尔派的幻想,人们之间的关系、他们的一切举止行为、他们受到的束缚和限制,都是他们意识的产物,所以青年黑格尔派完全

---

① 《马克思恩格斯选集》(第一卷),人民出版社,2012 年,第 146 页。

合乎逻辑地向人们提出一种道德要求,要他们用人的、批判的或利己的意识来代替他们现在的意识,从而消除束缚他们的限制。这种改变意识的要求,归根到底就是要求用另一种方式来解释现存的东西,也就是说,通过另外的解释来承认现存的东西。"①

青年黑格尔派思想家们提出所谓震撼世界的观点,实际上只是反对人和现实世界的词句,其目的不是在于真正反对现存的世界,不是在于真正改变现存世界的人的状况,仅仅是为了这些空洞的词句而斗争,不是革命的斗争,而是反革命的斗争,不是现实的斗争,而是头脑中的斗争。青年黑格尔派思想家们进行的批判及其所作的所有批判,都没有同社会现实联系起来,没有同与他们自身密切联系的客观环境和物质条件联系起来,坚持认为具有普遍性的观念、精神、意识、宗教统治着现存世界和现存世界中的人,这就等于把现实世界和现实的人的一切都宣布为神学意义上的存在。青年黑格尔派思想家们没有提出任何破除人们所受的阶级剥削和现实压迫的方法,而是要求人们遵从虚假的道德训诫,要求人们树立一种所谓的批判或利己的意识,不是让人们解除剥削和压迫自身的现实枷锁,而是让人们解除思想上和精神上的"枷锁",从而获得一种"内心的宁静"和"精神上的自我满足"。青年黑格尔派是德国哲学的重要流派,从中可以窥探德国哲学的传统,尤其在对人的问题的阐释上具有典型的形而上学性和思辨性特点,唯心主义则是其表达人学观点的基本哲学立场。

在《神圣家族》中,马克思批判"批判的批判"把自己比作上帝,而实际是纯粹的妄想;马克思批判"批判的批判"自以为远远超出群众,而实际是群众的一员;马克思批判"批判的批判"把群众的"群众性"视为卑贱的和低劣的,而实际是现实性的体现;马克思批判"批判的批判"以为在意识世界便可解

① 《马克思恩格斯全集》(第3卷),人民出版社,1960年,第22页。

决贫困问题,而实际是在加重人们的贫穷;马克思批判"批判的批判"以为自我意识范域才是现实的,而实际是无端的幻想;马克思还批判"批判的批判"把具体时代的冲突归于意识世界本身,而实际是现实世界的冲突,与精神意识无关。如果像思辨人学这样去理解人,除了自我意识,则连半分人的影子都不会出现,结果只有对人的严重曲解。马克思打破了"自我意识"筑下的精神围墙,强调群众的现实性和革命性。只有使人明确自己是生活于现实的世界,而不是虚构的精神王国,人们才会有动力去改变自身及不合理的生活世界。

回到"群众的社会主义和共产主义"。哲学视野的转向同样体现在对人类社会发展走向的认识上。在《神圣家族》中,"批判的社会主义"和"群众的社会主义"的对立,就是两种不同哲学研究视域的对立,即鲍威尔等人思辨哲学的意识世界和马克思恩格斯历史哲学的生活世界的对立。在马克思恩格斯那里,群众的共产主义的工人及其组织而成的团体能够产生出巨大的、无可比拟的力量,用以改变工人自身的现状和现存世界,而在鲍威尔那里,这些都只被看作精神的范畴,只需要用纯粹的思维即可改变工人和现存世界。"群众的社会主义"不承认任何纯理论领域内的解放,因为纯理论领域内的解放不过是一种幻想,不与现实社会及物质条件有任何关联,必然不能给群众带来真正的自由,只有进行物质的、实际的变革运动,工人群众的解放和自由才能真正地实现。"绝对的社会主义"认为"精神""批判"是进步的、绝对的,群众是为了"批判"而存在的,如此,群众的解放只能在"批判"的领域内并与"批判"相适应才是可能的。这种"纯精神的社会主义"完全不顾工人群众的悲惨状况和痛苦的生活经历,因而与实际的工人运动是相悖的,是在阻碍工人运动的发展而不是推动工人运动的发展。马克思恩格斯则指出:"一切共产主义的和社会主义的著作家都从这样的观察出发:一方面,甚至安排得最顺利的出色的行动显然都没有出色的结果,并且还蜕化为平庸的事情;另一方面,精神的一切进步到现在为止都是损害群众的进步,使群众陷入每况愈下的非人境遇。因此,他们宣称'进步'(见傅立叶)是不能令人满意的抽象词句;他们猜到了(见欧文及其他人)文明世界的根本缺陷的存在;因此,他们对现代社会的现实基础进行了无情的批判。在实践中,一开始就和这种共产主义批判相适应的,是迄今仍遭到历史发展的损害的广大群众的运动。"①即便法国和英国的工人运动已经证明了"群众的世俗的社会主义"的现实性和正确性,"绝对的批判"能想到的依然是精神上的问题,即只要精神的存在物发生改变,底层人民的认知水平就能提高到更高的层次,从而避免找到并解决群众的问题。因此,"批判仿效'总汇报'的手法,想用'幻想'这个非同小可的字眼来铲除所有的社会主义和共产主义的体系。批判就这样打死了外国的社会主义和共产主义"②。鲍威尔等人把革命的社会主义和共产主义理解为未完成的批判的表现,最后又变成了恐怖主义,又因"被肉体所亵渎的精神"和"被群众所亵渎的批判"同自我意识和绝对批判相对立,鲍威尔等人要做的是消除这种对立,也就是消除他们同其余人类、精神与物质的对立,为"批判的批判"扫清一切障碍、开辟思辨前行的道路是鲍威尔及其伙伴赋予社会主义和共产主义的唯一历史使命。

青年黑格尔派对社会主义的歪曲和污名是显而易见的,关于社会主义的理解完全是基于主观的设想。马克思恩格斯基于对资本主义现实矛盾的分析,客观地看到了资本主义社会的工人群众在生产和生活中的现实遭遇,得出了社会主义和共产主义是从现存旧世界中发展出来的必然性结果。是否立足现实世界去考察人的现实问题,既是"批判的社会主义"和"群众的社会主义"之间无法跨越的分界线,实际上也折射出青年黑格尔派和马克思恩

---

① 《马克思恩格斯全集》(第2卷),人民出版社,1957年,第106~107页。
② 同上,第170页。

格斯所主张的两种哲学体系的不同研究视域。青年黑格尔派关注的是超验的精神世界,其一切哲学演绎都是在精神的、意识的世界中进行的;马克思恩格斯强调的是现实的物质世界,他们的哲学思考和思想的展开都是从现实世界出发并且是在现实世界中完成的。

二、运思逻辑的变革:从抽象思辨转入现实关切

如果从传统哲学的框架去开辟新的人学理论,或者是把新的人学智慧纳入旧的哲学体系,那么即使是新人学观也可能会失去它的创新本质。当然,作为马克思哲学研究主题的人学,是在传统哲学框架下孕育的,是在汲取传统哲学尤其是黑格尔哲学和青年黑格尔派的"自我意识哲学"的合理元素中萌生的。但是马克思并没有拘泥于或迷失于旧哲学的人学体系,更没有狭隘地推进自己的人学思想。从《神圣家族》就能看出,马克思对于人学问题作出了诸多创新性的诠释。可以认为,《神圣家族》象征着马克思人学研究开始了思维方式的变革之路,坚持走出一条不同于传统人学的逻辑范式。

(一)对思辨哲学从信仰走向"倒戈"

1. 在马克思思想的成长过程中,黑格尔哲学对于马克思可谓是意义重大

恩格斯曾这样评价黑格尔哲学:"黑格尔的体系包括了以前任何体系所不可比拟的广大领域……精神现象学……逻辑学、自然哲学、精神哲学,而精神哲学又分成各个历史部门来研究,如历史哲学、法哲学、宗教哲学、哲学史、美学等等——在所有这些不同的历史领域中,黑格尔都力求找出并指明贯穿这些领域的发展线索;同时,因为他不仅是一个富于创造性的天才,而且是一个百科全书式的学识渊博的人物,所以他在各个领域中都起了划时

代的作用。哲学在黑格尔那里完成了,一方面,因为他在自己的体系中以最宏伟的方式概括了哲学的全部发展;另一方面,因为他(虽然是不自觉地)给我们指出了一条走出这些体系的迷宫而达到真正地切实地认识世界的道路。"①在黑格尔的哲学大厦中,有着一系列闪光的理论和思想"珍宝",其中革命的辩证法思维基本揭示了人类社会、世界历史的发展过程和趋势,按照辩证哲学的逻辑,一切绝对的真理或绝对的人类存在状态都是不可能的,因为一切事物和存在都是历史的和暂时的,处于生成和灭亡的不断更替之中,对于一切事物和存在,生成性取代了既成性、相对性取代了绝对性和永恒性。这是黑格尔哲学闪烁着的理论智慧。

　　青年时期的马克思,身居于处处都充斥着黑格尔主义影响的德国,黑格尔的哲学体系在德国的富有哲学味道的气氛中发挥了巨大影响,黑格尔的观点学说"自觉地或不自觉地大量渗入了各种科学,也渗透了通俗读物和日报,而普通的'有教养的意识'就是从这些通俗读物和日报中汲取自己的思想材料的"②。黑格尔哲学的时代盛况也被这样描述:"那时全部学术都从黑格尔的智慧的丰盛餐桌上得到滋养;那时一切学科都为哲学学科服役,目的不外是想从绝对者领域的最高监督以及著名的辩证法的无所不通的威力那里给自己弄到一些东西;那时的人,如果不是黑格尔的信徒,他就会被认为是一个野蛮、愚蠢、落后的人和可鄙的经验主义者。"③整个德国哲学界以及哲学家们、哲学追随者们都被黑格尔所吸引,马克思当然也不例外。比如,马克思在柏林郊区休养期间,将黑格尔的著作从头到尾都读了一遍,也读了他大部分弟子的著作。他曾在给他父亲的信中表达了对黑格尔哲学的认

----

　　① 《马克思恩格斯文集》(第四卷),人民出版社,2009 年,第 273 页。

　　② 同上,第 273 页。

　　③ [法]科尔纽:《马克思恩格斯传》(第 1 卷),刘磊等译,生活·读书·新知三联书店,1963 年,第 78 页。

识："我读过黑格尔哲学的一些片断,我不喜欢它那种离奇古怪的调子。我想再度潜入大海,不过有个明确的目的,这就是要证实精神本性也和肉体本性一样是必要的、具体的并有着坚实的基础……我这个不知疲倦的旅行者着手从哲学上辩证地揭示这个表现为概念本身、宗教、自然、历史的神性。我最后的命题是黑格尔体系的开端。"①马克思此时初步接触了黑格尔哲学,虽然表达了对黑格尔哲学晦涩深奥的理论基调的不满态度,但他其实已经受到黑格尔哲学的影响。马克思认为"精神本性"和"肉体本性"一样,具有同样具体而坚实的基础,充分肯定了"精神本性"的地位;他所论证和揭示的是作为概念的"神性",把自己的研究命题确定为黑格尔体系的开端,等等。由此可见,青年马克思对黑格尔哲学的信仰和推崇,尤其是对黑格尔哲学中的辩证法、法哲学思想、理性国家观以及自由观等极为尊崇。然而在《莱茵报》时期,物质利益问题对马克思的哲学信仰产生了剧烈冲击,使马克思认识到抽象理性的软弱无力以及人本身的强烈的现实感。马克思的哲学主题开始发生改变,由研究"理性和法"开始转向研究现实生活和人的现实问题。众所周知,马克思人学思想的铸成,是一个不断批判旧世界和旧哲学的过程。② 从哲学信仰的转变历程来看,马克思的第一位"哲学导师"是黑格尔。黑格尔是启发马克思的第一位"启蒙家"。马克思虽转向了"人",但并未同时伴随着真正地认识"人",还须对黑格尔哲学进行批判性的考察,才能形成关于人学的新的逻辑理路。

2. 马克思对黑格尔的质疑可以追溯到《德谟克里特的自然哲学与伊壁鸠鲁的自然哲学的差别》(简称"博士论文")

马克思在博士论文中虽然还是一个黑格尔唯心主义者,但已不是地地

---

① 《马克思恩格斯全集》(第 47 卷),人民出版社,2004 年,第 13 页。

② 参见袁贵仁:《马克思的人学思想》,北京师范大学出版社,1996 年,第 308 页。

道道的黑格尔哲学信奉者,他反对"赞同黑格尔的一切片面性的说法"。博士论文时期的马克思对黑格尔的"反叛"已经较为明显地表露了出来。马克思在博士论文一开篇的序言中就这样讲道:"虽然黑格尔大体上正确地规定了上述诸体系(主要是指伊壁鸠鲁哲学、斯多葛哲学和怀疑论哲学的相互联系——笔者注)的一般特点,但由于他的哲学史—— 一般说来哲学史是从它开始的——的令人惊讶的庞大和大胆的计划,使他不能深入研究个别细节。另一方面,黑格尔对于他主要地称之为思辨的东西的观点,也妨碍了这位伟大的思想家认识上述那些体系对于希腊哲学史和整个希腊精神的重大意义。这些体系是理解希腊哲学的真正历史的钥匙。"①在马克思看来,虽然黑格尔是最早了解全部哲学史并开创哲学史的伟大哲学家,但他未充分了解全部哲学史,对于其中的细节和具体内容没有作深入的研究,并且黑格尔思想的思辨性特质严重影响其对希腊哲学史体系的充分认识。马克思认为:"哲学史应该找出每个体系的规定的动因和贯穿整个体系的真正的精华,并把它们同那些以对话形式出现的证明和论证区别开来,同哲学家们对它们的阐述区别开来,因为哲学家是了解他们自己的。……在阐述具有历史意义的哲学体系时,为了把对体系的科学阐述和它的历史存在联系起来,这个关键因素是绝对必需的。这一联系所以是不可忽视的,正是因为这个存在是历史的。"②也就是说,一部哲学史其实就是一个有着内在联系和历史意义的哲学发展史。哲学史反映了不同哲学体系之间的联系,这里的哲学体系是"真正的哲学认识",区别于"那种滔滔不绝的、公开的、具有多种形式的现象学的主体意识"。③可以看到,在其博士论文中,马克思既吸收了黑格尔哲学的思想观点和理论方法,同时也开始对黑格尔哲学发起了质疑和批判。

---

① 《马克思恩格斯全集》(第40卷),人民出版社,1982年,第188~189页。
②③ 同上,第170页。

黑格尔哲学逻辑缜密,却是纯形式的观念论;看似主张绝对真理,却是非现实的抽象理性论;强调辩证否定的意义,却是保守性的非批判论。例如,马克思不认可黑格尔抛开现实世界、把哲学封闭在理性的精神世界之中,更不认可黑格尔视哲学高于生活、生活附属于哲学、生活只会对哲学造成"凌辱"的观点。相反,马克思主张哲学与世界、"理性"与现实之间是相互联系的。哲学理论需要借助批判的手段与现实世界发生关系,改造不合理的现象世界;哲学必须参与生活,才能说明现实生活,才能用哲学的"思想的闪电"照亮生活的盲区,才能证明哲学不是思辨的想象或纯抽象的理论。既然哲学是对世界的把握,那么哲学就应该"象普罗米修斯从天上盗来天火之后开始在地上盖屋安家那样"①,就应该对现实世界的改变具有积极作用。此外,马克思在博士论文中对于自由的理解,也体现了他开始实现对黑格尔自由思想的一定超越。在哲学理论上,黑格尔没有区分哲学和宗教,甚至认为哲学和宗教具有同一性,否定了哲学与宗教的区别,否定了哲学的独立性和自由性特点。对此,马克思在博士论文中借用大卫·休谟的话来表达了自己的观点,那就是"对哲学来说……当它的最高权威本应到处被承认时,人们却迫使它在每一场合为自己的结论作辩护,并在被它触犯的艺术和科学面前替自己申辩。这就令人想起一个被控犯了背叛自己臣民的叛国罪的国王"。哲学不是宗教,不受宗教的裹挟和压制,有着"征服世界的、绝对自由的精神",因而是批判的、现实的和致力于实现自由的。"哲学,只要它还有一滴血在它那个要征服世界的、绝对自由的心脏里跳动着,它就将永远用伊壁鸠鲁的话向它的反对者宣称:'渎神的并不是那抛弃众人所崇拜的众神的人,而是同意众人关于众神的意见的人'"。② 在哲学思想上,黑格尔对自

---

① 《马克思恩格斯全集》(第40卷),人民出版社,1982年,第136页。

② 同上,第189页。

由的观点主要在于,所谓自由是抽象的自由、精神的自由,抑或观念的自由、宗教的自由。马克思对黑格尔的自由观进行了批判,认为这种自由还是在认识范围内的自由,是脱离人的自由,没有主体的自由只能是不切实际的自由。马克思认为,自由既不是孤立的,也不是超然的。人只有挣脱"命运的束缚",通过人与人的全面的交往活动,也即是"一个人,只有当他与之发生关系的他物不是一个不同于他的存在,相反,这个他物本身即使还不是精神,也是一个个别的人时,这个人才不再是自然的产物。但是,要使作为人的人成为他自己的唯一现实的客体,他就必须在他自身之中打破他的相对的定在,即欲望的力量和纯粹自然的力量"①。那么理论的自由才会转为人的现实的自由,应然的自由才会转为人的实然的自由。

如果说博士论文时期的马克思还是一个黑格尔主义者,那么到《神圣家族》时期,马克思的哲学思维实现了重大创新,就关于"人"的看法而言,已与黑格尔泾渭分明。

黑格尔崇尚实体、"绝对精神",并结合其独特的思辨方法,以思辨的视角去观察外部存在,"善于用巧妙的诡辩把哲学家利用感性直观和表象从一实物推移到另一实物时所经历的过程,说成想像的理智本质本身即绝对主体本身所完成的过程",他经常"在思辨的叙述中作出把握事物本身的、真实的叙述",且"这种思辨发展之中的现实的发展"会诱使人们把"思辨的发展当做现实的发展,而把现实的发展当做思辨的发展"。② 黑格尔这种思想方法的基本内容就是典型的思辨的方法和思辨的活动,即"把实体了解为主体,了解为内部的过程,了解为绝对的人格"③。黑格尔把现实的发展和现实的环节转化为思辨的发展和抽象的环节,一切现实存在物及其变化发展都

---

① 《马克思恩格斯全集》(第1卷),人民出版社,1956年,第37页。
② 《马克思恩格斯全集》(第2卷),人民出版社,1957年,第75~76页。
③ 同上,第75页。

成为"绝对精神"外化过程中的表现形式,一切现实存在物都不过是作为主体的实体为到达最高境界即"绝对精神"而形成的一系列环节。"绝对精神"是无限的绝对主体,是能够自我实现的实体,达到了主体和实体的统一,"它自己的完成过程,就是这样一个圆圈,预悬它的终点为目的并以它的终点为起点,而且只有当它实现了并达到了它的终点它才实现的"①。"绝对精神"在自我实现时,作为实体在自身内部运动,并演化为外部存在、现实事物,而后实体进行自我否定、转为绝对的主体,即重归"绝对精神"自身。在黑格尔那里,现实的存在物、经验世界和客观规律都消失不见,被抽象为一种精神的和概念的存在物、超验的世界和反映"绝对精神"的一般规律。由于"绝对精神"可以自我否定和自我发展,外化并包罗了一切现实的人和事物,因此黑格尔哲学的客观唯心主义立场是毋庸置疑的。

当黑格尔将这一哲学思维方式应用于对"人"的认识上,他的唯心主义人学倾向也是一览无余的。黑格尔把实体看作主体,把人看作实体的"谓语",一切现实的人只是抽象实体的化身。马克思指出,人始终是主体,并且人是现实的和从事实践活动的人。而黑格尔眼中的主体却是"意志的纯自我规定,是简单概念本身。在这里,是意志的本质作为神秘的主体作出规定。在这里,不是现实的人、个人的和有意识的希求。在这里,是意志的抽象转变为自然的定在,是纯观念使自身体现为某一个体"②。被当作主体的是观念的实体,那么作为主体的"现实的人"只能是"抽象谓语的最后谓语"。③ 实际上,现实的人或人的现实性不是某种抽象的词句或"抽象谓语的谓语",也不是纯观念为了自身规定而存在的,即人的存在不是由"自由意志"所决定的。人是有自己的现实意志、物质动机和实践活动,这里的意志、

---

① [德]黑格尔:《精神现象学》(上卷),贺麟等译,商务印书馆,1962 年,第 11 页。

② 《马克思恩格斯全集》(第 3 卷),人民出版社,2002 年,第 45 页。

③ 同上,第 22 页。

动机等并不是所谓的"自由意志"或"自在的和自为的意志",更不是所谓的
"人类意志的纯粹自我规定"或"纯粹思想上的概念规定及假设"。但是以黑
格尔为代表的德国哲学,把"绝对精神"或"自由意志"确定为独立的存在,并
且是独立于人的绝对存在,不是人创造"绝对精神"或"自由意志",而是"绝
对精神"或"自由意志"创造了人和人的现实社会。"绝对精神"或"自由意
志"的这种独立性是一种虚假的独立性,在德国哲学的理论逻辑上具有绝对
独立性,凌驾于现实的人之上,在这种理论逻辑的背后其实是德国的哲学思
想与社会现实的分离和对立。德国哲学反映的是统治阶级和专制国家的意
志与利益,因而必然同市民阶级以及广大人民群众的利益相对立,为了粉饰
这种阶级之间的现实利益冲突,统治阶级官方就需要一套自己的哲学理论
来说明人的利益需要和思想动机是虚假的,个人的意志应服从国家的绝对
意志。德国哲学的思想理论根本上是"以物质利益和由物质生产关系所决
定的意志为基础的"[①],但是脱离其所立足的社会现实基础而空谈人,把人的
现实问题设定为纯粹抽象的存在,这也更鲜明地反映了德国哲学体系"头足
颠倒"的哲学世界观。

　　黑格尔哲学的前提是"抽象的或绝对的精神",这种"精神"是按着如下
的运思方式发展的:"人类仅仅是这种精神的有意识或无意识的承担者,即
群众。""抽象的普遍性即理性、精神"仅仅是在"少数单个的人身上得到抽象
的表现。"至于"每一个单个的人是否愿意去冒充这样的'精神'代表者",这
就要取决于其"想象力"。[②] 此番所谓的"真正的运动"是被"绝对精神"无意
识地完成了的。黑格尔这种观念式的推演逻辑是对"人"的错误释义,把原
本明确的、现实的人学问题推演成了十足的"抽象的神秘主义"。黑格尔将

　　①　《马克思恩格斯全集》(第3卷),人民出版社,1960年,第213页。
　　②　《马克思恩格斯全集》(第2卷),人民出版社,1957年,第108页。

人完全排斥在理性世界的大门之外,筑起了一座无人的、只有精神和知识的思辨王国。

马克思首先明确,不论是对于观念,还是对于外部世界,人都是作为主体而存在的。相比黑格尔思想方式总是集中在纯粹的概念、抽象的哲学术语,总是把"人"概念化、单一化,总是把"人"关进绝对精神的"铁栏和围墙",马克思认为应当用"'人类关系的真正丰富性'、'历史的无穷无尽的内容'、'人的意义'"①来取代绝对精神的地位,以重新发现人本身,重新认识"人是全部人类活动和全部人类关系的本质、基础"②,归复人所具有的真正意义和现实关系。马克思在《神圣家族》中尤其集中批判了青年黑格尔派的思辨唯心主义人学。在哲学思维方式上,青年黑格尔派虽然一贯叫嚣其哲学理论消除了黑格尔哲学的"不彻底性",冲破了黑格尔哲学的"监狱",沾沾自喜地认为实现了对黑格尔哲学的超越,实际上其始终都是黑格尔哲学及思维方式的"俘虏",尽管在青年黑格尔派看来,黑格尔哲学中的简单概念、语词以及思维方式,甚至整个哲学体系都是应当被鄙视和嫌弃的。青年黑格尔派试图用人的自我意识取代黑格尔哲学中的"绝对精神"或"绝对观念",并且将人的自我意识绝对化、神圣化,以此抵抗"绝对精神"或"绝对观念"的至上性。但是青年黑格尔派眼中的"人"并不是现实的人,不是人民群众,不是从事生产活动的工人,而是特指青年黑格尔派哲学家们,是指鲍威尔及其伙伴们,自我意识只是专属于他们自己的自我意识,自我意识如果沾染了群众就会被玷污、受损,因而自我意识与现实的人无关,与工人群众无关。于是,自我意识取代了"绝对精神"或"绝对观念",成为决定和统治人的最高存在,而人则成为依附自我意识的抽象的和片面的存在物。可见,青年黑格尔派思辨哲学不过是对黑格尔哲学的复写、再版和演绎,在哲学范式、

①② 《马克思恩格斯全集》(第2卷),人民出版社,1957年,第118页。

思维方式和思辨方法等方面都不过是对黑格尔哲学的经典重现。所以即使《神圣家族》时的马克思还未完全跳出旧哲学的体系范围,但他在人学方面对以黑格尔为代表的思辨哲学体系发起的有力冲击,更有助于其改造黑格尔哲学的思辨逻辑为现实的人学。

3. 马克思逐步脱离了黑格尔哲学,转而追随青年黑格尔派

在与鲍威尔等人的接触中,马克思受到反宗教反封建的"自我意识"理论的"洗礼",一度成为"自我意识哲学"的追捧者。在大学期间,马克思加入青年黑格尔派的一个学术沙龙即博士俱乐部,俱乐部的核心人物是鲍威尔,还有卡尔·科本、阿道夫·鲁滕堡等知名成员,马克思是其中最年轻的成员,但马克思却赢得了博士俱乐部成员的敬佩和赞誉。科本就曾表示马克思是"博士俱乐部"的"思想的仓库""思想的牛耳",更是自己和鲍威尔思想的源泉。因此,戴维·麦克莱伦曾评价,博士论文时期的马克思"并没有任何马克思特有的思想","不过是对鲍威尔的某些思想深有同感的一个普通的青年黑格尔分子罢了"。① 由此可知,马克思当时同博士俱乐部的密切联系及受到青年黑格尔派哲学的影响有多深了。

博士论文体现出了青年黑格尔派对早期马克思思想的深刻影响。比如马克思谈到的原子偏斜问题其实是对自我意识的肯定和赞扬,即原子不是直线下坠而是"脱离直线而偏斜"②,从直线中解放出来,从绝对必然性中逃离出来,意味着偶然性和相对性的存在,这本身也意味着人作为主体所具有的自我意识和能动性、人的主体地位以及个人自由的实现。自我意识在伊壁鸠鲁哲学中有着鲜明地体现,马克思对此给予了认可和揭示,正如马克思在博士论文中指出的:"在伊壁鸠鲁派、斯多葛派和怀疑派那里自我意识的

---

① [英]戴维·麦克莱伦:《青年黑格尔派与马克思》,夏威仪、陈启伟、金海民译,商务印书馆,1982年,第74~75页。

② 《马克思恩格斯全集》(第40卷),人民出版社,1982年,第209页。

一切环节都得到充分表述,不过每个环节都被表述为一个特殊的存在,难道这是偶然的吗? 这些体系合在一起形成自我意识的完备的结构,这也是偶然的吗?"①马克思以反问的方式表达了对自我意识哲学的肯定态度。自我意识表示着人的主体性和独立性,同时表示着对所谓天命、神学和上帝的直接否定。

马克思在博士论文里贯彻了"自我意识"的哲学逻辑。比如就神学而言,马克思在博士论文中借古希腊神话中的人物"普罗米修斯"发出了"痛恨所有的神"的掷地宣言,马克思明确提出反对天上的和地下的一切神灵、不应该有任何神灵能同人的自我意识相并列、人的自我意识才具有最高的神性等观点,这里已经表现出了马克思的激进民主主义立场,也埋下了后续同青年黑格尔派分裂和对立的伏笔。在马克思看来,"上帝存在的证明或者不外是对于本质的人的自我意识的存在的证明,自我意识的存在的逻辑说明"②,一切为证明上帝存在的证明都不过表明了上帝的不存在,因而表明了人的存在,表明了人的本质和自我意识的存在。自我意识本身就含有自我肯定的倾向,不仅在人自身之中而且在事物之中都得到了肯定。这表明马克思强调将"自我意识"归还于作为人的"自我意识",并且"自我意识"在反宗教神学方面的威力得到了马克思的认可。马克思将伊壁鸠鲁学派等都归列自我意识哲学学派,把他们视为"自我意识哲学家",因为他们对自我意识的一切环节都进行了阐释和说明,这些关于自我意识的论述进而构成了自我意识哲学的体系。同时,马克思也强调,不应把人的自我意识上升为绝对原则,否则"一切真正的和现实的科学"就会被取消,应当把自我意识看作人的自我意识,是对人的本质的体现,这样一来,"一切对于人的意识来说是超

---

① 《马克思恩格斯全集》(第40卷),人民出版社,1982年,第195页。
② 马克思:《博士论文》,贺麟译,人民出版社,1961年,第94页。

验的东西,因而也就是属于想象的理智的东西,也就全部破灭了","如果把那只在抽象的普遍性的形式下表现其自身的自我意识提升为绝对原理,那么就会为迷信的和不自由的神秘主义大开方便之门"。①

马克思早年对青年黑格尔派的跟随,对"自我意识哲学"的运用,都决定了马克思早期所具有的唯心主义倾向,彼时的马克思还深受德国哲学思辨逻辑的浸染,也还没有形成自己的哲学新范式。从《莱茵报》时期到《德法年鉴》时期的切实经历,马克思渐渐意识到自己与青年黑格尔派的内在矛盾。青年黑格尔派的那一套理论对于触动现实毫无作为,这与马克思关切现实、关怀人类的哲学向度恰恰是相悖的。同时,我们也要承认,青年黑格尔派哲学确实为后来马克思主义的推进提供了大量的有益资源。马克思正是在批判地吸收青年黑格尔派哲学的基础上,不断开创出属于自己的哲学领地。

总之,在思辨哲学的逻辑范式中存在着人学的"空场"问题。不同的哲学范式对于人的问题有不同的观点,思辨哲学理论在人和人的现实问题、人和现实世界的关系等方面的理解上,都不同于马克思恩格斯的哲学范式及思想观点。在思辨唯心主义体系中,人的问题被定性为概念的问题,概念语词的抽象意蕴取代了人的现实内涵,精神意识的逻辑演绎取代了人的现实生活过程。就此而言,思辨人学的基本特征就在于"纯粹逻辑演绎和推理,其基本职能在于定义人学基本概念、揭示人学基本命题、厘定人学内在逻辑",并且这些"哲学概念基本上都是远离现实生活的"②。因此,思辨人学体系不是关于人和人的现实存在的科学把握,而真正的人学理论的建构则是由马克思恩格斯推动和完成的。

---

① 《马克思恩格斯全集》(第40卷),人民出版社,1982年,第242页。
② 陈曙光:《马克思人学革命研究》,中国社会科学出版社,2009年,第134页。

（二）逐步走向"历史的逻辑"的深处

马克思恩格斯在《神圣家族》时期与青年黑格尔派在致思逻辑上的矛盾全面爆发。《神圣家族》意味着马克思恩格斯脱离了青年黑格尔派,不断清除自己思想中的思辨哲学残余。一方面,鲍威尔等人习得黑格尔思辨哲学的逻辑精髓,把历史观的前提设为抽象的精神或意识,颠倒精神与自然的关系,混淆抽象和具体、一般和个别的关系,用一般去规定个别,用抽象去说明具体,只承认一般和抽象,否认具体和个别的现实性。另一方面,青年黑格尔派是德国小资产阶级的思想代表,其思想观点都是对小资产阶级的立场和现状的维护,而对工人群众的利益和现状则是漠视和否认,其哲学体系必然是思辨的和抽象的,所谓"绝对批判"的思辨哲学实际就是伪善的和保守的"理论反动"。青年黑格尔派不是把现今的人的一切现实关系揭露出来,而是"把现今人的一切关系都看做秘密",把人的一切"现实的平凡的东西变成了秘密",也即他们"不是要揭露被掩盖的东西,而是要掩盖已经被揭露的东西"。① 比如,他们把国家和社会中存在的不平等、无法纪、群众贫困、阶级压迫等野蛮现象都视为秘密,并以其哲学理论的诡辩逻辑,辩称在大多数国家中,所有社会成员不论贫富贵贱在法律面前从来都是一律平等的,"恰恰相反,大多数国家的信条都一开始就规定贫富贵贱在法律面前的不平等"②;富人对贫穷一无所知,事实上是富人对群众的贫困熟视无睹;富人和穷人的对立是不可避免的,事实上贫富对立、阶级分化并不是从来就有的;保留贫困在社会中的存在状况而不是消灭穷人的普遍贫困现象,事实上是为巩固自身阶级群体的利益,等等。这种"批判的叙述的秘密",就是青年黑格尔派

---

① 《马克思恩格斯全集》(第 2 卷),人民出版社,1957 年,第 69 页。
② 同上,第 70 页。

的"思辨的黑格尔结构的秘密"。以鲍威尔为代表的神圣家族们把"思辨结构的秘密"刻画得入木三分。

概言之,在鲍威尔等思辨哲学家看来,抽象的"自我意识"是真实的,"自我意识"之外的外部世界反而是观念的存在,外部世界消融在"自我意识"的"秘密"之中、囊括在"自我意识"的范畴之中,必须通过"自我意识"去把握外部世界和人的现实问题。马克思以具体的水果和"果实"的一般观念的关系为例,批判青年黑格尔派的主观唯心主义,揭开了鲍威尔一伙思辨哲学的"秘密"之所在。我们来看马克思所作的这样一段描述:

> 如果我从现实的苹果、梨、草莓、扁桃中得出"果实"这个一般的观念,如果再进一步想像我从现实的果实中得到的"果实"……这个抽象观念就是存在于我身外的一种本质,而且是梨、苹果等等的真正的本质,那末我就宣布(用思辨的话说)"果实"是梨、苹果、扁桃等等的"实体",所以我说:对梨说来,决定梨成为梨的那些方面是非本质的,对苹果说来,决定苹果成为苹果的那些方面也是非本质的。作为它们的本质的并不是它们那种可以感触得到的实际的定在,而是我从它们中抽象出来又硬给它们塞进去的本质,即我的观念中的本质——"果实"。于是我就宣布:苹果、梨、扁桃等等是"果实"的简单的存在形式,是它的样态。诚然,我的有限的、基于感觉的理智辨别出苹果不同于梨,梨不同于扁桃,但是我的思辨的理性却说这些感性的差别是非本质的、无关重要的。思辨的理性在苹果和梨中看出了共同的东西,在梨和扁桃中看出共同的东西,这就是"果实"。具有不同特点的现实的果实从此就只是虚幻的果实,而它们的真正的本质则是"果实"这个"实体"。①

---

① 《马克思恩格斯全集》(第2卷),人民出版社,1957年,第71~72页。

也就是说,在思辨哲学中,"果实"这个一般概念决定了具体的水果,如苹果、梨子、草莓、扁桃;概念的"果实"是现实的存在,有着不同特点的现实的果实是虚幻的存在;"果实"的一般概念具有"真正的本质",苹果、梨子、草莓、扁桃则是"果实"的"简单的存在形式,是它的样态"。① 所以"思辨的理性"在具体的水果中概括出所谓的"共同的东西",即观念的"果实"。在思辨哲学看来,"如果说苹果、梨、扁桃、草莓实际上不外是'一般实体'、'一般果实',那末,试问,这个'一般果实'又怎么会忽而表现为苹果,忽而表现为梨,忽而又表现为扁桃呢?和我关于统一体、关于'一般实体'、关于'一般果实'的思辨观念显然相矛盾的多种多样的外观又是从何而来的呢?"②思辨哲学是用一般概念、抽象观念囊括了一切现实的、多样的存在。马克思指出:"思辨的思维从各种不同的现实的果实中得出一个抽象的'果实'——'一般果实',所以要达到某种现实内容的假象"③,它就不得不从作为一般概念的"果实"回到"现实的千差万别的平常的果实"中去,即用概念的"果实"得出现实的果实,用概念的"果实"去解释现实的果实。然而正确的思路应是:没有多种多样的个别果实,就不能得到"果实"的抽象观念;"一般果实"可以确定为多种多样且相互之间存在差别的具体果实;"一般果实"不是无内容的、单一化的"总体",而是有着一系列环节的现实统一体,每一种果实品类都是对"一般果实"的具体体现和现实展开。不应该用"思辨的、神秘的方法"去"抛弃"现实,即不该用意识决定存在、用一般规定个别,而应坚持客观存在决定思维意识。鲍威尔等人不会明白,他们所坚持的"一般概念"是僵死的、无差别的、静止的本质的观点是极其荒唐的,而各式各样的具体个体才具有这"活生生的、自相区别的、能动的本质"。④

---

①③ 《马克思恩格斯全集》(第 2 卷),人民出版社,1957 年,第 72 页。

②④ 同上,第 73 页。

可以看到,运用这种所谓的思辨方法,并不能得到现实存在物的任何现实内容或丰富的规定性。因为鲍威尔等人把一切的学问和知识都用作把实际的存在幻化成自己想象中的存在,在他们眼中一切实际的事物都不过是这一切事物的"名称",有多少种事物就有多少个"名称",要想认识这些事物只需重复它们的"名称"即可,即便是他们自己也只是其想象中的思辨哲学家而已。对他们而言,认识现实的存在物很困难,但认识抽象的概念或语词是很容易的事,从现实的事物中得出抽象的概念很困难,但从抽象的观念回归到现实的事物是很容易的事。如果要求他们从抽象走向抽象的直接对立面,彻底抛弃抽象的概念和方法,则是绝对不可能做到的事。如果他们宣称跳出了"抽象的圈子",那也只是表面上跳出了"抽象的圈子",用思辨的、神秘的方式抛弃思辨的、神秘的抽象,结果得到的仍然还是思辨的、神秘的抽象。思辨哲学只会用抽象认识去主导感性认识,而不知抽象认识正是由感性认识而来。因而思辨哲学只能看到"自我意识",思辨哲学的逻辑或"秘密"即从观念意识中创造出现实世界,从概念范畴中生出客观的现实存在。

青年黑格尔派不断地进行并完成这种抽象的发明和思辨的创造,他们在自己的抽象理智中,从一般概念"这个非现实的、理智的本质创造出了现实的自然的实物……他从他自己的抽象的理智(即他认为在他身外的一种绝对主体,在我们的例子中就是'一般果实')中创造这些果实。每当思辨哲学家宣布这些或那些实物存在时,他就是进行了一次创造"。对此,马克思则指出:"显而易见,思辨哲学家之所以能完成这种不断的创造,只是因为他把苹果、梨等等东西中为大家所知道的、实际上是有目共睹的属性当做他自己发现的规定,因为他把现实事物的名称加在只有抽象的理智才能创造出来的东西上,即加在抽象的理智的公式上,最后,因为他把自己从苹果的观念推移到梨的观念这种他本人的活动,说成"一般果实"这个绝对主体的自我活动。"①而当青年黑格尔派用这种抽象思辨的运思逻辑去说明"人"时,也是把主观唯心主义运用于人学领域,把"现实的人"消解到"自我意识"的思辨范围,现实的人则是不存在的,抽象的人才是存在的,人是由"自我意识"演化得来的。思辨哲学从现实世界中凝练出了抽象概念,从"自我意识"的范畴出发,运用"绝对批判"的方法,创造出了现实世界以及现实世界中的人。存在于思辨哲学家的头脑中的一般概念即绝对主体,是现实世界以及现实世界中的人所由以生成的根源。现实的人不是产生于物质的生活世界,而是从一般概念、绝对主体中产生出来的,也就是从思辨哲学家的头脑中产生的,因为他们是一般概念即绝对主体的化身,代表一般概念即绝对主体在现实世界中发挥"批判"现实的作用,以及行使"规定并宰制"人的权力。现实的人因而作为思辨哲学家的抽象理智"所创造的抽象本质的生命的各个环节",也就成为抽象理智的抽象产物。如此,不仅现实的经验世界,而且现实生活中的个人褪去了客观性和现实性,反而成为带有某种神秘性质的抽象存在物。现实世界和现实生活中的人存在的意义不在于其自身,而在于在一般概念或绝对主体的生命过程中获得思辨的属性,在于证明一般概念或绝对主体的生命过程和自主活动,是为了一般概念或绝对主体而存在的存在物。思辨哲学家惯用思辨的方式和术语来表示现实存在的人和事物,现实的人和事物似乎就此变得不平凡了,变成了他们的抽象理智的创造物,也似乎只有这样才能显示思辨哲学家不同常人的思维理智和创造奇迹的非凡才能。每当思辨哲学家们用这种方法把人和人的现实的关系都消解于"秘密"的抽象范畴之中,并且运用同样的方法把"秘密"变为实体,变为绝对主体,甚至变为他们自身,他们便"登上了真正思辨的、黑格尔的高峰",便把"秘密"即"自我意识"变成"体现为现实的关系和人的独立主体",变成为

---

① 《马克思恩格斯全集》(第 2 卷),人民出版社,1957 年,第 75 页。

社会的"真正的本质"。于是,现实的个人像"伯爵夫人、侯爵夫人、浪漫女子、看门人、公正人、江湖医生、桃色事件、舞会、木门等等"①就成了"自我意识"的外化,成了绝对主体的表现,社会历史也被视作"自我意识"的自我彰显和思辨发展的结果。因此,不论是人,抑或是人类社会,都不过是对"自我意识"实现自身的展现而已。

马克思明确思想意识是对客观存在的主观反映,存在决定意识,即从新的哲学框架出发,用新的哲学思维去解读人和人的问题,逐步树立起新的人学逻辑。所谓新的哲学框架,就是有别于旧哲学的历史唯物主义哲学;所谓新的人学逻辑,即关切现实而不迷信"思辨的遐想",区别于传统人学的、以唯物史观为理论基础的马克思主义人学。以唯物史观为基础的马克思主义人学聚焦于人的现实存在和发展,是关于人的科学思想和理论,达到了对人和人的现实问题的科学认知。"只有唯物史观才达到了对人的全面的、真实的、准确的和彻底的理解;反过来,一种理论只有把实际的人作为研究的前提和出发点,只有把现实社会中的个人存在境遇与发展命运作为关注的对象、研究的主题,它才能真正超越对人的形而上学(唯心论的形而上学或者唯物论的形而上学)观点,达到唯物史观的界域。"②相反,一切建立在唯心史观基础上的传统人学都无一例外地陷入对人的片面化和错误性的认知当中,因为这种人学从来不重视人的现实本质,不看重人的现实生活和感性实践,势必以一种抽象的、唯心的人学形式表现出来。比如在《神圣家族》中,马克思恩格斯集中批判了鲍威尔等人的思辨哲学及其抽象人学,他们用历史唯物主义的原理逐一揭开自我意识哲学的"真相",这部著作呈现了唯物主义人学与唯心主义人学的激烈交锋和碰撞。马克思恩格斯从各个方面揭

---

① 《马克思恩格斯全集》(第 2 卷),人民出版社,1957 年,第 75 页。
② 周凡:《以马克思主义方法研究人的问题》,《马克思主义与现实》,2006 年第 2 期。

穿了青年黑格尔派思辨唯心主义人学的"秘密",并对其思辨唯心主义人学的逻辑、观点和手法等都进行了严厉的批判。青年黑格尔派哲学也就是自我意识哲学,热衷于在思维中进行思辨的活动,或展开"批判的假说",而不考虑世俗的基础,不受历史和客观现实的干预,充分地施展其思辨哲学的奥秘手法。这种哲学必然"是超实际的,也就是说,它到现在为止一直不外乎是事物现状的抽象表现;它总是受事物现状的前提所支配,并且总是把这些前提当做某种绝对的东西"①。自我意识哲学对人的理解同样依照此种逻辑思路,因而形成了青年黑格尔派思辨唯心主义的人学理论。在思辨人学的逻辑体系中,观念的具体对象就是被思辨哲学家们"称之为人的那种东西",他们只是在观念意识的层面上来谈论人的问题。也即是马克思恩格斯所指出的:"思辨哲学家在其他一切场合谈到人的时候,指的都不是具体的东西,而是抽象的东西,即理念、精神等等。"②无限的自我意识、超验的精神理念本是人的属性的体现,现在却变成了决定人的绝对主体,现实的人无论在何种场合或状况下都只是概念的、精神的和意识的存在,或者只是抽象的概念、精神和意识的表现。在"崇高的"思辨哲学面前,人是无限卑微的存在。

《神圣家族》在人学思想上提出了诸多新观点,预示着马克思恩格斯新的人学逻辑的即将诞生。譬如,马克思怒斥鲍威尔及其伙伴把"自我意识"作为绝对主体而创造着人和人类历史的谬论,坚持人是有着现实内容的、从事着实践活动的人,历史是人的历史,是由人民群众创造出来的,他们不仅不是历史发展的阻力或消极性因素,反而是推动历史发展的动力和积极性因素。马克思反对神圣家族们用"自我意识""绝对批判"等全然否定物质生产的现实意义,而是肯定物质资料的生产贯穿于人类生活的全部过程,而且

---

① 《马克思恩格斯全集》(第2卷),人民出版社,1957年,第48页。
② 同上,第49页。

是人类生存和社会历史发展的现实条件,其中,群众是生产这些物质资料的主体力量。马克思批判青年黑格尔派沉迷于抽象的概念和思辨的体系,只知道盲目地沉浸于理论而不知道观看客观世界,只会把生动的现实强行塞入精神意识的范围之中。马克思从理论情怀上升到现实关怀,从现实问题出发得出了相应的结论,再带着这些结论回到社会现实,批判现实的资本主义社会;从现实生活出发,关注人的不幸遭遇和悲惨状况,极度同情处于社会底层的劳动大众,谴责社会上层的资产阶级的压榨行径,等等。

实际上,哲学思维方式即哲学理论的内在逻辑。任何哲学都不是脱离感性世界而形成的,都是生成于现实的生活世界,生成于人的感性活动和感性经验中,都是基于对现实的人的思考而生长起来的哲学理论。哲学不是无目的、无对象的漫谈,可以说,哲学必须直面并反映人的现实世界,哲学是围绕"人"而形成的思想体系,"是以理论形式表达的人的生存状态和存在方式。人是什么样的,人与外部世界的关系是什么样的,人们对待世界的方式、看待事物的方法也就基本上是什么样的。哲学思维方式提供给人们的,就是这样一种适于人们存在状态和发展需要的用以对待世界的'人'的观点"①。哲学在一定意义上就是关于人的学问。所以说哲学应当远离任何形式的神秘思辨的传统,哲学应当关怀人,应当是关于人的理论表达,应当诠释人的本质及其现实问题,应当坚持人作为哲学关注的主体和研究的对象。从根本上讲,一切哲学都是以人和人的现实世界为出发点的,围绕人和人的现实世界而形成的思想观点,这就构成了哲学的全部内容和庞大体系。因此,哲学理应根据人的生存和发展需要来建立关于人的学说。马克思恩格斯正是如此践行的。在《神圣家族》中,马克思恩格斯的哲学观明确坚持现

---

① 高清海:《哲学思维方式的历史性转变——论马克思哲学变革的实质》,《开放时代》,1995年第6期。

实的逻辑、实践的逻辑、历史的逻辑、发展的逻辑。在人学思想上,马克思恩格斯立足新唯物主义的哲学视角,不再认同"自我意识",不同意思辨人学所说的人具有所谓的纯粹的理性本质,或只具有一成不变的先验本质。马克思恩格斯相信的是鲜活的人及其活生生的生存经历,看到的是人的现实本质,人也绝不是抽象意识所能随便解构得了的。而这些都是特定历史条件下的旧人学永远都无法企及的深度。因此,如果能理解马克思主义人学的理论意蕴,如果能穿透马克思主义人学的发展历史,我们便可看到马克思主义人学内蕴的运思逻辑。"在新唯物主义的理论境界中,对于感性世界的理性探索转换了原有的理论视角,从天国回归尘世,以一种全新的人学致思理路为哲学把握现实世界提供了世界观意义上的理论支撑。"[1]马克思恩格斯摆脱了"传统思辨理论范式的困扰",开始了"回归生活世界的历程",[2]开启关切"人"的人学历程。"马克思主义哲学实现了人类思维发展历史上的伟大变革,确立了以人为核心的全新哲学理念,从而开辟了不同于以往哲学的人学理路。"[3]

三、批判方法的变革:从理论解释转为现实改造

马克思哲学的根本观点是实践观。旧哲学只有理论解释的功能,以理论去解释变化的现实世界。马克思认为,哲学必须融入现实,通过实践对社会发展起促进作用;哲学必须要批判"旧的世界",改造"旧的世界",进而"发现新的世界"。哲学不应拘囿在"解释世界"的范围,不应是"为批判而批判",不应只是对现存世界理论化,而应该使"现存世界革命化,实际地反

---

① ② ③　康渝生、邢有男:《马克思主义哲学的人学致思理路》,《求是学刊》,2002年第3期。

对并改变现存的事物"。① 对于现存事物的改变、对于现实世界的改造,不是需要理论的批判,而是需要现实的批判;不是需要肯定的维护,而是需要否定的变革;不是需要思想的革命,而是需要社会革命实践。"改造世界"也意味着改造这个世界中的人。于是在人学研究领域,马克思不但完成了理论视野的转换、逻辑思绪的转向,而且充分发挥了实践的思想。人学的研究对象被设为"感性的人"和"感性的人的活动",既不是从观念出发去理解人,而是"从主观方面去理解"人,并把人"当作实践去理解";②也不是从观念出发对人作应然的解释,而是从感性实践出发去现实地"改变人"和"发展人"。

(一)从"解释世界"到"改造世界"

传统的哲学家们,大体上是生活在现实世界之中却从事着现实世界之外的理论活动,其理论形态无一不是高度抽象的凝练,其理论内容无关生活世界、无关社会的人、无关社会的发展,其理论表达不是在对人作概念的解释,就是在对世界作理论的遐想。他们至多做到了一种"理论的自觉",即"自觉地"从抽象理念、哲学思辨的层面去解释人的问题,从不重视现实的实践,拒绝从实践的高度去观察人的现实状况,拒绝对人的现实境遇作任何改变,认为理论上的批判活动和思辨活动就足够达到对人的认识。传统的哲学家们实际上又是惧怕面对人和人的现实问题,惧怕社会实践和变革运动,因为直面现实,回归实践,意味着传统哲学以及传统人学逻辑的彻底颠覆。所以说"传统人学注重理性批判,尤其是哲学自身的批判,忽视、轻视、甚至排斥变革现实、改造世界的实践活动,它们片面地抬高人的理论思维活动,而贬低、鄙视实践活动,往往只把认识和解释世界作为自己的任务,而不能

---

① 《马克思恩格斯选集》(第一卷),人民出版社,2012 年,第 155 页。
② 《马克思恩格斯全集》(第 3 卷),人民出版社,1960 年,第 3 页。

自觉的提出人学变革社会、改造世界的任务,认为只要诉诸理念的力量深入持久地从理论上批判现实的、不合理的东西就可以改变世界"①。

如黑格尔,其成就在于思辨理性哲学。他也提出过关于实践活动的思想,比如区分了理论活动与实践活动,理论活动是认识世界的活动,实践活动是改造世界的活动,并提出了实践活动的目的、手段和结果等观点。但是黑格尔的实践思想又是建立在唯心主义哲学基础上的,是一种唯心主义的实践观。比如,黑格尔认为实践活动的目的是"善",实践活动就是"善",即"'善'被理解为人的实践"②,包含了实践本身所具有的现实性,同时"善趋向于改造当前的世界使之符合它自己的目的"③。在这里,实践活动的最终目的被规定为到达"善"的终点,这显然是超出了生活世界的范围,即实践活动变成了与现实生活无关的东西。实践在黑格尔哲学中成为逻辑的活动、思想的活动,是可以经过推理和论证得到的结论,是一种由客观精神演绎的主观性过程。原本是在现实世界中产生的、作为人的活动的实践活动,现在变成逻辑的活动、过程和结果,并且从属于思辨哲学的逻辑推演过程。虽然黑格尔点出了实践活动对于认识世界和改造世界的意义,但黑格尔所说的实践其实还是普遍理性在其外化过程中的展开,是绝对精神的外在表现,即精神的实践、思想的实践。虽然黑格尔引进实践的概念,但不是把实践引向人类世界,不是用实践去真正地改造世界,而是将实践的目的归为认识,只是将实践作为达到认识的必然环节。

又如费尔巴哈,只是希望达到对人的"最高的直观",或者"只是希望确立对现存的事实的正确理解"④。费尔巴哈用其不彻底的唯物主义去考察现

---

①　陈曙光:《直面生活本身:马克思人学存在论革命研究》,北京师范大学出版社,2012 年,第 127 页。

②　《列宁笔记》,人民出版社,1974 年,第 229 页。

③　[德]黑格尔:《小逻辑》,贺麟译,生活·读书·新知三联书店,1954 年,第 418 页。

④　《马克思恩格斯选集》(第一卷),人民出版社,2012 年,第 177 页。

实生活和人的现实问题,这种不彻底性一是表现为直观性,一是表现为唯心史观,即不懂得"'革命的'、'实践批判的'活动的意义"①,从而对人的本质、人的现实生活、感性活动以及社会历史等都没有正确额理解。他既"承认先存的东西"又"不了解先存在的东西",只是看到存在的社会表象,用抽象的理论去表达理论的抽象,而不是从问题切到社会现实,从表象切到社会本身,从理论切到社会实践。费尔巴哈从未想过要改造社会、改变人的悲惨状况,他的理论只是空洞的"说教",因而无法寻得改造现实社会的可行途径。马克思恩格斯就说道:"费尔巴哈对感性世界的'理解'一方面仅仅局限于对这一世界的单纯的直观,另一方面仅仅局限于单纯的感觉。费尔巴哈设定的是'人',而不是'现实的历史的人'。"②

早期的马克思肯定理性哲学,并受到理性哲学的启发,相信理性的批判,认可"自我意识"哲学对宗教神学的批判作用,认为如果是不符合理性、不符合"自我意识"的存在,依靠犀利的理论批判,便能达成批判现实、改变现状的目的。马克思此时秉持的是德国理性哲学的思维逻辑,从理性批判现实的思路出发,认识现实社会和人的问题,还没有看出"绝对理性"的批判不过是客观唯心主义的批判,"自我意识"的批判亦不过是主观唯心主义的批判,都不是现实的或实践的批判。比如,他在博士论文中对黑格尔学派的哲学作过描述:"一个本身自由的理论精神变成实践的力量,并且作为一种意志走出阿门塞斯的阴影王国,转而面向那存在于理论精神之外的世俗的现实……(但在哲学方面重要的是,应该更突出地勾画出这些方面的特点,因为从这种转变的一定方式就可回溯到一种哲学的内在规定性和世界历史的性质。这里我们仿佛看到了这种哲学的生活道路的最集中的表现及其主

① 《马克思恩格斯选集》(第一卷),人民出版社,2012年,第137页。
② 同上,第155页。

观尖锐性。)不过哲学的实践本身是理论的。正是批判从本质上衡量个别存在,而从观念上衡量特殊的现实。但是哲学的这种直接的实现,从其内在本质来说是充满矛盾的,而且它的这种矛盾的本质在现象中取得具体形式,并且给现象打上它的烙印。"①当然,"哲学的实践本身是理论的"的观点,此处的"实践"是哲学的实践,即理论的实践,还不是"感性活动"的实践。

马克思早年虽深受德国哲学的影响,但是他没有止步于思辨哲学的理性批判范式。马克思观照现实和关怀人类的情怀一直指引着他追求并实现哲学的现实化和世界化,推动他对对象世界的关注和对实践问题的执着探索。马克思在博士论文中还指出:"当哲学作为意志反对现象世界的时候……哲学体系同世界的关系就是一种反映的关系。哲学体系为实现自己的愿望所鼓舞,同其余方面就进入了紧张的关系。它的内在的自我满足及关门主义被打破了。那本来是内在之光的东西,就变成为转向外部的吞噬性的火焰。于是就得出这样的结果:世界的哲学化同时也就是哲学的世界化,哲学的实现同时也就是它的丧失,哲学在其外部所反对的东西就是它自己内在的缺陷,正是在斗争中它本身陷入了它所反对的错误,而且只有当它陷入这些错误时,它才消除掉这些错误。凡是反对它的东西、凡是它所反对的东西,总是跟它相同的东西,只不过具有相反的因素罢了。"②"哲学的实现"就是指哲学去除自身的抽象性而达到现实化,进而发挥反对并消灭现存的不合理世界的作用。尤其是从《莱茵报》时期开始,马克思逐渐接触并深入德国现实社会中,在此过程中不断明确,只有理性哲学和理性批判是远远不够的,理论的批判不能代替现实的批判,只对现存社会作理论上的解释,或是对现存社会做再多抽象的解释,都是毫无益处的,都无助于社会现实状况的任何改

---

① 《马克思恩格斯全集》(第40卷),人民出版社,1982年,第258页。
② 同上,第258页。

变或发展。因而,马克思强调,哲学仅仅"用不同的方式解释世界"是不够的,问题是要能"改变世界";要从理论批判转到实践改造,将理论与现实相结合,将理论的批判和"政治的批判结合起来",投入到真正的"实际斗争"。在揭露资本主义"旧世界"真面目的同时为建立"新世界而积极工作",在建立共产主义"新世界"的同时为实现人的发展而"积极工作"。

马克思从理论层面深入到实践层面,以实践的批判取代了理论的批判。同批判哲学家们不同,马克思更注重实践性批判而不是理论的批判或思辨的批判,强调哲学应当在现实中实现而不是仅仅存在于观念和精神当中。因此,真正的哲学应该是"符合现实需要的,而现实的需要也一定会得到真正的满足",哲学基于现实需要而产生、发展,必然也能够满足并实现现实需要,既具备理论上的揭露和批判功能,更具备实践上的批判和改造功能。哲学的任务就此可理解为,立足现存世界并揭示现存世界,从而实现"在批判旧世界中发现新世界"①。马克思在《德法年鉴》时期的书信中就写道:"现在哲学已经变为世俗的东西了,最确凿的证明就是哲学意识本身,不但表面上,而且骨子里都卷入了斗争的漩涡。如果我们的任务不是推断未来和宣布一些适合将来任何时候的一劳永逸的决定,那末我们便会更明确地知道,我们现在应该做些什么,我指的就是要对现存的一切进行无情的批判,所谓无情,意义有二,即这种批判不怕自己所作的结论,临到触犯当权者时也不退缩。"②马克思在这里强调哲学的"世俗性",哲学不是绝对的原则,而是世俗的、现实的东西,哲学不是现实世界之外的思想意识,而是与现实生活紧密相连。如果用哲学教条式地、抽象性地规划未来,用哲学家头脑中的观念去决定社会存在,那就偏离了哲学本应具有的现实性和生活性,只会给现实

---

① 《马克思恩格斯全集》(第1卷),人民出版社,1956年,第415、416页。
② 同上,第416页。

生活和未来发展带来严重误导。所以哲学必须要立足社会现实,对现存世界的一切不合理存在进行无情的和彻底的批判,消除德国社会的一切封建残余,消除德国社会的资本主义私有制的存在,进而按照社会主义和共产主义的科学原则建构一个新世界。

但是在理性哲学那里,理性的实现就是现实存在,这种现实存在又是合理性的,比如国家即理性的重要实现形式。马克思则深刻指出:"理性向来就存在,只不过它不是永远以理性的形式出现而已。因此,批评家可以把任何一种形式的理论意识和实践意识作为出发点,并且从现存的现实本身的形式中引出作为它的应有的和最终目的的真正现实。至于谈到现实的生活,那末即使政治国家还没有自觉地充满社会主义的要求,在它的各种现代形式中也包含着理性的要求。而国家还不止于此。它到处意味着理性已经实现。但同时它又到处陷入理想的使命和各种现实的前提的矛盾中。"①理性哲学及其原则在现实世界中并不能一一对应于具有合理性的存在,即理性与现实是不相符的,甚至是矛盾的,理性的原则在抽象哲学的逻辑中是合理的,但是一经触及现实世界便会同现实世界发生冲突,理性哲学终究不能扎根于现实社会的基地上。随着马克思思想的日渐成熟,马克思逐步超出了黑格尔哲学的范围和倾向,并从理性哲学的立场转到了坚持实践批判和现实变革的新哲学立场上来。

哲学批判必须和现实批判结合起来、理论批判必须和政治批判结合起来,才能达到实践批判的现实目的,即改变现存旧世界、旧社会,彻底改变人的现实生活状况,改变无产阶级和人民群众被压迫的生存现状,以取得无产阶级和所有被压迫人民的解放。也就是说,需要把理论批判同人们的"明确的政治立场结合起来,因而也就是把我们的批判和实际斗争结合起来,并把

---

① 《马克思恩格斯全集》(第1卷),人民出版社,1956年,第417页。

批判和实际斗争看做同一件事情",把理论批判转为实践批判。马克思继续说道:"在这种情况下,我们就不是以空论家的姿态,手中拿了一套现成的新原理向世界喝道:真理在这里,向它跪拜吧! 我们是从世界本身的原理中为世界阐发新原理。我们并不向世界说:'停止斗争吧,你的全部斗争都是无谓之举',而是给它一个真正的斗争口号。我们只向世界指明它究竟为什么而斗争;而意识则是世界应该具备的东西,不管世界愿意与否。"①哲学是从现实世界产生的理论成果,是对现实世界所作的理论凝结,因而本就是关于现实世界的原理,同时哲学又在不断创新和发展新的理论,即对不断变化的现实世界进行新的思考和概括。哲学也是关于现实世界中的人的理论,应当以适合于人的形态呈现出来,即关切人和人的实践问题,不能脱离现实的人而仅作为纯粹抽象的意识或思想,以政治实践和革命改造的形式表达深层意蕴,不再"靠分析那神秘的连自己都不清楚的意识,不管这种意识是以宗教的形式或是以政治的形式出现"②,而是发挥出最现实的实践活动的意义,为人(尤其是工人阶级及广大被压迫群众)变革现存社会环境提供条件,创造一个更适合人的生存和发展的新社会形式。正如马克思在《〈黑格尔法哲学批判〉导言》中所说的:"批判的武器当然不能代替武器的批判,物质力量只能用物质力量来摧毁;但是理论一经掌握群众,也会变成物质力量。"③马克思强调实践批判的力量,理论批判的作用终究不能等同于实践的批判,哲学是一种理论批判,但是不限于理论批判,一旦同无产阶级和工人群众结合起来,哲学的实践批判和物质力量的作用就能充分实现,依靠这种实践批判和所转化的物质力量,对现存世界进行革命性变革,并在革命实践的改造中解放饱受压迫的无产阶级和人民大众。

---

① 《马克思恩格斯全集》(第 1 卷),人民出版社,1956 年,第 417～418 页。
② 同上,第 418 页。
③ 同上,第 460 页。

(二)从"解释人"到科学地"解释人"

马克思主义人学做到了对人的科学解释。马克思不赞同传统人学,因为传统人学不是处于现实之外,就是超乎世界之上;不是"撇开历史的进程",就是完全忽视社会历史。传统人学基本上都在追求某种终极性的存在,比如纯粹理性、实体、绝对精神、自我意识、"类"概念等,这也决定了它对人的基本态度,即将人的现实问题等同于思辨的问题,用抽象思辨的思维范式去解读人和人的问题。相对于哲学上的终极性存在,现实的人只是作为解释性的辅助工具,被用来解释终极存在的内涵和演绎过程。在传统人学中,人不是核心主题,不了解现实社会中的人的生存境况,不关心人民大众的实际遭遇,不考虑底层人民艰难维存的现实根源,不善于从现实出发去看待人和人的现实问题,不懂得把人和人的现实问题引入实践的深层,只是在思想上、在理论上推论人的现实问题,从而把人和人的现实问题转化为哲学思辨的部分环节。于是,人之存在的根据不在现实世界,不在社会生活,而是在于先验的逻辑范畴、超验的哲学体系。传统人学必然无法得出关于人的正确理解和人学结论,更无从谈及改造人和发展人的问题,毕竟哲学的沉思、思辨的遐想是传统人学一贯的风格。因此,在人的问题上,传统人学没有作出应有的关注和深入的探究,只是进行了一定程度的解释,至多只是在抽象理论层面对人作了简单的解释。当然,这种解释更多时候又是一种曲解和误释,即用传统哲学的逻辑体系去界定人,人反而成了精神、意识的产物和附属物,在人学问题上,上演了思辨哲学的手段和戏法。比如,马克思曾指出,黑格尔哲学认为"对于人的已成为对象而且是异己对象的本质力量的占有,首先不过是那种在意识中、在纯思维中即在抽象中发生的占有,是对这些作为思想和思想运动的对象的占有,是对这些作为思想和思想运动的对象的占有","只有精神才是人的真正的本质,而精神的真正的形式则是能思维的精神,逻辑的、思辨的精神","正象本质、对象表现为思想的本质一样,主体也始终是意识或自我意识,或者更正确些说,对象仅仅表现为抽象的意识,而人仅仅表现为自我意识"。① 从黑格尔的思想中可以看出传统哲学的人学观点,即人的本质的占有发生在抽象的思维和意识中,是思想和思想运动的特定表现,人的本质在于精神,并且在于抽象的思辨精神,是思想的本质,作为主体的不是现实的人,而是头脑中的抽象自我意识,人不过是作为自我意识的表现形式而存在,等等。

总之,可以说,当现实世界、社会历史不在传统人学的视野之内,现实的人便也不在其视野之内,所剩的只有抽象的概念、神秘的术语。当旧人学用这些概念、精神去窥视客观世界,并对人作出主观的解读时,客观世界变成了精神的世界,现实的人变成了空洞的名词。旧人学以此认为找到了解释人、解释历史时代的"万能公式",实际却是充斥着荒谬的幻想。如果一定要说旧哲学的人学体系只限于解释人的功能,那么这种解释还不算是正确的解释,或者说是一种曲解。

马克思恩格斯则注重对人的解释,以正确的方式对人和人的问题进行阐释,因而是对人的合理的解释。马克思主义人学是一种全新的人学理论体系,并与传统人学理论严格区分开来。马克思主义人学以现实的人为研究主体,传统人学则以抽象精神为研究主体;马克思主义人学以人的现实问题为关切要点,传统哲学则以概念的逻辑演绎为关切要点;马克思主义人学主张以社会现实为基础,考察并分析人的现实状况,传统人学则是以精神世界为基础,架空人的现实生活世界;马克思主义人学是要达到对人的正确解释,传统人学则是达到对人的抽象理解以至于错误理解;马克思主义人学的阐释逻辑是从社会生活本身来解读人,并引导出关于人的正确理论,传统人

————————

① 《马克思恩格斯全集》(第42卷),人民出版社,1979年,第161、162页。

学的阐释逻辑则是从哲学上的抽象概念和意识来解释人,并引导出关于人的不正确观点;马克思主义人学认为意识是人的意识,是对人的一种证明,传统人学则认为人是为了意识的存在,是对意识的一种证明。比如,就人和意识的关系而言,马克思强调:"意识并非一开始就是'纯粹的'意识。'精神'从一开始就很倒霉,受到物质的'纠缠'","意识一开始就是社会的产物,而且只要人们存在着,它就仍然是这种产物","意识在任何时候都只能是被意识到了的存在,而人们的存在就是他们的现实生活过程"。① 意识不是纯粹的、想象中的东西,而是同人自身、同现存实践本质关联,是具有现实性的意识。意识从一开始就是属于人的意识,即使"意识起初只是对直接的可感知的环境的一种意识,是对处于开始意识到自身的个人之外的其他人和其他物的狭隘联系的一种意识"②。随着人的实践活动的不断推进,意识则从人的"狭隘联系的意识"扩大为人的普遍联系的社会意识,也就是关于人生活在社会中的意识。传统人学用精神意识去解释人,即将现实世界和人的现实性都归入精神意识的抽象世界中,并以此架构抽象人学的内容和框架,传统人学观显然是不合理、不科学的,马克思主义人学正是对传统人学的突破和超越,马克思主义人学的诞生意味着传统人学走向了解体。

当然,如果从另一个角度来看,马克思主义人学也经历了一个从不成熟到逐渐成熟的过程,在人学观点上也发生了诸多重要转变,正如青年时期的马克思和成熟时期的马克思对于人的看法就有明显分别。这里不是指马克思人学观存在前后割裂,因为这恰好展现了马克思在人学思想上的成长和发展历程。比如,马克思对人的本质的认识,经过了从"人的本质的自我意识存在"即人的本质是自我意识,到"人是人的最高本质"的命题,再到人的

① 《马克思恩格斯文集》(第一卷),人民出版社,2009 年,第 533、525 页。
② 同上,第 533～534 页。

"自由的有意识的活动"的类本质思想,最后到人的本质"在其现实性上是一切社会关系的总和"的深刻概括。又如,马克思对人的解读,从最开始的参照黑格尔哲学的理性逻辑、青年黑格尔派的自我意识哲学,到推崇费尔巴哈人本学的"类"观点,再到成立自己的唯物主义新人学观。马克思始终站立在"时代历史的基础上",始终把人作为其哲学的关注焦点,始终深入生活世界去考察人和人的现实情况,从社会实践出发来诠释人,并以"新唯物主义"为理论基础,确立了关于人的新的解释体系和思想体系。马克思主义人学不是抽象思辨的,也不是一成不变的,而是一种生成性的、不断发展和延拓的科学人学理论。

(三) 从科学地"解释人"到现实地"发展人"

思想理论毕竟不同于感性实践,"它是同对现存实践的意识不同的某种其他的东西;它不想像某种真实的东西而能够真实地想像某种东西"①。理论所起到的作用毕竟是有限的,激进的理论批判所适用的范围也是有限的。马克思恩格斯对思想和理论的作用范围曾有过揭示,那就是思想的批判绝不会超出思想所属的领域,也绝不会自觉地跃进实践的领域。同时,思想意识和理论等不是脱离现存社会关系的纯粹抽象存在,因而必然又会同现存社会关系相联系,甚至发生矛盾,这种矛盾即理论和实践之间的矛盾,而矛盾产生的根源则是现有社会关系与现有生产力的矛盾。思想理论可以采取多种多样的表现形式,但其本质上来源于社会存在和社会实践,不可避免地具有客观性、现实性的意蕴,能够对社会实践的发展有指导作用。这是对意识、思想和理论的正确理解方式。然而传统思辨哲学是把思想、意识和理论抽象化、绝对化和神秘化,思想、意识和理论变成了难以理解的"怪影""概

---

① 《马克思恩格斯全集》(第3卷),人民出版社,1960年,第35页。

念"或"最高存在物"等。马克思恩格斯指出,所谓的"'怪影'、'枷锁'、'最高存在物'、'概念'、'怀疑'只是假想中孤立的个人的唯心的、精神的表现,只是他的观念,即关于经验的束缚和界限的观念;生活的生产方式以及与之相联系的交往形式是在这些束缚和界限的范围内运动着的"①。以此反观传统哲学,无一不对思想和理论有着深深的误解,因而不能正确对待理论与现实存在、思想与现实的人的关系,只能得出抽象的哲学观和人学观。

马克思主义摆正了意识与存在、理论和现实的关系,并实现了对一切传统哲学的超越,相应地,马克思主义人学也实现了对一切传统人学的超越。马克思主义人学既是对思辨唯心主义的否定,也是对人本唯物主义的否定,是对人的历史迷题的科学答复,是研究人的现实发展的科学论说。马克思主义人学既是科学的理论,又具有革命实践的作用。为了充分实现理论的现实化,为了实现理论的实践意义,为了发挥理论说明"人"进而为"人"的发展指明方向,马克思主义人学不仅承担起"解释人"的功能,更重要的是担负起了"发展人"的重任,在对人的正确阐释中实现人的变革和发展。"解释人"与"发展人"不是前后相继的关系,而是同一过程的两个方面,是在人学理论中所呈现的社会实践活动,唯有通过科学理论的实践批判以及现实的革命道路才能真正达成。马克思主义人学"改变人""发展人"的命题之所以能够提出,是因为"全部社会生活在本质上是实践的",更是资本主义制度的历史性存在所带来的必然结果。

解决现存社会中的人的困境,只能通过实践的方式。这是马克思主义人学的坚定立场。对于人的认识不能像思辨人学那样陷入纯粹的空想,无视人的现实存在情况,美化工人群众的悲惨经历和卑微求存的社会事实,一味地替现存旧制度、旧政权和旧社会的不合理现象作辩解,反对一切政治的

---

① 《马克思恩格斯全集》(第3卷),人民出版社,1960年,第36页。

和社会的变革,敌视并攻击一切革命实践运动。传统人学在思想观点上是抽象的和错误的,在哲学立场上是唯心的,在政治立场则是反动的。这样的观点、立场和态度都和马克思主义人学是截然对立的。马克思主义人学的观点都是基于考察现实社会以及现实社会中人的真实状况而形成和确定的,在哲学立场上坚持实践的和历史的唯物主义,在政治立场上是激进的和革命的,致力于推动无产阶级的社会主义和共产主义革命。马克思主义人学彻底颠覆了传统人学的陈旧落后的理论观点,揭露出传统人学代表统治阶级官方的反动立场,始终坚持为工人阶级和广大人民群众发声、正名,主张推翻处处都存在阶级压迫和剥削的现存资本主义社会,在变革现存社会的实践过程中明确一条改变人和解放人的现实革命道路,资本主义社会的覆灭和工人阶级、人民群众的解放是同向推进、同步实现的。因为只有无产阶级是真正的革命的阶级,只有无产阶级革命是彻底的、全面的和深刻的,也只有无产阶级的革命实践才能完成变革现存社会和改变人的双重历史使命。马克思恩格斯就曾表示:"对实践的唯物主义者即共产主义者来说,全部问题都在于使现存世界革命化,实际地反对并改变现存的事物。"①从根本上讲,马克思恩格斯之所以如此强调革命实践的重要性,或者说革命实践在资本主义社会之所以如此必要,是因为在资本主义主导的世界中,"资本主义生产方式构成了现实世界非常深刻的基础,因此,'改变人'就必须从改变资本主义生产方式入手,改变人的现实世界,改变人类自身的存在方式,消除资本主义条件下人的异化生存,走向共产主义社会的自由自觉的生存……展现人类自由全面发展的理想前景"②。总体上看,马克思主义人学为旧世界的改造以及人的解放和发展提供了科学指引。

---

① 《马克思恩格斯文集》(第一卷),人民出版社,2009年,第527页。
② 陈曙光:《马克思人学革命研究》,中国社会科学出版社,2009年,第146页。

　　回到《神圣家族》这部著作来看马克思恩格斯的实践和革命变革思想。马克思恩格斯在《神圣家族》中揭示了鲍威尔等人批判哲学的抽象批判及抽象人学对现实的人的理论歪曲："绝对批判的主要任务之一，首先就是给当代的一切问题以正确的提法。它恰好没有回答现实问题，却提出一些毫不相干的问题。既然它可以制造一切……它必然会把这些问题制造成自己的、批判的批判的问题。"①鲍威尔等人用同样的手法把人的现实问题也概括成"批判的批判的问题"，甚至连人本身都被解释成是由"批判的批判"制造出来的，现实世界和现实的人的规定性被理解为思辨哲学的"非规定性"特性，并被归到思辨哲学的逻辑范畴之中。马克思恩格斯站在了战斗的最前沿，以革命的理论为精神武器，以实践的唯物主义驳斥抽象的唯心主义，直击一切旧哲学、旧人学的根本缺陷，科学地说明了人的问题，并指导了改变人和解放人的进步革命实践。正如他们以《神圣家族》为理论战场，全面批判青年黑格尔派的思辨主义哲学和抽象神秘的人学逻辑，批判其用神秘的意识理论去否定人，否定现实的人的活动，否定人的活动的实践意义；批判其用教条主义的思辨方式，对人和人的问题随意敷衍、乱作解释，有意掩盖人和现实社会的联系，避免工人群众正视自身状况及其所处其中的不合理社会，继续蒙蔽广大工人群众；批判其用抽象的意识遮蔽资本主义的社会矛盾，遮掩资本主义社会的深度异化，隐藏资本主义生产方式贪婪吮吸人的劳动价值的黑暗面，迷惑人们对资本主义的无尽压榨逆来顺受、缴械归顺，劝慰人们接受自己所处的社会境况。即使面对私有制对人进行层层盘剥、造成人的无尽的贫困，"批判的自我意识"也会告诉人们，只要在思想上有"丰富的想象"，只要在想象上挨除私有制，只要在思维中摆脱贫瘠，私有制的残害便可化为乌有，贫苦便可消失，穷人便可一瞬摆脱贫困。这是他们用"安

_____

① 《马克思恩格斯全集》(第2卷)，人民出版社，1957年，第114页。

慰的口吻"所证明的,"因为要保持事物的现状,所以这种贫困似乎也应保存在下来"①。这种社会所有制似乎应保存下来,这种恶劣的社会形态似乎也应保存下来。他们甚至还"细心地计算出,穷人为了富人和自身的福利应该按什么比例通过各种死亡事件来缩减自己的人数"②。"批判哲学"此类荒谬怪谈,暴露其极度荒唐的人学逻辑。

马克思重视实践的现实力量,毕竟"批判的武器"不能替代"武器的批判",若要"改变人",必须使用实践力量去摧毁"使人成为被侮辱、被奴役、被遗弃和被蔑视的东西的一切关系"③,摧毁那滋生奴役人的一切关系的现存社会。为了实现"发展人",必须要"改变人"。只有从资本主义的观念进入资本主义的现实世界,认清资本主义的私有性质,把握资本主义先天自带的剥削本性,才能在推翻资本主义社会、彻底改变人的生存面貌等现实问题上取得革命性的成效。马克思主义人学是一个实践的、革命的人学体系,理论上的阐释功能是其最基本的向度,"改造世界""改变人"则是其蕴含的现实向度或实践向度。在"改变人"的基础上"发展人",实现人的革命性改变和现实性发展,那就不得不指向人直接生活于其中的现存社会。马克思主义人学是旨在实现人的解放和发展的人学理论,在实践中指导着无产阶级和一切被剥削的人民群众寻求真正的解放与发展。事实证明,资本主义社会显然不是适合人长期生存和长远发展的社会历史阶段,相反整个社会中都遍布着各式各样的矛盾,制造了诸多抑制和镇压人的障碍,人的物化、异化、畸形化和虚无化等屡见不鲜,人与自身的对立、人与自然的对立、人与物的对立、人与人的对立、人与社会的对立等是社会常态,社会的绝大部分人的生活境况都低于一般生存水平,甚至远低于过去时代的奴隶的生存水平。

①② 《马克思恩格斯全集》(第2卷),人民出版社,1957年,第70页。
③ 《马克思恩格斯选集》(第一卷),人民出版社,2012年,第10页。

直到人们无法再忍受资本主义社会施加的摧残、压迫和妨害时,无产阶级革命的时代就将来临,资本主义社会的瓦解是人类历史实践发展中不可避免的。构建一个崭新的、更符合人的生存和发展需求的社会来取代现存的资本主义社会是历史的必然,而代替资本主义的是更高级的社会主义社会和共产主义社会。变革资本主义旧世界意味着改变资本主义旧世界中的人的状况,创造社会主义和共产主义的新世界意味着实现新世界中的人的发展。因为新的社会阶段清除了过去社会的一切陈腐的遗存和残渣,不断地创造出助力人的发展的各种现实条件,进而实现人的全面和自由发展。

第四章 《神圣家族》的人学贡献和历史局限性

作为马克思主义人学发展链条上的重要一环,《神圣家族》的人学贡献是不可磨灭的。恩格斯曾给出评价:"对抽象的人的崇拜,即费尔巴哈的新宗教的核心,必定会由关于现实的人及其历史发展的科学来代替。这个超出费尔巴哈而进一步发展费尔巴哈观点的工作,是由马克思于 1845 年在《神圣家族》中开始的。"①但我们也必须看到这样一个事实:费尔巴哈曾有力地揭露黑格尔哲学的"秘密",促进了马克思反思和批判黑格尔哲学,进而构建自己的哲学体系。因此,马克思受费尔巴哈思想的影响也是非常之大。至少《神圣家族》对费尔巴哈仍然作出了非常高的肯定,认为"只有费尔巴哈才是黑格尔的观点出发而结束和批判了黑格尔的哲学"②。马克思的人学观中还透露出比较显性的费尔巴哈哲学色彩。

一、理论贡献:超越传统人学的致思取向

传统人学的典型特征无外乎为抽象性、思辨性、神秘性和片面性。就

---

① 《马克思恩格斯文集》(第四卷),人民出版社,2009 年,第 295 页。
② 《马克思恩格斯全集》(第 2 卷),人民出版社,1957 年,第 177 页。

《神圣家族》文本来看,青年黑格尔派将传统人学的特点发挥得淋漓尽致。青年黑格尔派的人学只看到"人"而看不到"物",但是只看到神秘的"自我意识",甚至看不到"抽象的人",更看不到"现实的人"。并且鲍威尔等人将自身幻化为"自我意识",从普通的个人摇身一变成为神圣家族的成员。青年黑格尔派将主观唯心主义和"巧妙的诡辩"相结合并贯彻到底,可谓是视"物"为"无物",现实的物成为抽象的精神存在,视"人"为"非人",现实的人也成为抽象的意识存在。在思辨哲学那里,只有"自我意识""绝对的批判"才是真实的、可靠的,至于现实的"物"和"人"则不具有存在的空间和余地。之所以说《神圣家族》初步实现了对传统人学的超越,是因为马克思恩格斯不但看到了"人",而且看到了"物"。这里的"物"不仅仅是费尔巴哈眼中的纯粹的客观自然,更重要的是包括"感性的对象世界"、现实社会生活以及"感性的人的实践"。这里的"人"也不仅仅是费尔巴哈哲学中的只具有自然属性或只懂得满足肉体生存需要的人,更重要的是"现实的、活生生的人",是"进行感性实践的人"。对"现实的人"的发现,对物质生产活动的发现,对现实社会的考察,对群众史观的阐述,对历史唯物主义原则的一系列表达,都促使马克思恩格斯对传统人学进行深刻的思考和严肃的批判。在批判中,马克思恩格斯阐释着自己的人学主张,表达着自己的人学见解,建筑着自己的人学框架,在致思取向上完成了对传统人学的初步超越。

(一)初步实现了人学根基的唯物主义转向

所谓人学根基,主要是指人学所立足的理论基础,即根据什么样的理论来确立人学的内涵、逻辑、特征、立场和推进方向。在人学研究上,大体有两类人学思想体系:一种是以唯心主义为理论基础,另一种是以唯物主义为理论基础。前一种人学范式即是西方传统人学,后一种人学范式即是以历史唯物主义为指导的马克思主义人学。由于两种人学体系的立论基础不同,因而在人学研究的思想观点上也截然不同。在马克思恩格斯以前，几乎所有的哲学家都没有突破唯心主义的怪圈，几乎都是在唯心史观的前提下分析人的问题，由此归结的人学论断必然不是准确的、科学的，由此形成的人学观是唯心主义的人学观。从马克思恩格斯开始，传统哲学家在人学问题上的理论阐释及支配地位逐渐走向了终结。

人学根基的唯物主义转向，其实就是马克思主义人学范式的转变，而这又是伴随着马克思恩格斯思想的重大变革而完成的。马克思从信仰黑格尔哲学到研究现实问题的哲学，从唯心主义转到唯物主义，再从人本学唯物主义转到历史唯物主义。社会历史的现实根基在何处？人学的理论根基又为何者？这是马克思恩格斯一直在探索的问题。在《神圣家族》中，马克思恩格斯更注重从德国社会出发，从资本主义社会的现实出发，研究现实社会以及人在现实社会中的状况。此时，马克思恩格斯的致思维度有了非常显著的变化：从哲学思维的探讨到深入社会现实的考察，从对"精神"历史的揭露到深入人的社会历史，无情地拆穿了鲍威尔等人编织的"自我意识"神话，打碎了"批判的批判"的神圣光环，揭开了神圣家族成员自以为所在的思辨天国不过是世俗的人间的简单事实。马克思着手从人的现实生活世界出发，着力研究现存社会的物质生产实践，从"市民社会"中、社会生产活动中去寻找"人类历史发展的钥匙"，从而更加接近于唯物史观。马克思主义人学的理论根基也渐趋形成。

从唯心主义到历史唯物主义的转变，意味着马克思恩格斯对"人"的理解的根本转变。比如马克思在人学问题上也并非从来就是成熟系统的，他在早期受黑格尔哲学和青年黑格尔派思想的影响，也曾经把人理解为自我意识的存在，并在自我意识的作用下进行活动，也曾受费尔巴哈人本学唯物主义的影响，从人与动物相区别的角度，把人理解为"类"意义上的存在物。《神圣家族》虽然是马克思恩格斯的一部早期著作，但可以说是具有里程碑式的意义,不仅体现了马克思恩格斯在哲学思维路径上的重要进展,而且体现了马克思恩格斯在人学研究上的积极转向。《神圣家族》标志着马克思恩格斯逐步转换到人的现实性方面,以及专注研究人的生存的现实条件,并以此为基点,论述有关人的一系列现实问题,甚至直接表达了人是"现实的、活生生的人"的观点。在揭破"批判的批判"的"秘密"时,马克思对人的理解已接近形成"现实的人"的理论,接近于形成关于人的"新逻辑""新思想"和"新体系"。正如马克思恩格斯在《神圣家族》中所言:"我们的叙述主要是针对布鲁诺·鲍威尔的'文学总汇报'(我们手边有该杂志的前八期),因为在该报中鲍威尔的批判以及整个德国思辨的全部谰言达到了顶点。批判的批判(即'文学报'的批判)愈是用哲学把现实歪曲得令人捧腹,那就对我们愈有教益。法赫尔和施里加二人便是例子。……我们的叙述方法自然要取决于对象本身的性质。批判的批判在各方面都低于德国的理论发展水平。因此,假如我们在这里没有进而对这一发展本身加以探讨,那是由于我们所研究的对象的本质所致。"而对于"'文学报'所暴露的材料加以考察",为的是"能帮助广大读者识破思辨哲学的幻想"。① 同时,马克思还和恩格斯相约:"我们先发表这篇论战性的序言,再各自分头在自己的著作里叙述自己的肯定的观点,以及对现代哲学和社会学的肯定的见解。"②《神圣家族》全篇都涉及马克思恩格斯对鲍威尔等人的人学思想的批判,尤其是鲍威尔等人对于人的态度、对于群众的态度,更是受到马克思恩格斯的莫大讽刺:"批判的批判虽然认为自己是多么地超出群众,但它仍然万分怜悯群众。所以批判爱群众,甚至将它的独生子赐给他们,叫一切信他的,不致灭亡,反得批判的永生。批判本身变成了群众,置身于我们中间,于是我们也看到了它的伟

---

① 《马克思恩格斯全集》(第2卷),人民出版社,1957年,第7页。
② 同上,第8页。

大——像天父的独生子一样的伟大。"①"批判的批判"是鲍威尔等人的代名词,既是对他们思想的概括,又是对他们态度的表达,还是对他们本人的形象化身。他们蔑视群众、敌视群众、虚无化群众,用"批判"代替群众,取消了群众的一切现实内容。另外,鲍威尔等人还要表现出"怜悯群众""爱惜群众"的高尚姿态,把群众的生存、灭亡、甚至永生都归系于"神圣的批判",即归系于神圣家族成员们。他们甚至变身为群众并进入他们之中,让群众感受到他们的神圣和伟大。这就是鲍威尔等人独特但又传统的人学逻辑体系。

可以明确的是,马克思恩格斯除了决心要打破青年黑格尔派思辨人学的"幻想"之外,还决定着手去构造新的人学思想体系。不同于青年黑格尔派抽象的人学范式,马克思恩格斯认为人就是从事实践活动、使用实践力量、创造社会历史的人,而不是如鲍威尔等人所描述的仅仅作为消极的、非创造性、非历史的因素,必须要把人同其现实的生存条件、生活世界联系起来,才能找到"现实的人及其发展规律"。人是实践的产物,是一种实践的存在,同时又是实践的主体,实践性、现实性必然构成人的本质特性的重要维度。实践是揭开人学之谜的关键要点。由于人所存在其中的世界是现实的社会生活世界,人既不断地进行实践活动,又作为实践的主体现实地存在于现存社会中。比如马克思恩格斯指出的:"个人怎样表现自己的生活,他们自己也就怎样。因此,他们是什么样的,这同他们的生产是一致的。"②这里的"生活""生产"即是人们的感性实践活动的具体呈现,并且是对人的现实存在状态的生动表现和有力证明。所以说对"现实的人"的探究以及"现实的人"的积极转向,表征着马克思主义人学理论大厦的逻辑起点的建构逐步

---

① 《马克思恩格斯全集》(第2卷),人民出版社,1957年,第9页。
② 《马克思恩格斯全集》(第3卷),人民出版社,1960年,第24页。

完成。

以鲍威尔为代表的神圣家族们,将主观唯心主义的立场贯彻到了历史领域,认为人类社会历史不过就是一部"自我意识"的发展史,"自我意识"才是推动历史前进的动力。"从前的目的论者认为,植物所以存在,是为了给动物充饥,动物所以存在,是为了给人类充饥,同样,历史所以存在,是为了给理论的充饥(即证明)这种消费行为服务。"①青年黑格尔派原封不动地复制了这一目的论的逻辑,认为人和历史是为了"真理"而生,"在自我意识的批判的庸俗化的形式当中,神圣家族们一再重复这种"思辨的高见",即"人和历史所以存在,是为了使真理达到自我意识"。如此,"历史也和真理一样变成了特殊的个性,即形而上学的主体,而现实的人类个体反倒仅仅变成了这一形而上学的主体的体现者"②,人类的历史仅仅变成了抽象的概念意识的历史。所以批判哲学家们对他们所制造出来的历史表示"真诚地"理解和支持,比如他们会说"'历史不容许别人嘲弄自己……历史尽了最大的努力,以便人们……研究历史……为什么需要历史呢? ……历史向我们提供明确的证明……历史揭开真理'"③等等。马克思恩格斯则指出:"如果照绝对的批判的说法,到现在为止,历史上只有这样两三个最简单的、终于是不言而喻的真理,那末被批判硬加在人类过去全部经验之上的这种贫乏,首先只是证明了绝对的批判自己的贫乏。相反地,从非批判的观点看来,历史的结果就是:最复杂的真理、一切真理的精华(人们)最终会自己了解自己。"④在思辨哲学的逻辑中,人类历史不仅被抽象为"绝对的批判"的历史,而且历史成了所谓真理的代名词,揭示了"真理的精华",并且是以证明"真理"的存在为最终结果。所谓真理又是不言而喻的或无需证明的,历史又无需特地去证

---

① 《马克思恩格斯全集》(第 2 卷),人民出版社,1957 年,第 100 页。

②③④ 同上,第 101 页。

实"真理"及其重要性。于是,本来被规定证明"真理"的历史又失去了证明"真理"的作用,历史仅有的"业务"随之被取消。

马克思恩格斯还指出:"唯灵论的、神学的批判的批判仅仅知道(至少它在自己的想象中知道)历史上的政治、文学和神学方面的重大事件。正像批判的批判把思维和感觉、灵魂和肉体、自身和世界分开一样,它也把历史同自然科学和工业分开。"①"批判的批判"将工业与历史的联系拆开,认为历史不是诞生于"尘世的"物质生产之中,而是发生于天上的"思辨的迷蒙的云兴雾聚之处"。因为"批判的批判"对自然科学和工业从来不是抱有承认的态度,而对自然科学和工业持有的反对态度,所谓"尊重自然界的研究"或尊重自然科学和工业,是指尊重其自身对自然科学和工业的一贯批判倾向。"批判的批判"向来反感把自然和工业纳入其研究的范围或作为其研究的内容。比如它宣称的:"自然界并不因为我们吃的和喝的都是自然界的单个产品而就是唯一的现实。"②在这里,"批判的批判"把自然界仅仅归结为其中的某些单一产品,并且认为对于这些单一产品也只是满足其简单的口腹之欲,即使这样也不能证明自然界的现实性。与此相应,"批判的批判"对自然科学和工业作出如此评价是符合其抽象思辨的哲学逻辑。"批判的批判"还试图将自然科学与社会历史强行分开,原因在于它对自然界所能达到的了解、对自然科学所能形成的认知,不过就是一些"关于自然界的单个的产品",不过就是人们所能"吃它们和喝它们",仅此而已。批判哲学家们看不到哲学与自然科学、社会科学的相关性,不是把哲学研究置于自然科学和社会科学的基础上,而它所产生的关于自然和人类社会的认识显然不是对现实的认识,只是对某种非现实的认识。要求"批判"对自然和工业进行合情合理地研究同

① 《马克思恩格斯文集》(第一卷),人民出版社,2009 年,第 350 页。
② 《马克思恩格斯全集》(第 2 卷),人民出版社,1957 年,第 190 页。

批判哲学本身是相悖的,任何对于批判哲学的批判和忠告都会受到批判哲学家斥责,比如被批判哲学驳斥为"群众的唯物主义"等。因为以鲍威尔为代表的批判哲学家们对历史现实并不感兴趣,也必然不能正确地看待历史现实,他们把对自然科学的反感加诸到工业和社会生产方面,没有意识到只是经过"批判"或抽象概念的某些环节,不可能达到对历史现实的充分认识,同样不能做到真正地认识社会历史,毕竟他们所要的结果是通过思辨的一系列过程,"'得到那种不费力气就可得到的一切,不经过任何阐释就能理解的一切,总而言之,就是一种用一个字就能概括的一切'"①。显然,他们也是反复运用"自我意识""批判"或"批判的批判"等术语,并以此概括工业、生产活动、社会历史和现实世界的一切。实际上,"批判的批判"按其原则和本性来说,并不能提供一些现实的东西,更不用说一切现实的东西。这些都足以显示"批判的批判"对"历史现实""历史时期""生产实践"等都是一无所知的。

马克思强调,对于社会历史的真正把握不是靠所谓的逻辑推演,更不是靠纯粹的"思辨"或"批判"就能做到的。因为历史是人类发展的历史,"历史什么事情也没有做,它'并不拥有任何无穷尽的丰富性',它并'没有在任何战斗中作战'"②,创造社会历史并为社会历史增添丰富内容的并不是"历史"本身,而是现实的人,是人通过自身的实践活动完成的。换言之,社会历史是人的实践活动的产物,历史就是一部关于人的活动的不断展开和人的目的的不断实现的"人类史"。当然,这不等于说历史完全就是人的主观性的东西,或是作为人的附属物而存在,可以任由人来决定、支配或摆布。因为历史也有其自身的运行规律,具有客观规律性,比如生产力与生产关系的

---

① 《马克思恩格斯全集》(第2卷),人民出版社,1957年,第192页。
② 同上,第118页。

矛盾运动、经济基础与上层建筑的矛盾运动,这是社会历史发展的深层根源和根本动力,它们构成了社会历史运动的基本规律。如果说唯心史观将"精神""意识"作为历史的起源和动力,那么马克思恩格斯则找到了"构成历史的真正的最后动力的动力",揭示出社会历史的基本规律。马克思恩格斯之所以能探寻到历史的真正面貌及规律,并不是如思辨哲学传统那样沉浸于从"精神""意识"并由此出发寻找"历史之谜"的答案,而是从人的实践活动出发,寻找"历史之谜"的真正答案,还原长期以来被旧哲学所歪曲的"历史的真相"。就此而言,在历史的发展进程当中,起决定性作用的不是什么"意识""精神"之类的抽象物,而是人的物质生产活动、社会的物质生产方式,历史所蕴含的基本规律也不是源于"意识""精神",而人的实践活动恰恰就是认清历史发展及其规律的"关键钥匙"。因此,"绝对理性""自我意识"等既不是人类历史的基础,也不是人的本质和内容的构成,更不可能是社会历史发展的动力。必须从"幻想"回归现实,把"概念"归置"原位",把历史归还给人。头脑中的历史毕竟只是抽象的、有限的思维活动,对历史的科学理解是从正确看待人和人的实践开始的。社会历史、现存世界及其一切内容都与人的实践活动之间有着千丝万缕的联系。

马克思恩格斯的这些主张既是与传统思辨人学的全面决裂,也在无形之中超越了费尔巴哈,尽管此时对费尔巴哈的批判还没有直接表述出来。马克思恩格斯在《神圣家族》中对费尔巴哈的超越则在后来的《德意志意识形态》中得到全面深刻的呈现,比如他们指出,由于"费尔巴哈对感性世界的'理解'一方面仅仅局限于对这一世界的单纯的直观,另一方面仅仅局限于单纯的感觉"[1]。由于费尔巴哈不理解人的感性实践活动,同样局限于单纯的直观思维,把人设定成了"一般人"或"自然意义的人"。马克思恩格斯继

① 《马克思恩格斯选集》(第一卷),人民出版社,2012 年,第 155 页。

续讲道，费尔巴哈"没有看到，他周围的感性世界决不是某种开天辟地以来就直接存在的、始终如一的东西，而是工业和社会状况的产物，是历史的产物，是世世代代活动的结果，其中每一代都立足于前一代所奠定的基础上，继续发展前一代的工业和交往，并随着需要的改变而改变他们的社会制度。甚至连最简单的'感性确定性'的对象也只是由于社会发展、由于工业和商业交往才提供给他的"①。费尔巴哈脱离了一定的社会条件和历史实践，没有认识到历史实践和社会条件是由人的活动创造和推动的，没有发现历史和社会所赖以生存的基础是通过人的世世代代的实践活动创造和积累下来的，从而脱离了社会现实基础和现存社会制度的范围而抽象地解读人。因此，以社会物质生产为现实基础，马克思恩格斯关注人的现实状况并研究背后的原因，深入资本主义社会的工业历史，探究人类历史的发展规律，努力还原历史的"真实形象"，揭开"历史之谜"，这些都为唯物史观的创立作了深厚的理论铺垫。

《神圣家族》表明，马克思恩格斯已经从历史唯物主义的观点和立场去分析唯心史观的错误思想，挖掘人类历史和社会发展的客观规律，阐释人的基本问题并逐步形成了科学的人学观。马克思恩格斯不仅注重物质生产活动，比如反对把历史同自然科学和工业分开、强调把握工业和生活本身的直接的生产方式、认为历史的发源地在于尘世的粗糙的物质生产等观点，②说明他们已经探索到生产方式在历史发展和社会生活中起决定性作用的基本事实，这样就把人类历史和社会生活都置于了物质生产即人的劳动生产实践之上，并且在此基础上进一步萌发了关于社会关系和生产关系的思想。如果说物质生产是把握社会和历史的基础，那么生产关系则是理解社会和

---

① 《马克思恩格斯选集》（第一卷），人民出版社，2012年，第155页。
② 《马克思恩格斯全集》（第2卷），人民出版社，1957年，第191页。

历史的关键；如果说物质生产实践是唯物史观的本源和根基，那么生产关系则表明了唯物史观的内生逻辑的形成和推进；如果说物质生产构筑了社会历史的根本框架，那么生产关系则是社会历史框架上的内容体系。生产关系的概念确实还未在《神圣家族》一文中正式成型，但是已经以"交往方式""社会关系"的形式初步展露了出来。马克思恩格斯在《神圣家族》中实际地谈到了生产关系和社会关系的相关内容，此即"实物是为人的存在，是人的实物存在，同时也就是人为他人的定在，是他对他人的人的关系，是人对人的社会关系"①。在唯物史观的重要概念"生产关系"的确立上取得了切实进步。列宁则高度评价了《神圣家族》中的这段论述："这一段话极有特色，因为它表明马克思是如何接近自己的整个'体系'（如果可以这样说的话）的基本思想——即如何接近生产的社会关系这个思想。"②对生产关系的思考和基本提出，促使马克思恩格斯进一步思考生产方式的内在构成，并最终发现了生产力与生产关系、经济基础与上层建筑的矛盾运动及辩证关系。这两对矛盾关系恰好是社会历史演进的内生动力。马克思恩格斯在《神圣家族》中对生产方式的历史决定作用进行了一定的探讨，包括对物质生产即生产力以及在生产中结成的社会关系、生产关系的考察，才能发现社会历史演进的动力和规律。尽管他们此时还没有对生产力与生产关系的矛盾运动作出充分论述，但是已进行的研究为后来全面阐释二者的相互关系作了必要的准备。我们来看马克思对历史发展根本动力的一处精彩描述："人们在自己生活的社会生产中发生一定的、必然的、不以他们的意志为转移的关系，即同他们的物质生产力的一定发展阶段相适合的生产关系……物质生活的生产方式制约着整个社会生活、政治生活和精神生活的过程……社会的物质

---

① 《马克思恩格斯全集》（第2卷），人民出版社，1957年，第52页。
② 《列宁全集》（第55卷），人民出版社，1990年，第13页。

生产力发展到一定阶段,便同它们一直在其中运动的现存生产关系或财产关系(这只是生产关系的法律用语)发生矛盾。于是这些关系便由生产力的发展形式变成生产力的桎梏。那时社会革命的时代就到来了。随着经济基础的变更,全部庞大的上层建筑也或慢或快地发生变革。"①这是马克思在《〈政治经济学批判〉序言》中的论述,是关于社会历史发展规律问题的成熟的思想观点。在现实中,生产力与生产关系的变化及其矛盾运动,深刻影响着社会历史的发展状况及整体进程。回到《神圣家族》来看,马克思恩格斯通过对社会物质生产活动的深入探究,初步生成了关于生产关系的基本思想。这也恰恰说明,《神圣家族》时期的马克思恩格斯就已自觉地运用唯物史观去分析理论问题和现实问题,他们此时的思想已经接近形成历史唯物主义的思想,并且距离历史唯物主义的诞生只是一个时间上的问题。马克思恩格斯以这种渐趋成熟的唯物史观为理论基础,对自己的人学思想进行诠释和推进,这就意味着距离科学人学观的形成已近在咫尺。正是在此意义上讲,《神圣家族》初步实现了马克思主义人学观的唯物主义的重大转向。

(二)初步实现了人学话语范式的生活化转向

人学话语遵从抽象的逻辑还是现实的逻辑? 采取思辨的范式还是生活的范式? 用意识规定存在还是用存在规定意识? 是追求思想层面的内容与形式还是追求现实层面的内容与形式? 为思想服务还是为现实服务? 最终又将朝着何种方向发展? 对于任何一种人学理论话语而言,这些都是无法回避的问题,而对于这一系列问题的不同回答,也构成了不同人学话语体系相互区别的明显标识。话语方式即思维方式。也就是说,哲学思维方式代表了自身独特的话语方式,不同哲学体系必然具有各自不同的话语范式。

---

① 《马克思恩格斯文集》(第二卷),人民出版社,2009 年,第 591~592 页。

比如,西方传统人学的话语范式就有其鲜明的逻辑、体系、内容和规范,秉持历史与逻辑相统一而不是逻辑与历史相统一的原则,把思辨的逻辑贯彻到其话语体系中,并在思辨的哲学思维引导下,采用"纯概念、纯范畴的逻辑推演的方式表达"①其观点、理论和思想。马克思主义人学话语则不同,坚持贯彻现实的逻辑,以生活实践为原则,打破了西方传统人学固守的话语形式,完成了一场革命性的人学话语变革,进而开辟了人学话语的新范式、新体系、新领域、新境界。

正如在《神圣家族》中,马克思恩格斯的人学话语已经发生了显著的变化,即人学话语范式呈现出步步生活化的态势。可以看到,马克思恩格斯在《神圣家族》中不仅提出了诸多人学新观点、新思想,而且在人学话语范式上实现了诸多新创造、新发展。马克思恩格斯反对青年黑格尔派的思辨人学体系及思辨人学话语,反对把话语变成"某种独立的特殊的王国",反对把话语变成纯粹抽象的概念形式,反对把概念作为人学的理论归属。在马克思恩格斯的语境中,话语本身不是目的,话语是思想的外壳,是表达思想观点的特定载体。思辨王国、精神世界、概念领域更不是话语产生和存在之地。人学话语即关于人的概括和表达,青年黑格尔派思辨人学并没有做到以人和人的现实问题为轴心而展开,相反以自我意识为中心进行"批判的批判",把人和人的现实问题融化到自我意识的哲学体系中、"批判的批判"的逻辑思路里,其人学话语至多算是关于抽象的人的论述,而未涉及现实的人本身。"从思维过渡到现实""从语言过渡到生活",②从过去纯粹的哲学术语、抽象概念转向现实的生活话语、生活语言,从神秘的精神世界转向现实的生活世界,从思辨逻辑主宰现实的人学传统转向生活逻辑决定思想的新人学

① ［德］黑格尔:《黑格尔的客观哲学》,刘烨编译,中国戏剧出版社,2008 年,第 202 页。

② 《马克思恩格斯全集》(第 3 卷),人民出版社,1960 年,第 528 页。

范式,是马克思主义人学话语实现的重大转变。因为生活逻辑本身就表示按照事物存在的真实面目及其真实情况去理解和描述事物,从人学领域来看,生活逻辑就是要求按照人和人的真实情况去理解人本身,描述人和人的现实生活世界,从而形成关于人的正确理论及观点。"语言是思想的直接现实"①,而话语正是语言、思想的浓缩。话语本身有其明确的来源,那就是人的现实生活,由此也决定了话语的内容不会是主观想象的结果,即话语在内容上具有客观现实性。思想和理论是通过话语这一工具进行表述和传播的,因而又是对思想和理论的某种凝聚和表达,相对于思想和理论而言更具直接现实性。就马克思主义人学话语而言,它来源于社会生活,必然在社会生活中才能得到发展;它发展于社会关系搭建的生活舞台,描绘着人的丰富多元的生活形态;它演绎的是生活的逻辑、现实的逻辑,服务的是社会生活和现实的人;它坚持以现实的人为本,以人为发展向度,最后的走向便是生活化、现实化的人学话语范式。

与《神圣家族》展现的人学话语不同,传统哲学对人学的推演总是带有某种"抽象性"和"虚幻性"的特点,总是从概念术语中生成了人和人的生活,即用抽象的精神演绎人的现实生活,用纯粹的概念规范生活世界,用思辨逻辑的过程框定人的社会生活过程。事实上,人学话语是现实性的话语,应当"是从对每个时代的个人的实际生活过程和活动的研究中得出的"②,因而它描述的理应是现实的人和人的生活、人的社会历史的连续性和完整性,它是以社会现实为基础、以人为主体内容而进行的高度的理论叙述。人学话语是从现实生活中凝练出来的,是由生活逻辑所决定的,也即现实生活规范着话语范式。如果离开了社会生活和现实历史的时空维度,话语则会变成纯

---

① 《马克思恩格斯全集》(第3卷),人民出版社,1960年,第525页。
② 同上,第31页。

粹抽象本身而失去其应有的现实价值。所以说传统人学话语显然不能作为适应并描述任何时代和社会生活以及其中的人的状况的万能公式。马克思曾表示,哲学语言与现实话语的区别就在于:是否能处理好"思想世界"与"现实世界"的真正关系。也就是说,是以思想世界作为现实世界的基础,还是以现实世界作为思想世界的基础,是划分不同话语体系的哲学立场。坚持思想世界决定现实世界,是西方传统人学话语的一贯立场,坚持现实世界决定思想世界,是马克思主义人学话语的坚定立场。西方传统人学没有离开过神秘的思想世界,从来都是以思辨哲学体系为理论根据,必然不懂得思想世界和生活世界的本质关系,不理解生活世界的逻辑和意义,不理解人的现实生活及其现实内容,以精神、意识自居,认为精神、意识有其完整的内容和独立的逻辑,并规定着现实世界以及现实世界的人的一切内容。

正如马克思恩格斯所说,对于传统人学而言,"从思想世界降到现实世界是最困难的任务之一","正像哲学家们把思维变成一种独立的力量一样,他们也一定要把语言变成某种独立的特殊的王国。这就是哲学语言的秘密。在哲学语言里,思想通过词的形式表达具有自己本身的内容。从思想世界降到现实世界的问题,变成了从语言降到生活中的问题"。[①] 马克思恩格斯在这里所指的主要是德国传统哲学的思维逻辑,德国哲学又是西方传统哲学的集大成者和典型代表,可以透视西方传统哲学的话语体系及其逻辑范式。显然,在西方传统哲学的话语中,思想世界与现实世界是相隔绝的,思想或思维作为独立的力量而存在,思想表达自身内容是借助语词的抽象形式而不是借助别的现实形式,不仅思想变成了"独立的特殊的秘密",用来表达思想的语词也变为"独立的特殊的秘密"和秘密的呈现形式。经过传统哲学家们的注解和思辨加工,话语的物质性、现实性遭到了彻底的剥离,

---

① 《马克思恩格斯全集》(第3卷),人民出版社,1960年,第525页。

话语的现实内容及其物质外壳都被西方传统哲学——解构,从而话语和生活世界的联系被斩断,哲学话语不再是现实社会生活的结果,不再是人的实践活动的产物,不再作为现实话语、生活话语,在思想决定生活而不是生活决定思想的前提下,成为远离现实世界之外、漂浮于思想世界之中的空洞语言。正是在此意义上,从思想世界降到现实世界的问题,又表现为从语言或话语降到生活的问题。

针对传统的人学话语范式,与其说是关于人的学说、关于人的话语系统,倒不如说是关于人是抽象理念、关于人是哲学概念的理论概说。传统哲学崇拜抽象神秘的"思想"和"精神",视它们为独立于人的外在力量,现实存在着的人不过是这些"思想""精神"的附属品、衍生物,人只能作为概念的人、非独立性的人而存在。然而传统哲学家们不知道的是,"思想和观念成为独立力量"其实是从人们之间的相互关系中独立的结果,即原本作为人的关系的表现的思想和观念,被改造为某种独立于人以及人的关系的力量,甚至支配着人的关系和联系。此时,人的现实关系和活动不是解释思想和观念的基础,而是被思想和观念所解释和规定。其实,思想观念、哲学话语,究其根本都是对现实生活本身的反映和写照,从现实到思想、从生活到话语是首要的原则,同时,现实与思想、生活与话语之间是双向交互的关系,这是马克思恩格斯哲学话语内含的动态脉络。因此,如果哲学家们能够把"自己的语言还原为它从中抽象出来的普通语言,就可以认清他们的语言是被歪曲了的现实世界的语言,就可以懂得,无论思想或语言都不能独自组成特殊的王国,它们只是现实生活的表现"①。由此观之,哲学话语本就是对社会生活的演绎,而在传统哲学家那里,却被致力于独立于"对象世界"、独立于"现实的人",并企图通过绝对的抽象化而自为一体。这也是传统哲学家们的那一

---

① 《马克思恩格斯全集》(第3卷),人民出版社,1960年,第525页。

套理论话语与马克思生活化话语的分歧之所在。

从整体上看,马克思主义人学话语也有一个渐进演化的发展过程。比如《莱茵报》时期,马克思对所遇到的现实问题的辩论和分析,几乎都是结合黑格尔哲学的相关思想和原理展开的。马克思对现实问题提出了深刻的见解,尤其是几次重要的辩论包括出版自由的辩论、森林盗窃法的辩论、摩塞尔记者的辩护等,马克思对底层人民的贫苦生存现状的同情、对利益私有者的斥责、对国家当局的批判,在一定程度上突破了黑格尔的哲学体系,唯物史观开始萌芽。此时,马克思对黑格尔哲学的相信与怀疑是复杂交织的,马克思的哲学话语中还透露着明显的理性哲学话语的特点,体现了早期马克思对理性自由、理性国家和理性自由人的推崇,即马克思早年崇尚黑格尔理性哲学的倾向。

《论犹太人问题》是马克思对鲍威尔在民族问题和宗教神学问题上的唯心主义观点的批判,围绕犹太人问题进行了深入探讨,指出犹太人问题的意义是世俗的现实的问题,从政治解放推进到人类解放的高度。马克思提出现实的个人作为个人,并且成为"类存在物",意识到自己的力量并组成社会力量,那时人类解放才能完成。在此,马克思用人是"类存在物"的主张来表示人的本质和力量,费尔巴哈哲学对其思想的影响是非常显著的。

在《〈黑格尔法哲学批判〉导言》中,马克思指出了人在市民社会即资本主义社会中的状况,存在市民阶级和非市民阶级的区分,即资产阶级与无产阶级的对立,后者在市民社会中完全丧失了自身,"只有通过人的完全恢复才能恢复自己"[①]。马克思在此指出群众是改造社会的物质力量,无产阶级是实现社会主义革命的社会力量,这些观点的提出具有重要意义。与此同时,马克思还表达了"人本身是人的最高本质"的看法,并认为唯一实际可能

---

① 《马克思恩格斯全集》(第 1 卷),人民出版社,1956 年,第 466 页。

的解放是从这一理论出发才是可能的,这里也体现了早期马克思人学话语体系所带有的人本学痕迹。

到了《1844 年经济学哲学手稿》时期,马克思对人的探讨更为直接深刻。异化是《1844 年经济学哲学手稿》讨论的重点问题之一,异化的主体就是人,人的异化是全面的,包括人与自己劳动的异化、人与劳动产品的异化、人与人的异化、人自身的异化即人的类本质异化。在资本主义的私有制、奴隶般的分工、雇佣劳动制、资本逻辑等共同作用下,工人劳动者成为生产机器上的附属物,在生产过程中受到资本家的任意挥使。马克思揭示了资本主义社会对工人无产阶级的压迫和扭曲,唯物史观的原理得到了重要阐释和推进。不过我们说,马克思此时的哲学观点和人学思想还是在费尔巴哈思想的影响下发展的。

1845 年初的《关于费尔巴哈的提纲》则展现出马克思关于人是"感性活动"的存在的重大突破。马克思在《关于费尔巴哈的提纲》中用十一条纲领性的论述对传统哲学包括唯心主义、一切旧唯物主义进行了简洁而有力的批判,指出了唯心主义哲学和旧唯物主义哲学的理论缺陷,提出新唯物主义的基本观点,并对人的本质问题作出了科学的概括,在人学思想及话语上实现了新的发展。

1845 年底的《德意志意识形态》体现出马克思恩格斯关于人的问题的成熟见解。《德意志意识形态》设置专门章节对青年黑格尔派哲学以及费尔巴哈人本学唯物主义进行了全面而彻底的批判,并对唯物史观的基本内容作了深入阐述,标志着唯物史观的形成,也意味着马克思恩格斯在人学观点上的成熟。那么处于转折"前夜"的 1844 年底的《神圣家族》,则昭示着马克思恩格斯对于人的问题的新发现、新理解,提出了一系列关于人的新观点、新思想。这些新的"景象"体现马克思主义人学话语的革命与创新。

在《神圣家族》中,马克思恩格斯主要针对青年黑格尔派的思辨人学话语展开了批判,揭露其诡辩的、虚妄的思维程式和话语范式。思辨唯心主义最擅长的就是概念的演绎、抽象逻辑的运演和主客体的倒置,善于用一些"被抽象掉人的自然基础、社会基础而与人的自然、生产生活等社会实践及其社会条件完全无关的充满了神秘主义的概念"①,即纯思维的形式或绝对的"精神主体"的形式,比如以"绝对观念""自我意识""实体""唯一者"等纯概念范畴,来定义现实存在物和现实的存在关系,遮盖了生活世界的本来逻辑和多元内容,抽离了人的一切现实含义及丰富规定性。在思辨哲学的话语体系中,类似的哲学术语、概念范畴并不鲜见。确实,青年黑格尔派主观地颠倒了思维与存在、"自我意识"和"现实的个人"的事实关系,并用这种颠倒了的事实关系去规定现实本身和人本身,把"自我意识"神化为绝对的力量、独立的主体,用"自我意识"的抽象言语"诉说"着生活世界的人及其现实问题。一切现实社会生活的问题,一切现实的人的问题,都是发生在自我意识的领域中,都是精神意识及其活动过程的产物,都能在意识和思维中寻找到理解现实生活和现实的人的答案,而这显然不能获得关于人的现实本质和人之存在的现实根据。因为概念范畴对于认识人的问题的作用终究是有限的,尤其在概念范畴脱离了现实逻辑或生活逻辑而成为纯概念范畴后,更难以做到对人的正确解读。在神圣家族成员看来,"自我意识"生成着人,规划着现实世界,规定着人的一切特性,把在人之外的客观实在主观化为"纯粹的观念"。他们认为"自我意识"才是人的本质,是人的唯一属性,最终将"活生生的人"融于神秘的"自我意识"之中。他们用"批判的批判"代表"自我意识",寓意所谓彻底的、神圣的、不受群众沾染的批判,将其哲学称为"批判的哲学",而他们自身又是"批判的批判"或"自我意识","这些人妄自尊

---

① 杨思基:《我所理解的"马克思主义哲学观"》,《马克思主义哲学论丛·总第8辑》,社会科学文献出版社,2013年,第239页。

大,自以为超乎群众之上,以为他们的话就是天经地义,不容争辩,正像耶稣在人们中传道一样"。马克思恩格斯选择用"神圣家族"对鲍威尔等人予以冠名,就是对其思辨的主观唯心主义观点的形象比喻。马克思立足唯物主义的立场,用历史唯物主义的观点直接回击了青年黑格尔派绝对化的主观唯心思想,并指明只有在"自我意识"之外,才能有独立的、客观的社会存在;只有在"自我意识"之外,人才能是现实的主体、活动于社会历史当中的人。即使是"意识""精神",也是来源现实生活,也是对现实生活的抽象归纳,是对社会生活的别样呈现。马克思恩格斯从现实社会出发,从社会生活中归纳出具有现实意义的生活范畴,基于现实生活而提炼出哲学概念,并用概念去认识现实生活,实现概念范畴与生活世界的相互联动。马克思恩格斯所创造的一系列概念、理论根植于社会生活实践,都可以还原为经验世界的现象和事实,它们汇集在一起,共同描绘了社会生活的丰富构成和发展景象。这也意味着哲学话语必须要告别抽象的意识,回归现实逻辑;人学话语必须要回归生活,回归"现实的人",恢复对作为主体的"现实的人"的关注。马克思人学话语是从描述现实生活和人的实践活动而实际开始的,马克思人学话语的创立由思辨人学话语走向终结,"关于意识的空话将销声匿迹……对现实的描述会使独立的哲学失去生存环境,能够取而代之的充其量不过是从对人类历史发展的观察中抽象出来的最一般的结果的综合。这些抽象本身离开了现实的历史就没有任何价值"①。立足现实社会的人的现实状况的话语才是生活话语范式,而马克思人学话语的开创树立了不同于传统思辨人学话语的新典范。

就此而言,对于人学话语究竟是直面现实的生活还是沉于思辨的"星空"、人学话语围绕的主体究竟是现实的人还是抽象的概念等相关问题,马

---

① 《马克思恩格斯全集》(第 3 卷),人民出版社,1960 年,第 31 页。

克思恩格斯在《神圣家族》中已然给出了明确的回应。人学研究的核心主题是人,对这里的"人"作何理解——以什么"人"为本、以人的"什么"为本、怎样做到以人为本、以人为本的目标是什么等诸如此类的重要论题,都彰显着马克思主义人学话语范式的特征。关于以什么"人"为本的问题,在马克思恩格斯思想中,对于"人"的理解不能停留于思辨或想象,也不能满足于"感性对象"上的"类的化身",坚持以现实原则去认识理论,从实践出发而不是从抽象出发,不是以概念去界定人,反对用"抽象的人"去概括人本身,强调人是"真正的现实的个人"。关于以人的"什么"为本的问题,《神圣家族》对这一问题作了分析,那就是以人的现实利益为本。利益深切关乎人的实际的生存和发展状况,维护人的利益需要就是维护人之存在的现实根本。这里所说的是以人民群众的利益为本,而不是以少数资产阶级或统治集团的利益为本。关于怎样做到以人为本的问题,在阶级社会,阶级压迫、阶级剥削是常态现象,剥削阶级依靠对被剥削阶级的压迫来维持其阶级统治,不可能践行以人为本的原则。只有通过彻底的无产阶级革命才能真正为以人为本清理所有的障碍,为实现以人为本创造现实的、有利的条件。关于以人为本的目标是什么的问题,以人为本本身其实就是其目标所在,即真正做到以人为本就是以人为本的目标。这也意味着消灭一切使以人为本抽象化、虚无化的因素,恢复人的历史主体地位和实践主体作用,推动人的自由全面发展。只有"现实的人"才能立足实践、改变世界、实现人的价值。马克思主义人学话语是一种具有从纯粹思维回归到"现实生活中去的神奇力量的'词'"①;马克思主义人学话语"不是在每个时代中寻找某种范畴,而是始终站在现实历史的基础上,不是从观念出发来解释实践,而是从物质实践出发

---

① 《马克思恩格斯全集》(第 3 卷),人民出版社,1960 年,第 525 页。

来解释观念的东西"①。马克思主义人学话语是在遵循现实逻辑的基础上，通过层层深入生活实际，明确话语所有产生的现实的社会关系，聚焦人的社会生活内容与社会活动实践，道破了神圣家族们所谓的"秘密""体系"，把人从"自我意识"的"幽灵"或"怪想"中解放出来，使人回归物质生活和社会生活，进而实现人学语言的步步生活化。

二、历史局限性：浮于"感性活动"的表层

《神圣家族》时期，马克思的人学理论还在生长，尚未达至完备。《关于费尔巴哈的提纲》标志着马克思"新世界观"即科学实践观的天才萌发。值得关注的是，马克思正是明确以"感性实践"作为基底，深刻地阐明了"现实的人"、人的现实的本质、现实的社会关系等重大问题，实现了马克思主义人学的根本性变化。而这些理论的突破确是马克思在《神圣家族》时期所没有真正达到的高度。正因为对"感性活动"的探究相对缺乏，所以此时的马克思才会显得有些"依赖"费尔巴哈哲学，没能跃出费尔巴哈哲学的"怪圈"。

（一）具有显性的人本主义倾向

马克思人学还带有较为显性的人本化色彩，对费尔巴哈人本学的认识具有不彻底性。在《神圣家族》中，马克思恩格斯对费尔巴哈思想多次作出赞誉。

比如，马克思恩格斯在《神圣家族》中对费尔巴哈哲学给出了肯定。正如在平等和占有问题上，批判哲学家们没有提出"任何一种完整的思想"来表达其"独一无二的高见"，即用"平等的原则"证明财产占有是不可能的，从

---

① 《马克思恩格斯全集》（第 3 卷），人民出版社，1960 年，第 43 页。

而"解决"了没有财产的社会问题,"解决"了有财产和无财产的对立问题。平等被批判哲学家神圣化了,平等又把私人占有和私人财产神圣化了,有产者与无产者之间的矛盾、人与人之间的对立被神圣的"平等原则"所消解,平等在批判哲学家那里不具有任何现实性和历史性,变成可以化解社会矛盾和阶级对抗的"万能公式"。对此,马克思恩格斯指出:"布鲁诺·鲍威尔先生把'无限的自我意识'作为自己的一切论断的基础,甚至把这一原则看成福音的创造原则,而福音则由于其无限的无意识性似乎是和无限的自我意识直接矛盾的。同样,蒲鲁东把平等看成和平等直接矛盾的私有制的创造原则。如果……把法国的平等和德国的'自我意识'稍微比较一下……就会发现,后一个原则按德国的方式即用抽象思维的形式所表达的东西,就是前一个原则按法国的方式即用政治和思维直观的语言所表达的东西。自我意识是人在纯思维中和自身的平等。平等是人在实践领域中对自身的意识,也就是人意识到别人是和自己平等的人,人把别人当做和自己平等的人来对待。平等是法国的用语,它表明人的本质的统一、人的类意识和类行为、人和人的实际的同一,也就是说,它表明人对人的社会的关系或人的关系。"①马克思恩格斯从德国哲学和法国哲学的不同维度分析了平等这一现实问题。鲍威尔是德国哲学的代表,他是用"无限的自我意识"作为理解平等的理论基础,平等成了自我意识范围的存在,即成为抽象思辨的思维形式的某种内容。法国哲学则是用政治的和现实的思维及话语来认识平等问题,平等其实就是表示社会关系的特定状态,指的是在现存社会中、在人的实践中可以为人实际地经验到的社会关系。人在社会生活中对平等的程度的体验是真实的和切身的,因而平等是一种社会现实性的存在,人更是现实存在着的社会主体。马克思恩格斯接着讲到了费尔巴哈哲学的重要理论地

---

① 《马克思恩格斯全集》(第 2 卷),人民出版社,1957 年,第 48 页。

位,即"德国的破坏性的批判,在以费尔巴哈为代表对现实的人进行考察以前,力图用自我意识的原则来铲除一切确定的和现存的东西,而法国的破坏性的批判则力图用平等的原则来达到同样的目的"①。在费尔巴哈以前,德国哲学主要表现为思辨哲学或批判哲学,思辨的原则和抽象的自我意识规制着现实社会和现实生活中的人,一切社会现实问题是通过自我意识得以应对和解决的。马克思恩格斯的论述可以理解为,从费尔巴哈开始,自我意识不再是德国哲学中的支配性概念及原则。从某种程度上讲,费尔巴哈哲学成为德国哲学从思辨传统开始转向唯物主义的分水岭。

又如,马克思恩格斯在《神圣家族》中充分赞扬了费尔巴哈的作用,"哲学是事物现状的抽象表现这样一种看法,就其来源而言,则不是埃德加尔先生提出的,而是费尔巴哈提出的;费尔巴哈最先把哲学规定为思辨的和神秘的经验,并说明了这一点。可是埃德加尔先生却能够赋予这种看法以一种独创的、批判的表现方式。这就是:费尔巴哈得出结论说,哲学应该从思辨的天国下降到人类贫困的深渊,而埃德加尔先生却相反,他教导我们说,哲学是超实际的。实际上倒不如说是这样:正因为哲学过去只是事物现状的超验的、抽象的表现,正由于它自己的这种超验性和抽象性,由于它在想像中独立于世界之外,所以它一定要幻想它高高地超越于事物的现状和现实的人之上;另一方面,因为哲学过去并没有真正独立于世界之外,所以它也就未能对世界做出任何真正的判决,未能对世界使用任何真正的鉴别力,也就是说,未能实际地干预事物的进程,而至多只是不得不满足于 inabstracto〔抽象形式的〕实践。所谓哲学是超实际的,这只是说它高高地君临于实践之上。批判的批判把全人类统统归之为一群没有创造精神的群众,这样它就最清楚不过地证明了,思辨的思维把现实的人看得无限渺小。旧思辨哲

---

① 《马克思恩格斯全集》(第 2 卷),人民出版社,1957 年,第 48 页。

学在这一点上完全和批判不谋而合"①。按照青年黑格尔派的思辨逻辑,哲学是不实际的即超实际的,是关于超验事物的看法,而不是关于经验事物的看法,是对抽象存在的反映,而不是对事物现实状况的反映,哲学是发生在"思辨的天国"的抽象活动,而不是产生于人类社会的具有现实性的思想活动,哲学以高昂的姿态居于社会实践之上,而不是与社会实践本质相连。并且青年黑格尔派认为,在哲学的视域中人是微乎其微的,是没有创造精神的,即消极懈怠的,唯有"思辨的思维""批判的批判"才是独立的、积极的、创造性的和真实的,只有"思辨的思维""批判的批判"具有"真正的鉴别力",能够做出"真正的判决"、得出"真正的结论",也只有"思辨的思维""批判的批判"才能辨别人类世界,才能说明人类社会以及人的存在。因此,青年黑格尔派只会从抽象的层面去考虑人类世界及其现实发展,抽象地看待现实事物的现状,抽象地谈论人本身及其的现实情况,用其抽象形式的思维及观念把现实的个人定性为没有一种任何实际内容的存在物。可见,在人的问题上,青年黑格尔派研究的不是现实的人本身,而只是人的观念,这种关于人的观念被进一步抽象为自我意识,但不是现实的人的自我意识,不是为人们所普遍具有的思想意识,而只是批判哲学家的自我意识,是绝对的、圣洁的自我意识,而这种自我意识最终又变成了某种宗教神学式的存在。换言之,"按照布鲁诺·鲍威尔先生的意见,自我意识是一切宗教观念的基础;它构成福音的创造原则。但是为什么自我意识的原则所造成的结果在这里比自我意识本身更强有力呢?人们用纯粹德国的精神回答我们说,这是因为:自我意识固然是宗教观念的创造原则,但是它只有作为脱出自身、自相矛盾、自我外化和异化的自我意识,才能成为这种创造原则。因此,达到了自身、理解了自身、认识了自己本质的自我意识就支配着它的自我异化的各种

---

① 《马克思恩格斯全集》(第 2 卷),人民出版社,1957 年,第 48～49 页。

产物"①。在鲍威尔那里,自我意识是一个绝对的主体,即可以自我演化、自我发展、自我实现,整个人类世界和人本身都是自我意识的产物。鲍威尔的"自我意识"同黑格尔哲学的核心概念"绝对精神"如出一辙。

再如,马克思恩格斯在《神圣家族》里对费尔巴哈作出了高度的评价:"到底是谁揭露了'体系'的秘密呢? 是费尔巴哈。是谁摧毁了概念的辩证法即仅仅为哲学家们所熟悉的诸神的战争呢? 是费尔巴哈。是谁不是用'人的意义'(好像人除了是人之外还有其他什么意义),而是用人本身来代替包括无限的自我意识在内的破烂货呢? 是费尔巴哈。而且仅仅是费尔巴哈。"②必须承认,费尔巴哈哲学中有着许多合理的成分,包括现实的人道主义、与唯心主义相对立的唯物主义基本立场、与思辨人学体系相对立的人本学唯物主义,等等。在《神圣家族》时期,马克思恩格斯在批判鲍威尔等人的思辨唯心主义哲学时,"是同费尔巴哈站在一起的"③,即运用费尔巴哈哲学中的唯物主义成分来揭露鲍威尔等人的思辨唯心主义,用费尔巴哈人本学的合理内容来对抗鲍威尔等人的抽象人学理论。但是马克思恩格斯的历史唯物主义思想在不断地发展,他们与费尔巴哈哲学的裂痕在实际地加深,尤其是"当问题涉及社会领域,要改变具体的社会关系的时候,在历史观上,费尔巴哈却同鲍威尔等人一样也是唯心主义的,他诉诸于人的情感和理性,认为不需要实际改变人们的生活条件,就可以改变人们的思想"④。马克思恩格斯的历史观和人学观同费尔巴哈的历史观和人学观都是根本区别的。因此,费尔巴哈对唯物主义的理解是不深刻的,在历史观上陷入了唯心主义,对人本学的阐释是片面的、抽象的,在人学问题上陷入了抽象主义,对社会

① 《马克思恩格斯全集》(第2卷),人民出版社,1957年,第50页。
② 同上,第118页。
③ 王锐生、景天魁:《论马克思关于人的学说》,辽宁人民出版社,1984年,第168页。
④ 同上,第168～169页。

现实的理解是肤浅的,对资本主义的揭示是有限的,其理论目的不是批判资本主义而是捍卫资本主义。由于论战的迫切需要,并且马克思恩格斯自身的理论尚处于成长阶段,他们更多地是看到费尔巴哈哲学的积极方面,相应地忽略了其理论的内在缺陷。尽管马克思恩格斯"在一些根本点上超越了费尔巴哈",但对费尔巴哈还是"持维护的态度","还是站在费尔巴哈的旗帜下"。① 这也就能解释《神圣家族》何故会把费尔巴哈哲学奉为圭臬。

首先,马克思仍然沿用异化这一概念。"异化"可以说是青年马克思思想中的重要组成部分,是马克思早期经常运用的一个理论概念。在历史唯物主义诞生之前,异化在马克思著作中出现的频率是非常高的。也就是说,马克思对资本主义社会的批判,对资本主义社会的人的现状的解读,都没有离开"异化"这个概念。"异化"可以说是早期马克思研究社会现实问题的核心要点之一。当然,资本主义社会的确导致了异化的产生及普遍化,致使人的方方面面以及社会生活的方方面面都发生了物化、异化。于是,人不仅与自身之外的外部性存在是敌对关系,比如人同人的劳动及劳动产品相异化,人的社会关系的异化即人与人之间相对立,人的生存环境的异化即现存社会对人来说不是合理的而是迫使人深陷贫苦和不幸;而且人同人自身也是相对立的,人在不断地否定自己、丧失自我,比如人的本质的异化。然而随着马克思思想的发展和成熟,"异化"在马克思著作中不再是一个高频出现的词汇。比如在《德意志意识形态》《哲学的贫困》《共产党宣言》等马克思成熟时期的著作中,已然鲜少出现"异化"这一字眼,马克思也基本不再沿用异化的思维,而是根据唯物史观的立场和观点去透彻分析资本主义的经济、政治、社会以及人的真实状况。《神圣家族》作为马克思早期思想的发展阶段,呈现出马克思的早期思想和主张。因而此时的马克思对"异化"还存在

---

① 王锐生、景天魁:《论马克思关于人的学说》,辽宁人民出版社,1984年,第165页。

一定的"依赖"，即借助"异化"概念来阐述其观点，并在多处论及异化问题，包括人的自我异化、宗教异化、政治异化，等等。马克思主要着眼于现实的人的异化，进而推及实现人的解放的最终目标。事实上，关于人的异化理论，《神圣家族》是对《1844年经济学哲学手稿》的承接。在《神圣家族》之前，马克思对异化的理解主要集中于人性的异化、人的类本质的异化，人在异化中丧失的是自由个性，甚至把人在资本主义社会所受的摧残归因于人的自由自觉本质的丧失，就连资本主义经济学也不过是对"异化劳动的规律"的表述而已。于是，历史也变成了关于一部关于异化的历史。只要废除异化，就能解除异化对人的自由自觉的本质的扭曲，恢复人的类本质，恢复历史作为适合人的自由发展、全面发展的历史，就能使社会历史进入正确的发展轨道。同时也必须承认，到了《神圣家族》时期，就异化思想本身来说，马克思较之前期确实有了很大的突破，更注重从人的生存的现实状况出发去说明人的异化，揭露资本主义社会充满着何等的罪恶，论证了资本主义走向灭亡的历史必要性。

在《神圣家族》中，马克思对异化的研究一定意义上超出了人的类本质范围，已经把异化和不同的社会阶级联系起来，说明其对不同阶级群体产生的影响是截然不同的。我们看到的是异化对无产阶级的严重摧残，并且这种摧残应当是现实性的，对工人群众来说是切身的和实际的。不过马克思早期还是比较偏重于从"人类本性"的角度、从人的类存在的层面加以说明。正如马克思把异化看作对人的本性的全面否定和扭曲，是与适合"人的本性"的人类生活及生存条件相矛盾、相抵触的。对于已经异化了的现存社会和生存环境，人们除了不满、愤慨和唾弃，更应采取实际的行动尽力去消除这种异化，实现解放自身的直接目的。在《神圣家族》中，马克思在理论上将此描述为非人的、达到违反人性顶点的生活现状。如果依照这一人本化逻辑，异化是违反人性的社会现象，是对人的本性的悖逆，那么消灭异化就意味着恢复人的本性,因而在消灭异化之后,得到解放的则是"人类本性",恢复的则是人的自由本质,获得的则是与"人类本性"相适应的生活条件。"人类本性""人的类存在"和"人的类本质"等都带有费尔巴哈人本学的特点,在一定程度上折射出费尔巴哈人本学的观点和逻辑。由此来看,马克思在《神圣家族》与《1844 年经济学哲学手稿》中的异化观确有异曲同工之处。另外,人的异化的消除是否直接等同于人的解放的实现? 马克思虽然未对这一问题给出直接的说明,但在态度上是肯定的,即消灭人的异化等于人的解放,而这显然又是不能完全成立的。异化是无产阶级和广大人民群众在资本主义社会的现实境遇,是无产阶级和底层人民受资产阶级剥削压迫的重要体现,但不是无产阶级和人民群众经受阶级压迫的全部内容。异化的消灭是实现解放的必然要求,也是人的解放的重要方面,反过来说人的解放不仅仅等于异化的消灭,还包含着更多层面的内容和意义,比如在经济上摆脱资本主义的私有制,在政治上摆脱资产阶级的剥削统治,在精神上摆脱资产阶级意识形态的禁锢,等等。造成人的异化的根源在于资本主义的私有制形式,正是私有制导致了人的异化问题、人的被剥削、被倾轧状况,进而衍生出人的解放的现实问题。人的解放的达成就必须要从根源出发,从私有制本身出发。消灭私有制是实现人的解放的根由,而消灭异化则是确证何以必须要实现人的解放。所以说马克思在《神圣家族》里尚未对此问题作出清晰明确的界分。

其次,马克思虽然肯定人是"现实的人",而由于受费尔巴哈"以自然为基础的现实的人"影响,未能恢复人的客观自然性和社会历史性的内在统一。马克思曾表示:"费尔巴哈消解了形而上学的绝对精神,使之变为'以自然为基础的现实的人'。"①费尔巴哈对宗教作出了有力批判,提出宗教是人

---

① 《马克思恩格斯文集》(第一卷),人民出版社,2009 年,第 342 页。

的本质异化,解除了宗教对人的精神统治。相对于黑格尔哲学痴迷于概念、理性的神秘性,马克思注意到物质利益难题,着手探究社会生活本身,分析资本主义社会的种种矛盾,深究引发社会矛盾的因由,努力建构关于人的正确观点。对现实问题观照的迫切需要,以及费尔巴哈人本学唯物主义的出场,尤其是其关于人的学说,对马克思产生了不小的触动。一方面,马克思批判黑格尔以绝对理念架空人的现实性,批判青年黑格尔派以"自我意识"规定人的一切。坚持认为人不应该是精神意义的人,而是活动于"地上"的现实的人。费尔巴哈首先看到了人的自然属性,人首先是依赖于自然而存在的,人是以自然为基础的存在物。马克思显然也是同意这一看法的。比如,马克思恩格斯在《神圣家族》中认可费尔巴哈关于"以自然为基础的现实的人"对于批判黑格尔哲学的"绝对精神"的重要作用,那就是:"只有费尔巴哈才是从黑格尔的观点出发而结束和批判了黑格尔的哲学。费尔巴哈把形而上学的绝对精神归结为'以自然为基础的现实的人',从而完成了对宗教的批判。同时也巧妙地拟定了对黑格尔的思辨以及一切形而上学的批判的基本要点。"①相较于青年黑格尔派在黑格尔哲学的体系内片面地发展,费尔巴哈则超出了黑格尔哲学的思辨范围,注重对现实存在的个体研究,虽然是从客观自然的视角看待人的存在及属性,但是已在一定意义上打破了绝对精神的统治和神话。再者,《神圣家族》已经表达出马克思恩格斯的这样一种观点:人是社会存在物,是历史存在物,人具有社会历史性。但是马克思恩格斯还没有自觉地意识到将人的自然性与社会历史性统一起来。人既有自然关系,也有社会关系;不仅是自然存在物,而且是社会存在物。只有当二者达到内在统一时,关于人的学说才可以说是充分合理的。

从另一方面看,马克思由于受费尔巴哈"类"概念的影响,一度提出了

---

① 《马克思恩格斯全集》(第2卷),人民出版社,1957年,第177页。

"人是人的最高本质"的观点，以及人的本质具有"类特性"、人是类存在物等思想。费尔巴哈的"类"概念是表示人具有类意识，意识到自己是作为人而存在的，能够把自己作为类的对象来看待，从而与动物区分开来，即人"只有将自己的类、自己的类本质性当作对象的那种生物，才具有最严格意义上的意识。动物固然将个体当作对象，因此它有自我感，但是，它不能将类当对象，因此，它没有那种由知识得名的意识。……只有将自己的类、自己的本质性当作对象来对待的生物，才能够把别的事物或实体各按其本质特性作为对象"①。马克思则受此观点影响，也曾着重从人与动物相区别的维度谈论过人的问题。这时马克思在人学观上还处于早期发展阶段，对人的本质、人的丰富内涵等问题的把握尚不够准确。马克思在《神圣家族》中看到了人作为感性实践的存在意义，还没有扯去覆盖在人身上的"感性对象"的最后一层面纱。一个非常明显的体现就是，马克思在《神圣家族》中还没有对人的本质、人的实践活动作出专门的和充分的阐述，而主要是针对鲍威尔等人的抽象人学观进行了揭露和批判，并在批判中阐释了自己关于人的问题的深刻见解，由此形成了马克思人学观的部分重要内容。虽然马克思多处论述人的本质的现实性，人是生活于感性世界的现实存在物，但是在遣词用句之间还是有着典型的费尔巴哈式特征。直到《关于费尔巴哈的提纲》创作完成，马克思才正式展开对费尔巴哈人本主义的批判工作，并对人的本质作了正式的规定。费尔巴哈认为宗教的本质在于人的本质，打破了宗教神学的神秘光环，但他对人的本质的认识是不准确的，即撇开历史的进程把人设想为抽象的个体的人。所以马克思在《关于费尔巴哈的提纲》中着重对人的本质作了规定，那就是："人的本质不是单个人所固有的抽象物，在其现实

① 《费尔巴哈哲学著作选集》（下卷），荣震华、王太庆、刘磊译，商务印书馆，1984 年，第 26 页。

性上,它是一切社会关系的总和。"①到《德意志意识形态》时期,马克思的历史唯物主义理论基本达到了成熟完善,因而其人学主张也随之达到成熟和完善。马克思对青年黑格尔派的代表人物鲍威尔和施蒂纳的唯心史观及抽象人学展开了系统的揭示及批判工作,专门对费尔巴哈哲学即直观唯物主义和人本学进行了全面的批判和分析,并提出了关于人的问题的成熟观点,比如提出并阐释了现实的个人、人的物质生活、人的生活条件和社会环境、人的生活资料及生产方式、人的生产实践活动、人的现实社会关系,等等。我们可以判定,《神圣家族》时期,马克思并未真正形成系统成熟的人学观,尚未得出科学的人的本质理论,对人的本质的研究还纠结于理想的人性和社会现实之间相矛盾、人的本质的预设和现实社会存在之间相矛盾的理论上的过渡阶段。马克思还未充分意识到,理解人的本质必须和社会物质生产直接勾连。只有通过社会生产实践,才能看到不同历史时期的人的本质会有不同的内容,才能看到在特定社会阶段人的本质会呈现其特殊性和具体性。只有通过物质生产实践,人的本质问题方能得到科学地解答。因此,《神圣家族》中关于人的论述和看法还带着某种抽象性的"余韵"。

(二)囿于实践活动的浅层

总的来说,马克思的思想发展历经了两次重大转向:从黑格尔理性哲学转向费尔巴哈人本学,从费尔巴哈人本学转向历史唯物主义。作为马克思思想体系的重要构成部分,马克思主义人学也随之经历了两次重大转向:从唯心主义转到人本唯物主义,从人本唯物主义转到历史唯物主义。回顾马克思主义人学发展的整个历史,《神圣家族》表明马克思主义人学处于第二个过渡时期,即从费尔巴哈人本主义向历史唯物主义的人学观过渡。在此

---

① 《马克思恩格斯选集》(第一卷),人民出版社,2012年,第135页。

阶段,马克思的人学观既有现实性,又有非现实性;既有深刻性,又有阶段性;既有超越性,又有局限性。原因则在于,马克思还未真正达到"感性活动"的深层。

《神圣家族》为何相较于《1844年经济学哲学手稿》向前推进了马克思的思想发展,却无法比肩《关于费尔巴哈的提纲》在马克思思想发展中所发挥的重要作用? 关键就在于社会实践。恩格斯曾评价道:马克思所著的包含十一条内容的《关于费尔巴哈的提纲》,"作为包含着新世界观的天才萌芽的第一个文献,是非常宝贵的。"①这里的"新世界观"是指马克思主义哲学,具体来说就是指新唯物主义即历史唯物主义,而新唯物主义是建立在科学实践观的基础上的,实践可以说是马克思新唯物主义的基石。马克思主义哲学是科学的世界观和思想理论,并不像旧唯物主义或唯心主义那样不懂得历史观,不懂得实践的意义,对现实世界、人和人的关系或者从直观的形式去理解,或者从思辨的层面去认知,因而在历史观、实践观、人学观上都必然贯穿着抽象性的观点和理论。《关于费尔巴哈的提纲》第一次确立了实践观点,解决了历史观的基本问题,简洁而又深刻地指出了旧哲学的缺陷所在,从而为后来马克思恩格斯将实践观融入历史观并创立历史唯物主义作了理论准备。社会实践是人类历史发展的决定性因素,是马克思主义人学生发的现实根基。正是基于人的"感性活动",马克思阐发了自己人学观的一系列内容,最终形成自己的人学思想。同样,也正是由于对感性实践的探讨不足,马克思在《神圣家族》中的人学观点带有一定历史局限性也在所难免。

其一,感性实践最主要的是指社会的物质生产活动。感性实践是马克思恩格斯思想中的重要内容,是把握马克思恩格斯思想的重要概念。感性

---

① 《马克思恩格斯选集》(第一卷),人民出版社,2012年,第219页。

实践是现实的人的感性活动,是人的对象性的活动,是人的社会革命实践。人的感性活动强调的是人的活动的现实性,是存在于现实世界的人的现实活动,不是纯粹的精神的活动,现实世界的事物存在和人的存在本身都离不开人的感性活动,都需要通过人的感性活动来赋予其生动丰富的内涵及意蕴。人的对象性活动,就是人与对象即作为主体的人同作为客体的对象的相互关系及实践联动,也就是人的社会生产实践,人通过对象性的实践活动创造了人类社会和人类历史,通过世世代代的生产活动创造并改变了社会状况及相应的社会制度。人类历史和社会发展是人的实践的产物,是对人的实践活动的鲜活体现。感性实践构成历史以及现存社会共同的"场域",只有基于感性实践,才能正确认识历史和现存社会的演进过程与规律。感性实践的主体是现实的人本身,具有能动性和现实性,具有变革社会、改造世界的功能。对于感性实践的问题,马克思恩格斯在其诸多著作中都进行了探究和诠释。

一方面,工人群众的革命实践也是感性的社会历史实践的重要部分。就工人群众的革命实践而言,马克思恩格斯在《神圣家族》里对工人无产阶级的革命实践运动给出了分析。无产阶级的革命实践不是凭空发生的,而是有着现实的社会经济原因,无产阶级的革命实践不是主观抽象的,而是有着最强有力的社会变革作用。无产阶级革命既是资本主义私有制自我灭亡的政治实践表现,私有制走向消亡的趋势是由其本身的结构性矛盾和历史局限性所决定的,在此过程中由其所造成阶级革命即无产阶级推翻资产阶级的革命实践直接加速了自身灭亡的进度,或者说,无产阶级的革命运动是得以推翻资本主义私有制的统治历史的关键。"私有制在自己的经济运动中自己把自己推向灭亡,但是它只有通过不以它为转移的、不自觉的、同它的意志相违背的、为客观事物的本性所制约的发展,只有通过无产阶级作为无产阶级——这种意识到自己在精神上和肉体上贫困的贫困、这种意识到自己的非人性从而把自己消灭的非人性——的产生,才能做到这点。"①无产阶级革命又是无产阶级本身所从事的现实社会实践以及所承担的历史任务,"问题不在于目前某个无产者或者甚至整个无产阶级把什么看做自己的目的,问题在于究竟什么是无产阶级,无产阶级由于其本身的存在必然在历史上有些什么作为。它的目的和它的历史任务已由它自己的生活状况以及现代资产阶级社会的整个结构最明显地无可辩驳地预示出来了"②。无产阶级革命是广大工人无产者群众的重要历史实践,是其在资本主义社会所必然进行的实践活动,因而是感性的、具体的、现实的和历史的。

另一方面,物质生产活动是理解感性实践的首要方面。总体上讲,就物质生产活动而言,马克思恩格斯在《神圣家族》中的相关论述还是比较有限的。马克思恩格斯看到了人民群众的历史作用,但对人民群众何以能推动社会历史的发展,尚没有在社会物质经济条件的层面作出详尽的说明。的确,人民群众是社会历史的主体,是社会历史的创造者,是促进历史发展的重要动力。具体来讲,人民群众如何能实现这一历史作用? 我们还必须要看到社会生产活动。主体是从事实践活动的主体,是进行社会生产和创造的主体,主体作用的发挥离不开作为现实条件的客体,也就是作为主体的人只有在从事生产活动的实践中、在主体与客观条件的结合中,方能真正发挥出创造历史、推进历史的正向作用。历史的发展总是需要主客观的双重要件,总是在主客体条件的统一中迈出进步的步伐。从主体条件方面,马克思恩格斯高度肯定人民群众的历史地位,高度赞扬人民群众的历史意义;从客体条件方面,马克思恩格斯还没有全面展开社会物质生产的总过程,尚未充分说明主体客体条件相结合的现实意义。

---

① 《马克思恩格斯全集》(第 2 卷),人民出版社,1957 年,第 44 页。
② 同上,第 45 页。

其二,探明历史车轮滚滚向前的动因,除了要看到人民群众的主体力量之外,还需要探析社会的物质生产方式,才能找到历史发展的"真正钥匙"。马克思恩格斯提出社会历史发源于"尘世的、粗糙的物质生产",而不是"在天上的云雾中",初步探得历史发展的物质动因是社会物质资料的生产方式。马克思恩格斯在《神圣家族》中集中对资本主义社会的生产方式作了论述,以资本主义生产方式为例来说明社会历史的现实发展过程。比如理解资本主义历史时期其实就是认识资本主义的生产方式,因为资本主义社会是以机器大工业生产为主要特征的,这是以往历史时代所不具有的更为进步的生产方式,只有把握住资本主义的"工业和生活本身的直接的生产方式",把物质生产同资本主义联系起来考察,才能真正地认识资本主义这一历史时期。也正是由于鲍威尔等人对社会历史及其运动发展的认识脱离了现实社会生产,脱离了现存资本主义社会工业的生产方式而抽象地谈论社会历史本身,主观上随意地剥离历史本身的现实内容及根本规律。他们用"批判"的傲慢态度审视历史、歪曲历史,自诩为"批判的批判"即"绝对的批判",并用这种所谓"合情合理的批判"去解释社会历史和历史现实。鲍威尔等人唯心主义的观点和立场自然受到了马克思恩格斯的严厉批判,马克思恩格斯就此对社会生产方式展开了一定的研究和阐述。

当然,《神圣家族》时期的马克思恩格斯尚未明确指出生产方式的发展规律,没有揭示出生产方式所包含的两大要素——生产力和生产关系的矛盾运动,即还没有点明生产力与生产关系的辩证关系及其变化发展。马克思恩格斯在批判青年黑格尔派哲学的过程中,针对其思辨哲学的理论及概念、唯心史观的立场及观点、抽象人学的思想及论断都进行了深入的批判和分析。在哲学立场上,青年黑格尔派属于主观唯心主义的体系范围,根本就在于其割裂了社会物质生产,将其思想理论建构在"批判"的自我意识之上,认为其是社会历史和生活世界的唯一创造因素。马克思恩格斯则是揭示了生活世界和现存社会的物质根源,由此所形成的新理论观点则真实地反映了现实世界和社会历史的具体状况及发展推进。其实,将历史发展的"起源地"归于"粗糙的物质生产",已经表明马克思主义哲学、马克思主义人学将要步入成熟,当然还不能是已经成熟,因为此时的马克思还没有非常明确地找到推进历史的根本动力。关于生产方式的重要内容,关于唯物史观的重要观点,马克思恩格斯则在《德意志意识形态》中第一次作了详细地论述,并且指明了生产力与生产关系之间的相互性。"从直接生活的物质生产出发来考察现实的生产过程,并把与该生产方式相联系的、它所产生的交往形式,即各个不同阶段上的市民社会……出发来阐明各种不同的理论产物和意识形式,如宗教、哲学、道德等等,并在这个基础上追溯它们产生的过程。这样做当然就能够完整地描述全部过程(因而也就能够描述这个过程的各个不同方面之间的相互作用)了。"①关于生产力与生产关系及其对历史与社会发展的作用的观点,彰显了马克思恩格斯的新历史观即唯物主义历史观。这种历史观与唯心主义历史观不同,因为马克思恩格斯把历史发展的根本动力归结为人所从事的物质生产实践,即社会的生产力与生产关系上,"历史的动力以及宗教、哲学和任何其他理论的动力是革命,而不是批判。这种观点表明:历史并不是作为'产生于精神的精神'消融在'自我意识'中,历史的每一阶段都遇到有一定的物质结果、一定数量的生产力总和,人和自然以及人与人之间在历史上形成的关系,都遇到有前一代传给后一代的大量生产力、资金和环境,尽管一方面这些生产力、资金和环境为新的一代所改变,但另一方面,它们也预先规定新的一代的生活条件,使它得到一定的发展和具有特殊的性质"②。由此可知,由生产力产生出以生产关系为主的社会关

① 《马克思恩格斯全集》(第3卷),人民出版社,1960年,第42~43页。
② 同上,第43页。

系,以及产生了社会的上层建筑,而随着生产力与生产关系、经济基础与上层建筑的两对关系的形成及相互作用,社会历史发展的两大内在动力才逐渐浮出了水面。

其三,马克思看到了思辨人学的理论渊源,但尚未充分地揭示它的社会现实根源。青年黑格尔派贯彻了德国哲学的传统,将思辨人学演绎至完美,甚至达到了极端的形态。但是青年黑格尔派并不是思辨人学的初创者或者所谓的集大成者,至多是思辨人学体系的赓续者。他们虽认为自己的批判理论已经超越了黑格尔,用无限的、绝对的"自我意识"取代了黑格尔的"绝对精神"或"绝对理念",从而认为其关于自我意识的主张已突破了黑格尔的思想体系,但实际上无法抹去局限于黑格尔哲学框架的既定事实。马克思恩格斯对此看得很清楚,那就是青年黑格尔派与黑格尔在根本上是一样的,他们都体现了德国思辨哲学的一贯逻辑,即他们都主张概念高于一切,概念衍生一切,精神意识决定一切,精神世界决定现实世界,一切现实存在都产生于神秘的精神意识,一切现实社会的矛盾对立都从精神意识生出,由此逻辑推断,消除一切现实的矛盾对立的行动也都将从精神意识那里生成。概言之,抽象的自我意识创造并解决着一切历史的和现实的存在。青年黑格尔派哲学对于存在和意识的认识,即在哲学基本问题上的认识是一种颠倒了的思维逻辑,混淆了物质与精神、概念与存在的关系,颠倒了抽象与具体、一般与特殊的关系。马克思恩格斯既批判了青年黑格尔派的思辨人学,又指出其思辨人学的理论来源,这本身就是对德国思辨哲学传统的突破,将哲学理论和历史观、人学观等朝着社会现实领域推进了一大步。

事实上,黑格尔不论在体系上还是在内容上都已将德国思辨哲学的理论大厦建构至完善,而后的青年黑格尔派哲学则是建基于黑格尔哲学,并对黑格尔哲学进行了形而上学的改装和发挥,漫画式地完成了对黑格尔历史观和人学观的"改造",或以漫画的形式再现并演绎了黑格尔哲学的思辨原则。鲍威尔等人坚称"'批判'、'认识'即精神的活动能提供精神的优势,其实只是一种词句上的同义反复",通过"漫画般的、基督教德意志的唯心主义",①踌躇满志地将其批判哲学摆在现实世界之上,高傲地将其自身摆在一切生活于现实社会中的人之上,运用专属他们自己的"高尚的批判",得出了一个"全新的""改头换面的"思辨哲学和思辨人学范式。其实也就是"自我意识"的人格化、独立化和绝对化,并将这种独立化和绝对化的自我意识哲学贯穿到其历史观和人学理论上来。从社会现实根源来看,青年黑格尔派这一主观唯心主义的盛行有其社会现实条件,是基于特定的社会历史背景而产生的,它本身就是德国社会环境下的理论产物。当时的德国资本主义起步较晚,与此同时社会矛盾又复杂丛生,宗教问题、政治问题和社会问题错综复杂。正是德国社会资本主义有了一定发展但发展水平不高,在社会矛盾日趋尖锐化的情况下,反宗教、具有政治自由主义色彩的青年黑格尔派才随之诞生。随着德国社会的阶级矛盾愈渐加剧,代表德国统治官方及小资产阶级利益的青年黑格尔派站在了反对工人无产者和广大人民群众的一方,用其抽象诡辩的理论为保持德国统治秩序和社会现状作辩解。青年黑格尔派在哲学上集宗教批判的激进性和现实批判的软弱性一身,实际上反映出德国资产阶级的妥协性和反动性的面貌,而其根源在于德国资本主义发展的实际规模和程度。由于《神圣家族》一方面对"感性活动"的认识尚有不足,另一方面对社会历史的根源挖掘还不够深入,对社会存在决定社会意识,以及怎样决定社会意识等没有给出细致说明,故而此时还没有对青年黑格尔派哲学的现实根源给出必要的阐释。这一问题到了后来的《德意志意识形态》时期得到了全面的揭露和解决。

其四,马克思恩格斯虽提出了无产阶级的革命任务和历史使命,但是他

---

① 《马克思恩格斯全集》(第2卷),人民出版社,1957年,第195页。

们还完全没有揭示出资本主义生产方式的内在结构及根本性矛盾,也没有对三大空想社会主义者的观点作出全面合理的评价,最后也就未能对未来共产主义作出更为科学的阐述及充分的论证。具体来说,马克思恩格斯在《神圣家族》中谈到了无产阶级的历史任务,由于资本主义社会迫使无产阶级失去了自己作为人的存在身份,迫使无产阶级深陷无法抗拒的穷苦和贫困,失去维持生活的社会物质条件。如果不粉碎这一切压在无产阶级身上的不合乎人性的东西,不推倒这一切违背无产阶级现实存在的反人性现象,不打破无产阶级所处其中的现存生活状态,无产阶级便难以寻得解放和发展的可能。无产阶级在资产阶级严酷的统治、剥削和镇压下,锻造出了明确的阶级意识和坚定的革命精神,其历史任务和使命经过自身阶级的现实经历、状况和阶级特性,经过资本主义社会的结构、矛盾和现象,在现存历史阶段都清晰地显现了出来。《神圣家族》的这段阐释同时是对批判哲学家把工人无产者看作抽象的存在、把工人无产者的现状看作社会的应有现象等荒谬观点的抨击和批判。综观《神圣家族》全篇,其中不乏马克思恩格斯对于资本主义社会的描述。资产阶级统治政权下所呈现的社会现象是各类矛盾丛生、复杂尖锐,阶级状况是两大阶级即无产阶级和资产阶级的对立,贫富情况是贫富差距、两极分化,拥有财富的群体支配并压榨贫困者群体。所以我们在《神圣家族》中可以多次看到反映资本主义社会实际状况的话语及词汇,譬如"有产阶级和无产阶级""私有者是保守的方面""异化""违反人性的顶点""精神上和肉体上贫困""体现私有制的资本家"等。这些都是在不同层面对资本主义生产方式的部分揭示。

当然,《神圣家族》还没有涉及对资本主义生产方式本身的直接考察,关于资本主义生产方式的结构、特点和规律等重要问题是在马克思恩格斯后来的研究著作中完成的。《神圣家族》还对鲍威尔等人的"批判的社会主义"进行了揭露。按照"批判的社会主义"的观点,"现在的工人只考虑自己,也就是说,他以为他只是作为一个人而得到报酬的。不是别人,正是工人自己不考虑他在同别的力量合作中所产生的那种巨大的、不可比拟的力量"①。事实上,作为"群众的共产主义的工人"意识到组织工人团体并在团体中表达他们的直接需要,他们通过合作能够形成强大的革命力量,摆脱使他们痛苦不堪的和艰难维生的资本主义社会。马克思恩格斯在批判中吸收了空想社会主义者傅里叶、欧文等关于共产主义的合理设想,以此驳斥"批判的社会主义"的虚假内容和反动性质。在此,马克思恩格斯主要基于论战的目的对鲍威尔等人关于共产主义的歪曲观点所作的批判,侧重于借鉴空想社会主义的有益成分来对抗"精神的社会主义",因此既没有对空想社会主义作专门的分析,也没有对未来社会主义作充分的阐述。

简言之,《神圣家族》对包括消除异化、消灭私有制、无产阶级解放自身和全人类等在内的科学社会主义思想进行了阐述,而且此时的科学社会主义理论,是马克思在与青年黑格尔派的"批判的精神的社会主义"对峙的情况下展开,突出的是"世俗的社会主义"与"精神的社会主义"本质区别,即无产阶级所受的贫穷和剥削的现实性,解除贫穷和剥削不可能靠精神意识的想象,只能靠现实的无产阶级革命达成人的解放。无产阶级如何能完成肩负在身的历史使命?社会主义如何能真正走向科学?一是靠唯物史观的形成,二是靠剩余价值的发现。前者是基于资本主义社会各种现象而形成关于社会历史发展的正确结论,后者是通过揭露资本主义生产方式和经济结构的"秘密"而形成的理论结晶。就这两大重要理论来说,《神圣家族》一个也没有科学地确立下来。科学社会主义的形成,人的解放的实现,必须要以唯物史观为"头脑",以无产阶级为"心脏",否则无产阶级的历史使命不可能完成。另外,《神圣家族》还遗留了没有彻底清算的空想社会主义问题。马

---

① 《马克思恩格斯全集》(第2卷),人民出版社,1957年,第66页。

克思对空想社会主义的认识偏重片面化,对傅立叶、欧文、卡贝、德萨米和盖伊等人的过高肯定,对人道主义的过高评价,这些都决定了科学社会主义还不能"涅槃新生",无产阶级革命还不能真正"落地进行"。

结语:行走在通往马克思主义的途中

从总体上把马克思前后的思想进行对比,撰写《神圣家族》时的马克思还未自觉从物质实践出发,还不是彻底的历史唯物主义者,在一定程度上还是一个人本主义的唯物主义者。

马克思不再是青年黑格尔派中的一员了。《神圣家族》作为一部典型的论战性著作,马克思将矛头直指青年黑格尔派"荒谬而有害的思潮",批判的利剑步步紧逼思辨的唯心主义,围绕"自我意识"及其抽象演绎而展开了行之有效的批驳,在字里行间揭露神圣家族门徒的思辨人学谬论,将抽象人学的真实面目揭露出来。这些足以表明,马克思已经不再是青年黑格尔派的崇拜者,他有了自己的独立见解和哲学判断,从而与青年黑格尔派公开决裂。

马克思在某种意义上超越了费尔巴哈。如果说《神圣家族》以前的马克思还遵循着比较典型的人本化思维,那么从《神圣家族》以后,马克思已经开始超越人本主义哲学,并开始迈向历史唯物主义的人学建构之路。在吸收借鉴费尔巴哈的同时,马克思并未局限于费尔巴哈,开始从人本化逻辑转向现实逻辑,转向现实的人及其物质生产,迈入社会生产领域。马克思在此时还未系统地提出科学的人学概念,但是对人的问题的现实性研究,已说明马克思对费尔巴哈的实质性超越。故而,《神圣家族》实现了马克思主义人学观的初步且重大的转变。

　　从根本上讲，马克思还未离开费尔巴哈哲学的基地。马克思对青年黑格尔派的批判，绝不是用理论对抗理论，也不是用思辨对抗思辨，更不是用抽象对抗抽象。除了通过初步阐述如物质生产、社会关系、现实的人等诸多重要观点，马克思还着重借用费尔巴哈的理论来对抗青年黑格尔派的思辨人学，尤其是费尔巴哈关于"以自然为基础的现实的人"思想。严格来讲，《神圣家族》时期，马克思与费尔巴哈还处于同一思想立场。在同旧哲学的人学观划清界限、形成科学人学观的关键阶段，我们对马克思与费尔巴哈的"思想纠葛"显得那么关注和期待。马克思只要跨过费尔巴哈，便可与传统哲学分道扬镳，进入属于马克思的思想时代。可惜的是，马克思还未自觉认识到自身与费尔巴哈的根本分歧，还是以费尔巴哈的支持者的身份完成了《神圣家族》。马克思本人后来也承认，他在《神圣家族》时期对费尔巴哈还保持一定程度的迷信，"虽然对费尔巴哈的迷信给人造成非常滑稽的印象"[①]。恩格斯也描述过马克思当时对费尔巴哈哲学是何其信仰："马克思曾经怎样热烈地欢迎这种新观点，而这种新观点又是如何强烈地影响了他（尽管还有种种批判性的保留意见），这可以从《神圣家族》中看出来。"[②]显然，《神圣家族》时期，马克思是一个处于成长中的马克思主义者，还带有费尔巴哈人本学的痕迹，但已行走在通往马克思主义的途中。

---

① 《马克思恩格斯全集》（第31卷），人民出版社，1972年，第293页。
② 《马克思恩格斯选集》（第四卷），人民出版社，1995年，第222页。

参考文献

一、著作类

1.《马克思恩格斯全集》(第1卷),人民出版社,1956年。

2.《马克思恩格斯全集》(第2卷),人民出版社,1957年。

3.《马克思恩格斯全集》(第3卷),人民出版社,1960年。

4.《马克思恩格斯全集》(第21卷),人民出版社,1965年。

5.《马克思恩格斯全集》(第40卷),人民出版社,1982年。

6.《马克思恩格斯文集》(第一——九卷),人民出版社,2009年。

7.《马克思恩格斯选集》(第一——四卷),人民出版社,1995年。

8.《列宁全集》(第38卷),人民出版社,1959年。

9.《列宁全集》(第55卷),人民出版社,1990年。

10.《列宁选集》(第一——四卷),人民出版社,2012年。

11.[法]奥古斯特·科尔纽:《马克思恩格斯传》(第二卷),管士滨译,生活·读书·新知三联书店,1963年。

12.陈曙光:《马克思人学革命研究》,中国社会科学出版社,2009年。

13.陈曙光:《直面生活本身——马克思人学存在论革命研究》,北京师范大学出版社,2012 年。

14. 陈先达、靳辉明:《马克思早期思想研究》,中国人民大学出版社,2016 年。

15. [德]大卫·弗里德里希·施特劳斯:《耶稣传》(第1、2卷),吴永泉译,商务印书馆,2018 年。

16. [英]戴维·麦克莱伦:《马克思思想导论》,郑一明、陈喜贵译,中国人民大学出版社,2008 年。

17. [英]戴维·麦克莱伦:《青年黑格尔派与马克思》,夏威仪等译,商务印书馆,1982 年。

18. 冯景源:《马克思异化理论研究》,中国人民大学出版社,1987 年。

19. [德]弗·梅林:《德国社会民主党史》(第一卷),青载繁译,生活·读书·新知三联书店,1963 年。

20. 高光:《科学世界观形成中的里程碑:〈神圣家族〉的学习与探讨》,求实出版社,1987 年。

21. 高光、阎树森、马迅:《马克思恩格斯早期著作研究》,中共中央党校出版社,1992 年。

22. 顾海良:《马克思主义发展史》,中国人民大学出版社,2009 年。

23. [日]广松涉:《唯物史观的原像》,邓习议译,南京大学出版社,2009 年。

24. 韩庆祥:《马克思人学思想研究》,河南人民出版社,1996 年。

25. [德]黑格尔:《逻辑学》,梁志学译,人民出版社,2002 年。

26. 侯才:《青年黑格尔派与马克思早期思想的发展》,中国社会科学出版社,1994 年。

27. [德]路德维希·费尔巴哈:《费尔巴哈哲学著作选集》,荣震华、王太庆、刘磊译,商务印书馆,1984 年。

28. [德]麦克斯·施蒂纳:《唯一者及其所有物》,金海民译,商务印书馆,1997年。

29. 聂锦芳:《清理与超越——重读马克思文本的意旨、基础与方法》,北京大学出版社,2005年。

30. 王锐生、景天魁:《马克思关于人的学说》,辽宁人民出版社,1984年。

31. 吴晓明:《形而上学的没落》,人民出版社,2006年。

32. 邢贲思:《费尔巴哈的人本主义》,上海人民出版社,1981年。

33. 袁贵仁:《马克思的人学思想》,北京师范大学出版社,1999年。

34. 张一兵:《回到马克思》,江苏人民出版社,2009年。

35. 周树智:《人道主义和社会主义〈神圣家族〉研究文集》,社会科学出版社,2012年。

36. 庄福龄:《马克思主义史》(第一卷),人民出版社,1996年。

37. [波]兹维·罗森:《布鲁诺·鲍威尔和卡尔·马克思》,王谨等译,中国人民大学出版社,1984年。

二、文章类

1. 卜祥记:《呈现形而上学的根基——马克思对施蒂纳批判的批判》,《江淮论坛》,2004年第2期。

2. 卜祥记:《对〈神圣家族〉理论重要性的当代性解读》,《上海行政学院学报》,2007年第2期。

3. 方敏:《〈神圣家族〉在马克思思想发展史上的地位——从马克思与费尔巴哈的关系来看》,《渤海大学学报》,2013年第4期。

4. 付文军:《建国以来〈神圣家族〉研究综述》,《传承》,2011年第17期。

5. 傅敏智、曾鸣:《马克思主义诞生的标志是〈神圣家族〉》,《湖北师范大学社会科学报》,1991 年第 4 期。

6. 高清海:《哲学思维方式的历史性转变——论马克思哲学变革的实质》,《开放时代》,1995 年第 6 期。

7. 韩庆祥:《马克思开辟的人学道路》,《江海学刊》,2005 年第 5 期。

8. 郝贵生:《马克思恩格斯〈神圣家族〉中的群众史观》,《中共天津市委党校学报》,2006 年第 3 期。

9. 黄明娣、胡梅花:《"人学转向":马克思哲学变革的实质》,《赣南师范学院学报》,2015 年第 1 期。

10. 黄学胜:《〈神圣家族〉:马克思对"思辨唯心主义"的批判》,《天府新论》,2010 年第 2 期。

11. 康渝生、邢有男:《马克思主义哲学的人学致思理路》,《求是学刊》,2002 年第 3 期。

12. 寇东亮:《青年马克思人学思想变革的逻辑脉络——从〈黑格尔法哲学批判〉到〈神圣家族〉》,《学习与实践》,2013 年第 7 期。

13. 李萍:《〈神圣家族〉蕴涵的人学思想及其当代价值》,《天中学刊》,2010 年第 4 期。

14. 梁志学:《黑格尔建立思辨逻辑的开创活动》,《云南大学学报(社会科学版)》,2006 年第 3 期。

15. 刘化军:《〈神圣家族〉中的科学社会主义思想》,《学术探索》,2013 年第 6 期。

16. 刘秀萍:《〈神圣家族〉与恩格斯对青年黑格尔派的批判》,《天津社会科学》,2020 年第 6 期。

17. 陆杰荣:《从西方形而上学的内在逻辑看马克思哲学变革的实质》,《马克思主义研究》,2004 年第 6 期。

18. 聂锦芳:《一段思想姻缘的解构——〈神圣家族〉的文本学解读》,《学术研究》，2007 年第 2 期。

19. 丘国仁：《论马克思同青年黑格尔的决裂》，《广西师范学院学报（哲学社会科学版）》，1983 年第 2 期。

20. 任帅军：《"在生活中真正成其为人"——论〈神圣家族〉中的生活世界观》，《烟台大学学报（哲学社会科学版）》，2019 年第 4 期。

21. 唐正东：《马克思恩格斯对青年黑格尔派的批判及其当代意义》，《江苏行政学院学报》，2010 年第 5 期。

22. 吴宏政：《马克思对思辨逻辑的人学改造》，《思想政治教育研究》，2012 年第 2 期。

23. 吴卫东、刘潜：《思想的逻辑和历史观中的历史性：马克思〈神圣家族〉中新世界观的思想趋向》，《河南师范大学学报（哲学社会科学版）》，1997 年第 2 期。

24. 炎冰：《政治异化与人的解放——马克思〈论犹太人问题〉历史坐标的重新定位》，《闽江学刊》，2015 年第 6 期。

25. 杨耕：《重新审视唯物主义的历史形态和历史唯物主义的理论空间——重读〈神圣家族〉》，《学术研究》，2001 年第 1 期。

26. 杨学功：《超越哲学同质性神话——从哲学形态转变的视角看马克思的哲学革命》，《复旦学报》，2005 年第 2 期。

27. 张长明、柳祥美：《试析〈精神现象学〉中黑格尔的实体观》，《广东社会科学》，2006 年第 5 期。

28. 张璐：《马克思早期的人学思想及其逻辑演进》，《湖南社会科学》，2012 年第 4 期。

29. 张瑞：《〈神圣家族〉中的解放思想及其现实意义》，《学术探索》，2017 年第 4 期。

30. 赵常林：《〈神圣家族〉在马克思主义哲学形成中的历史地位》，《晋阳学刊》,1984 年第 4 期。

    31. 郑东芳:《论〈神圣家族〉中的唯物史观萌芽》,《西安交通大学学报》,2008 年第 6 期。